経営資源の国際移転

―日本型経営資源の中国への移転の研究―

董　光哲　著

文眞堂

目　　次

図表一覧 ……………………………………………………………… vi

序章　本書の課題と構成 …………………………………………… 1
1. 本書の課題 …………………………………………………… 1
2. 本書の研究方法 ……………………………………………… 6
3. 本書の構成 …………………………………………………… 8

第Ⅰ部　経営資源の移転に関わる理論的考察

第1章　経済発展における外資系企業の役割と機能 …………… 15
第1節　外資系企業の定義 ………………………………………… 15
　(1)　外資系企業の定義―直接投資の本質及び定義に基づいて― … 15
　(2)　中国の外資系企業の所有形態 …………………………… 17
第2節　海外進出企業の発生と成長要因 ………………………… 20
　(1)　企業が海外に進出する目的 ……………………………… 20
　(2)　企業の海外進出に関わる理論的アプローチ …………… 24
第3節　外資系企業の役割と中国の経済発展 …………………… 28
　(1)　発展途上国における外資利用の必要性 ………………… 29
　(2)　外資系企業と中国の経済発展 …………………………… 32

第2章　外資系企業における経営資源の国際移転に関わる
　　　　理論 ……………………………………………………… 39
第1節　経営資源の概念 …………………………………………… 39

第2節　「経営資源についてのキャッチアップ」理論 ································ 41
　第3節　経営資源の国際移転に関わる理論的アプローチ ················ 43
　　⑴　経営資源の国際移転に関わる諸説 ································ 43
　　⑵　日本企業の経営資源の国際移転に関する諸見解 ··············· 48

第3章　日本型経営資源の検討及び移転についての仮説 ········ 53

　第1節　日本型経営資源の定義 ·· 53
　　⑴　日本型経営論へのアプローチ ······································ 53
　　⑵　日本型経営資源の定義 ·· 55
　第2節　日本型経営資源の競争優位性 ······································ 56
　　⑴　日本型経営資源の特徴─欧米型経営資源との比較から─ ····· 57
　　⑵　日本型経営資源の競争優位性
　　　　　　─経営資源の国際移転の視点から─ ························ 60
　第3節　「ハイブリッド評価モデル」の検討と仮説 ···················· 63
　　⑴　「ハイブリッド評価モデル」の検討 ······························ 64
　　⑵　「ハイブリッド評価モデル」による研究成果 ·················· 67
　　⑶　日本型経営資源移転についての研究事例 ······················ 69
　　⑷　日本型経営資源の中国への移転についての3つの仮説 ········ 72
　第4節　中国への移転についての考察とその視点 ······················ 74

第Ⅱ部　日本型経営資源の移転の動向と事例分析

第4章　中国の電子・電機産業の発展と日本企業による
　　　　経営資源移転の動向 ·· 83

　第1節　「改革・開放」政策と電子・電機産業の発展 ··················· 83
　　⑴　萌芽期（1949～1957年） ·· 85
　　⑵　生成期（1958～1965年） ·· 86
　　⑶　挫折期（1966～1976年） ·· 87
　　⑷　復興期（1977～1982年） ·· 88

	(5)	発展期(1983〜1990年)	89
	(6)	成熟期(1991年〜)	91
第2節		電子・電機産業の発展における技術移転の必要性	92
	(1)	「対外開放・外資導入政策」の背景	92
	(2)	工業化の発展と技術移転の形態変化	94
第3節		日本企業の進出と経営資源展開上の特徴	98
第4節		日本型経営資源の多様な移転経路	105

第5章　「北京・松下カラーブラウン管有限公司」(BMCC) の事例 …… 114

第1節		合弁企業設立の経緯と概況	115
	(1)	松下グループの中国における事業展開	115
	(2)	合弁第1号BMCC設立の動機	119
	(3)	合弁企業の発展経路	121
第2節		「標準化」・「合理化」の管理システム	129
	(1)	経営システムと現場システムのあり方	129
	(2)	標準化管理	146
	(3)	品質管理と提案制度の導入	149
	(4)	多能工制度に関する対応	161
	(5)	労働組合との連携	163
第3節		人材育成と「中間管理者選抜」システムの構築	168
	(1)	新入社員の採用制度のあり方	169
	(2)	雇用管理と人事考課の特徴	172
	(3)	賃金体系の改革	176
	(4)	教育訓練と人材育成の徹底	179
	(5)	「中間管理者選抜」システムの構築	183
第4節		「日本型経営資源」の移転と経営現地化の実態	187
	(1)	設備，部品の現地調達化の促進	188
	(2)	経営現地化の段階的進行	191

第6章 「上海日立家用電器有限公司」(SHHA) の事例 …… 199

第1節 SHHA 発展の歩み………………………………………… 199
  (1) 合弁企業設立の背景と経緯………………………………… 199
  (2) 企業の発展段階……………………………………………… 203
第2節 従来の品質管理方法と新「日立」式品質管理の方法 …… 207
  (1) 国有企業の品質管理体制…………………………………… 208
  (2) SHHA の多段階の品質管理体制…………………………… 209
  (3) 「6S」活動の移転の実態…………………………………… 222
第3節 人事・労務管理制度における「日本型経営資源」の移転 …… 224
  (1) 採用方法と人材育成上の特徴……………………………… 224
  (2) 労働組合との協調性………………………………………… 239
第4節 現地化への段階的な移行………………………………… 241

第Ⅲ部　経営資源の移転に関する仮説の検証

第7章 日本型経営資源の国際移転に関する仮説の検証 …… 251

第1節 日本型経営資源の国際化の理論的内容
　　　　——一般論と特殊論——……………………………… 251
  (1) 日本型経営資源の特殊性…………………………………… 252
  (2) 日本型経営資源国際化についての一般性………………… 253
第2節 中国への日本型経営資源の移転上の特徴
　　　　——事例分析の視点から——…………………………… 256
  (1) 「組織・管理関係」面における移転上の特徴…………… 257
  (2) 「人事・労務関係」面における移転上の特徴…………… 260
第3節 事例分析による仮説の検証……………………………… 265
第4節 人材育成の重要性の確認と今後の課題………………… 269

あとがき……………………………………………………………… 275

参考文献 …………………………………………………………………… 280
索引 ………………………………………………………………………… 289

図表一覧

第1章
図 1-1　日本企業の対外直接投資推移（1961～1985年）……………… 22
図 1-2　日本企業の対外直接投資推移（1989～2004年）……………… 23
表 1-1　中国の三資企業の投資構造 ……………………………………… 19
表 1-2　多国籍企業の国際生産類型とその戦略目標……………………… 21
表 1-3　中国の貿易の内，外資系企業が占める割合……………………… 34
表 1-4　中国工業生産額に占める外資系企業の比率……………………… 35
補表 1　中国の外資導入に関する法律及び主な動き……………………… 36

第2章
図 2-1　ファーマー・リッチマンによる「経営管理の国際移転における
　　　　環境制約モデル」…………………………………………………… 45
図 2-2　ネガンディ・エスタフェンのモデル……………………………… 45
図 2-3　クーンツの企業活動諸要因影響のモデル………………………… 47
表 2-1　イギリス企業による日本的管理方式の利用と評価……………… 49
表 2-2　イギリス企業による日本的人事・労使慣行実施の評価………… 50

第3章
図 3-1　ハイブリッド評価モデル…………………………………………… 65
表 3-1　日本型経営に対する諸アプローチ………………………………… 54
表 3-2　日本的経営・生産システムの東アジアへの移転に関する
　　　　板垣グループのモデル……………………………………………… 65
表 3-3　4側面評価の項目…………………………………………………… 66

第4章
図 4-1　中国カラーテレビ生産台数の推移………………………………… 88
図 4-2　中国の電子産業の発展（1980～2000年）………………………… 89
図 4-3　経営資源の多様な移転経路………………………………………… 108

表 4 - 1	主要家電製品のブランド別シェア（1999 年）	84
表 4 - 2	生産量世界一の中国の電子・電機製品一覧（2001）	84
表 4 - 3	1965 年地方電子工業分布状況	86
表 4 - 4	中国主要家電製品生産台数の推移（1980 ～ 1997 年）	90
表 4 - 5	日本の対中投資の推移（1979 ～ 2002 年）	99
表 4 - 6	日本企業の対中進出の業種別推移（件数）	100
表 4 - 7	日本企業の対中進出の業種別推移（金額）	101
表 4 - 8	日本の電子・電機産業の大手企業の対中国進出	102
表 4 - 9	日本企業における経営資源移転の企業形態と経営資源移転方式	104
表 4 - 10	日本のアジア主要国への技術輸出	109

第 5 章

図 5 - 1	BMCC の経営組織図	133
図 5 - 2	BMCC の製造部の組織図	135
図 5 - 3	BMCC の生産現場の班長，係長，工程管理員の配置（例）	137
図 5 - 4	BMCC の班長の使命	139
図 5 - 5	BMCC の品質管理システム	152
図 5 - 6	中国労働組合組織及び共産党の関係	164
図 5 - 7	BMCC 労働組合の組織図	166
図 5 - 8	BMCC の賃金体系	177
表 5 - 1	松下と中国との関係（1978 ～ 2001 年）	116
表 5 - 2	中国における松下の独資・合弁企業	118
表 5 - 3	BMCC の製品品種及び生産能力	123
表 5 - 4	BMCC の主な歩み	123
表 5 - 5	中国のブラウン管生産状況（企業別）	124
表 5 - 6	BMCC の 2001 ～ 2003 年の経営実績	128
表 5 - 7	BMCC 製造部の職務とその内容，特徴	135
表 5 - 8	BMCC 各部門人員配置統計表	136
表 5 - 9	BMCC の各部門職務分掌図	148
表 5 - 10	品質技術部の部門別職務内容	149
表 5 - 11	BMCC の QC サークルの実績	156
表 5 - 12	TQM と 6Sigma の特徴	159
表 5 - 13	2002 ～ 2003 年度提案表彰（グループ）	161

表5-14	2002～2003年度提案表彰（個人）	161
表5-15	BMCCの共産党委員会の構成	165
表5-16	BMCCの従業員雇用形態	169
表5-17	BMCCの従業員人事考課方法表	175
表5-18	「崗位評估」の7つの要素と占める割合	177
表5-19	BMCCの教育訓練体制	180
表5-20	松下電器（中国）有限会社人材育成センター教育システム	183
表5-21	継続的再任選抜の内容	187
表5-22	BMCCの設備の国産化	188
表5-23	中国における経営現地化の発展段階	192
補表1	BMCCの従業員教育訓練一覧表	195
補図1	BMCCの教育訓練システム	196

第6章

図6-1	SHHAの売上額状況（1994～1998年）	205
図6-2	SHHAの1人当たり売上額状況（1994～1998年）	205
図6-3	SHHAの品質管理組織図	210
図6-4	SHHAの部品品質管理流れ図	214
図6-5	SHHAの製品品質管理システム	215
図6-6	SHHAの教育訓練の流れ	229
図6-7	SHHAの海外研修生の推移	233
表6-1	上海日立家用電器有限公司の合弁項目の主要内容	200
表6-2	1992年まで日立製作所の中国での合弁企業	202
表6-3	SHHAの出資会社と2期増資比率	204
表6-4	SHHAの主要業績（1998～2001年）	206
表6-5	「落穂活動」の一覧表	218
表6-6	SHHAの2004年上半期JIT賞を獲得した部門	221
表6-7	「6S」検査状況	223
表6-8	SHHAで従業員一般研修を受けた人員の推移	231
表6-9	SHHAの管理人員研修の推移	232
表6-10	SHHAの部課管理職（課長以上）の人事考課表Ⅰ	235
表6-11	SHHAの部課管理職（課長以上）の人事考課表Ⅱ	236
表6-12	SHHAの一般管理人員（課長以下）の人事考課表Ⅰ	237

表 6-13　SHHA の一般管理人員（課長以下）の人事考課表 II ………… 238
補表 1　上海日立家用電器有限公司の沿革 ……………………………… 245

第 7 章
表 7-1　低コンテクスト文化と高コンテクスト文化の特徴 ……………… 253
表 7-2　「中国国有企業」,「日本企業」,「日系企業」,「事例分析での
　　　　日系企業」生産・経営システム諸要素の特徴の比較表 ………… 264

序章
本書の課題と構成

1. 本書の課題

　発展途上国は，通常，近代化を図り経済先進国にキャッチアップするためには，資金不足，外貨不足，経営管理・技術の遅れなど様々な問題を克服しなければならない。
　これらの諸問題を克服するために，外資系企業（Foreign Capital Enterprises）の受入れ，つまり，外国からの直接投資（Foreign Direct Investment：FDI）の受入れは，発展途上国が従来から常に使用している方式である。外国直接投資で最も注目すべきところは単に資本の移動だけではなく，経営資源（生産・販売，経営管理の知識と技術及び情報ネットワーク）の移転をも含んでいるところにある。外国直接投資の実体を分析すると，企業特殊的（Firm-Specific）経営資源（Managerial Resources）の企業内部での国際間移転でもあることが分かる。この直接投資方式は，発展途上国の経済発展とテークオフ（Take-off）を推進するために特別な重要性を持っていることは明らかである。NIEs また ASEAN の発展にも外資系企業の役割は極めて重要であった。
　外資系企業の受入れ，つまり，外国直接投資の受入れは，貯蓄と外貨のギャップを補うことだけに留まらず，発展途上国と先進国間で最も大きなギャップである経営管理，技術ギャップを補完できるというトダロ（M. P. Todaro）が示している「その他のギャップ理論」からも明らかであり，それを本書の出発点とする。
　周知のように，中国は1978年に「経済改革・対外開放政策」を確立し，

国内経済面では計画経済から市場経済への転換，国際経済面でも閉鎖的システムから開放的システムに転換した。

その対外開放政策の重要な特徴の1つは，外国からの直接投資を始めとする外資の積極的な導入を図り，国内の経済改革と対外開放とを結び付けたことである。要するに，中国の対外開放の狙いは，外資系企業の積極的な誘致であり，それによって遅れた産業の近代化を図り，従来の機械設備，プラント導入だけではなく[1]，外国の先進的な経営資源，特に，経営・生産システムの導入と移転を図って，中国の近代化の過程を加速させることであった。

「改革・開放」開始から20数年の間，中国の経済は著しく発展した。特に電子・電機産業は，中国政府による産業育成政策の下，日本企業を中心とした外資系企業を積極的に誘致してきており，今日では生産面，輸出面において中国経済の支柱産業として，質的・量的にも飛躍的な発展を遂げている。その主な背景としては，中国国内の需要が拡大したことはもちろん，外資系企業の積極的な進出による経営資源の移転が図られ，先進的な経営・生産システムが様々な方式で迅速に導入されたこと等が挙げられる。その中でも，国際的に競争優位を持つ日本企業から経営資源を集中的に導入したことが特に重要なポイントであると言える[2]。

日本企業の中国進出の業種をみると，製造業の投資金額が圧倒的に多く，その製造業の中でも電子・電機産業の投資金額が最も多かった[3]。特に1990年代に入ってから電子・電機産業の大手企業が積極的に中国に進出して，S.H.ハイマーが主張した[4]「企業は海外で事業展開をする際に，自らの経営資源上の優位性を移転する必要性がある」と同様に，日本企業も国際的な競争優位を持つ経営資源の海外移転を図って，企業の競争力を高め，企業の存続と成長をもたらした。電子・電機産業を始めとする製造業を主とする日本企業は，経営・生産システムの競争優位性を保つため，これらの経営・生産システムを海外子会社に移転することが望ましいし，また可能である見解が通説になっている。このように，中国の電子・電機産業の著しい発展は，日本企業の中国進出に伴う日本型経営資源の移転と密接な関係があると考えられる。

しかし，経営資源は必ずしも順調に移転するわけではない。1国の経営資源はその国の社会的要因と文化的要因に強く依存しており，それを基盤としながら成り立っている。このような経営資源の文化や社会土壌が異なる国々への移転に関する研究は今までにも盛んに行われてきた。その中で，クーンツ・オドンネル（Koontz&O'donnell,1964）の研究は経営資源の国際移転に関する先駆けだと言える。クーンツはアメリカ企業が保持する経営管理や製造技術などは科学的，国際的普遍性を持っている一方で，受入れ国の社会的・文化的要因により，順調に移転される部分と移転されにくい部分が存在することを明らかにした[5]。

　日本企業の経営・生産システムの国際移転の代表的な研究として，安保他[6]（1988），板垣他[7]（1997）などによる「適用と適応モデル」を挙げることができる。日本企業は海外に進出する際に，程度の差があるとしても競争力を発揮するために比較優位性を持つ経営・生産システムなどの経営資源を現地に持ち込む必要がある。日本企業が歴史的，社会的，文化的環境条件が異なる海外に自社の経営資源を移転する際に，そのまま利用可能であれば「適用」させ，移転困難で受入れ国の現地環境に合わせる必要があれば「適応」させる。これが「適用と適応モデル」の大まかな内容である。この「適用と適応のモデル」は経営・生産システムの国際移転を分析するためのより具体的，体系的，理論的な分析枠組みを提示したと考えられる。このモデルは日本企業の経営・生産システムの海外移転可能性と現地環境に合わせる必要を示唆するものとして多く参照されている。

　「適用と適応モデル」の分析枠組を用いて中国における日本企業の経営・生産システムの移転に関する研究は増えつつある。最近の研究として，郝（1999），苑（2001），潘（2001）の研究が挙げられる。これらの研究は「適用と適応モデル」を用いてそれぞれテレビ産業，半導体産業，繊維・紡績・アパレル産業を取り上げ，どのような部分が移転されやすく，どのような部分が移転されにくいか，またその移転プロセスはどうなっているかに基本的に焦点を絞って，実証的な研究を行っており，実証的研究及び理論的貢献では高く評価できるものである。特に，郝（1999）は著しく発展した中国のテ

レビ産業において，日本的生産システムを様々な方式で積極的に導入したことをその重要な要因の1つとして指摘した上で，日本的生産システムがどのように移転され受容されたかを5つの企業を取り上げながら具体的に，実証的に分析を行った。

　これらの先行研究は豊富な研究成果と多様な考察視点を提示したことはもちろんのことである。しかし，これらの先行研究は，いずれも移転のプロセス，或いはどの部分が「適用」され，どの部分が「適応」されるかにポイントを置いた研究に留まり，経営資源の移転にはどのような要素と強く関わりを持っているのか，つまり，その移転が企業の経営方針・戦略及び人材育成と如何なる関連性を持ち，如何なる影響を受けているか，さらに，人材育成や日本型経営資源の移転が，企業の経営現地化にどのような影響を与えているかについては，今日まで残されてきた課題であると考えられる。つまり，経営資源の移転の研究にはこれらの諸要素を充分考慮したさらなる研究の追求が求められると思われる。これらの諸要素は日本型経営資源の移転の研究では極めて重要な存在である。このような背景のもとで，日本型経営資源の中国への移転を上述したこれらの諸要素と関連させながら研究を進めることが，本書の基本的な問題意識である。本書を通して，日本型経営資源の移転プロセスにおいて，経営方針・戦略と人材育成の重要性を提示する点で本書の存在意義と理論的な成果が求められると言える。こうした問題意識のもとに，本書では全体的な分析フレームワークとして以下のような3つの仮説を設定し，考察するものである。

　仮説Ⅰ　競争優位性を持つ日本型経営資源の諸要素は日本企業が持つ「論理」から分離されて移転相手国の文化・社会システムのもとでも移転可能であると考えられる。但し，作業組織とその管理運営や生産管理などシステムのコアの部分や人事・労務管理などサブ・システムの部分，など移転される要素の性質により適用度が異なっていると思われる。

　一般的に，人事・労務管理の部分はその国の文化的・社会的環境等により直接的な繋がりを持つのに対して，作業組織とその管理運営や生産管理のコアの部分はそうした文化的・社会的環境とより媒介的・間接的に繋がってい

ると言える。そして，文化的・社会的環境と直接結び付いているサブ・システムの要素の方が，間接的に繋がっているコアの要素より移転が難しいと考えられる[8]。これが仮説のⅠである。

　仮説Ⅱ　企業は自らの経営方針・経営戦略を持っている。企業の海外進出が経営方針・経営戦略と結び付いており，企業は経営目標を達成するために，経営方針を決定し，その達成手段として経営戦略が策定される。中国に進出した日本企業も産業業界ごとに，また，その経営環境，進出段階などにより経営方針・戦略が異なる。企業の経営方針・戦略の相違によって，その移転の競争優位性及び移転の定着度の違いがもたらされると考えられる。つまり，企業の経営方針・戦略の違いが競争優位性や移転の定着度の違いをもたらすという仮説である。

　仮説Ⅲ　周知のように，日本型経営資源の優位性は人的要素に大きく依存し，人的要素を重要視するところにある。有能な人材の育成は企業の発展，さらに日本型経営資源の移転を左右する重要な要因でもある。人材育成により，現地人管理者たちは職務への満足度や仕事及び会社への愛着感を感じ，日本型経営資源に対するモチベーションを持つ。そして積極的に競争優位を持つ日本型経営資源を学習・導入を行うことで，企業の長期的な成長と競争力向上を可能にすることが出来ると考える。人材育成が中国においても，日本型経営資源の移転に大きな関連性を持ち，さらに長期的な成長と競争力をも実現すると考えられる。これが仮説のⅢである。

　このような仮説Ⅰ～Ⅲの3つのフレームワークのもとで，本書では日本型経営資源の中国への移転に関する研究として，上述した「適用」と「適応」を実証的に分析する。その上で，文化的・社会的環境に直接的或いは間接的に繋がりがある「移転される要素」の性質により適用の度合いが異なることを明らかにし，その移転が企業の経営方針・戦略及び人材育成と関連する実態を解明し，さらに，人材育成と日本型経営資源の移転が経営現地化にどのようなインパクトを与えているかを究明するものである。

2. 本書の研究方法

　本書の理論面としては，上述したようにトダロの「その他のギャップ理論」を出発点として，日本型経営・生産システムの移転度の評価尺度である「ハイブリッド評価モデル」を検討し，経営資源を「組織・管理関係」，「人事・労務関係」に絞って，日本型経営資源が移転する際に，重要な関わりがあると思われる幾つかの要素を取り出して，仮説設定を試みている。そして，その仮説を検証するために，2つの事例分析を行った。

　本書では，企業が海外に進出する際，自らの競争優位性を持っている経営資源を移転することに伴って，日本企業のグローバル化の進行につれて，中国における日本型経営資源の移転に関して，経営方針・経営戦略及び人材育成が，重要な関連性を持つことを論じている。これがいわば仮説のコア部分ともいえるものである。

　本書では，現地でのインタビュー調査と企業の内部資料の分析に最も力を入れて行ってきた。

　本書で，事例分析で取り上げた対象企業は，1987年に設立され，1990年代に中国で最も外資系企業の「モデル会社」として注目を集めた「北京・松下カラーブラウン管有限公司」と1994年に設立された合弁企業である「上海日立家用電器有限公司」の2社である。事例分析で取り上げた調査企業の数は2社であるが，これらの企業は，進出先地域が異なり，操業年数も比較対照的ものであり，同時に電子・電機産業では日本を代表する大手企業である。さらに，現地企業に対するインタビューの実施と内部資料の収集を通して，日系企業の最新の動向や今まであまり公開されていない部分と深く関連する詳細な内部資料を収集し，分析することによって，中国における日本型経営資源の国際移転の実態状況を充分に明らかにすることができたと考える。

　本書は，主にインタビュー調査と内部資料の収集・分析という研究方法を用いた。そして2つの研究方法により得られた情報と資料を基にして，上述

した3つの仮説の検証と事例分析を考察してきた。インタビュー調査は，日本企業における中国本部の事業開発部，企業の製造部，人力資源部（日本企業の人事部に相当する），品質技術部（或いは質量部），資材部，総経理秘書など，幅広い部門の担当者及び管理者を対象に行った。また，インタビュー調査対象者には日本側と中国側の両方が含まれている。こうした幅広いインタビュー調査を通して，より正確で，具体的な調査を行うことに目的を置いた。

インタビュー調査は，事前に準備した質問表に基づいて，実施することを原則とした。質問表は先行研究，調査企業に関する事前の資料収集，論文の構成によって作成したものである。質問表に基づいて，インタビューを行う過程で，質問表以外の新しく，興味深い有用な情報，事実が発見された場合に，さらに，その項目を質問表に追加してより具体的な項目について聞くようにした。

インタビュー調査の対象者は，指導を受けた先生方や後輩，知り合いの人々，さらに，文献研究によって知り得た日本大手企業の中国駐在社長，日本企業の中国本社担当者，等々である。また，インタビューを受けさせていただいた方々に頼んで第三者のインタビュー対象者を紹介して頂いたことも度々あった。インタビューをお願いした人々は極めて協力的で，自分が担当する部門の情報，事実及び自分の経験，感想について具体的且つ率直に述べて頂くことができた。

インタビュー調査は，会社の事務室や生産現場で行い，場合によって一緒に食事をするレストランでも行われた。インタビュー時間は基本的に1時間から1時間半ぐらいで，最も長かったのは2時間半であった。インタビューが終わった後には，工場を案内してもらうこともあった。インタビューの全ての内容はICレコーダーに録音すると同時に，メモを取る方法を採用した。これが論文の原資料（1次的資料）になっている。論文を書く過程で，あいまいな部分，確認が必要な部分が分かった場合には，再び会社の関連担当者に電話，或いはファクスで再確認を行い，できるだけ正確な情報を得ることに努力した。

一方，積極的に内部資料を収集した。収集した内部資料は大きく2種類に分けられる。

1つは，自社従業員を対象として発行される社内新聞や「従業員ハンドブック」で，もう1つは，ファイルとして保管されている，担当者しか見られない，未公開の各活動に関する報告書，記録，資料等である。具体的には，「6S」検査報告書，人事評価表，QCグループ活動報告書，品質管理システム，教育訓練システム，教育訓練一覧表，昇進システム等である。2番目の資料は通常，簡単に入手することができるものではない。筆者はインタビューをさせて頂いた方々との人間関係や他の様々なルートを通じてこれらの内部資料を入手することができた。もちろん，これらの内部資料によって，より詳細で，正確で，新鮮な情報を得ることができたことは言うまでもない。それらの結果，より充実した論文を書くための一歩が踏み出せたのである。

また，筆者は明治大学で実施された中国現地調査実習の一員として，上海周辺における日系企業6社を対象とした5日間の調査及び工場見学に参加することができた。こうした企業の調査活動は，幅広い知識と情報を得ると同時に，事実の再確認，日系企業の共通性，さらに，全体像を把握することに極めて重要であったと思われる。このような調査活動に参加することにより，事例分析で取り上げた松下，日立の両合弁企業が中国における日本型経営資源の国際移転の事例を充分に代表するものであることを再確認できたと確信している。

3. 本書の構成

本書では，日本型経営資源の移転に関して3つの仮説の設定と2つの事例分析を取り上げながら，理論と実証分析を結合する作業を試みた。理論の検討と仮説の検証のために，本書は3部7章から構成されている。

第I部の「経営資源の移転に関わる理論的考察」では，外資系企業の役割と機能を分析し，経営資源についての分析枠組を構築し，そして，外資系

企業による経営資源の国際移転に関わる基本的理論について考察する。さらに，これらの理論的考察を踏まえながら経営資源の移転に関する仮説を提示する。第1章「経済発展における外資系企業の役割と機能」では，まず，経営資源の国際移転の実態である直接投資の本質及び定義に基づいて，外資系企業についての定義を試み，中国における外資系企業の発展と変化の動向を考察する。次に，企業からみた外資系企業の発生と成長要因及び企業が海外に進出する理論的根拠に関係する理論を検討・分析し，発展途上国における外資系企業の役割と必要性を理論的に分析する。最後に，「改革・開放」以降の中国の経済発展における外資系企業の役割を貿易促進，工業生産額に限定して，考察する。第2章「外資系企業における経営資源の国際移転に関わる理論」では，従来の経営資源に関する概念と定義を整理し，経営資源の概念を明確にした後に，経営資源を無形資産として捉えられる「組織・管理関係」，「人事・労務関係」に特定化して分析の枠組を設定する。そして，経営資源上でのキャッチアップの重要性を「経営資源についてのキャッチアップ」理論を取り上げて論じながら，経営資源の国際移転に関する幾つかのモデルを考察する。さらに，日本型経営資源が移転可能であることを明らかにする。第3章「日本型経営資源の検討及び移転についての仮説」では，日本型経営資源の諸要素を取り出し，日本型経営資源の競争優位性について考察する。その上で，板垣らの「ハイブリッド評価モデル」と「4側面モデル」の検証を踏まえながら，日本型経営資源の移転に関する研究成果を検討する。これらの検討を通じて，日本型経営資源の移転と重要な関わりがあると考えられる諸要素を基に3つの仮説設定を行い，本書独自の分析上の枠組を提示する。

　第Ⅱ部「日本型経営資源の移転の動向と事例分析」では，中国の電子・電機産業の発展経緯と日本型経営資源の移転の動向を探る。そして，提示された分析上の枠組に基づく事例分析を行う。第4章「中国の電子・電機産業の発展と日本企業による経営資源移転の動向」では，中国の「改革・開放」政策に至るまでの背景を考察し，中国の電子・電機産業の発展段階とその特徴を外国からの技術移転を含めた経営資源の移転状況と関連させながら分析す

る。そして，中国の電子・電機産業において，重要な役割を果たしたと思われる日本企業の中国進出の特徴を考察した上で，日本型経営資源展開上の特徴と多様な移転経路を明らかにする。第5章「北京・松下カラーブラウン管有限公司」（BMCC）の事例，第6章「上海日立家用電器有限公司」（SHHA）の事例の操業年数，進出先地域の異なる2つの事例研究を通して，日本型経営資源のどの部分がどのように「適用」と「適応」されているかを分析すると同時に，その移転が企業の経営方針・戦略及び人材育成等の諸要素とどのような関連性を持っているかを検証する。そして，人材育成と経営資源の移転による経営現地化促進のための諸要素を探る。

　第Ⅲ部「経営資源の移転に関する仮説の検証」において，第7章では，まず，日本型経営資源国際化の理論的内容を取り上げ，日本型経営資源の国際移転可能な一般性を確認し，2つの事例分析で発見された事実に基づき，「組織・管理関係」，「人事・労務関係」の2つの側面において移転上にどのような特徴を持っているかを明らかにする。その上で，事例分析に基づいて，日本型経営資源の移転に関して出された3つの仮説，仮説Ⅰ：文化的・社会的環境と直接結びづいている「人事・労務管理」等の諸要素の方が，文化的・社会的環境と間接に繋がっている作業組織とその管理運営や生産管理等の諸要素より移転が難しい，仮説Ⅱ：企業の経営方針・戦略の違いが競争優位性や移転の定着度の違いをもたらす，仮説Ⅲ：人材育成が日本型経営資源の移転に大きな関連性を持ち，さらに長期的な成長と競争力を実現する，について検証を行う。最後に，人材育成の重要性と今後の課題を提示する。

注
1） 「改革・開放」以前の中国は，近代化を図るため様々な政策により機械設備，プラント導入を行ってきたが，いずれも失敗に終わった。
2） 郝（1999）は，中国のテレビ産業の発展において，同じ観点を示している。
3） 1989～2001年までの日本企業の対中進出の業種別金額を見ると，電機産業の投資金額は4,554億円で，全製造業の20.2%のシェアを占め，その比率が最も多かった。
4） Hymer, S.H., 宮崎義一（訳）（1976）『多国籍企業論』第Ⅰ部，岩波書店，p.35。
5） Koontz, H., "A Model for Analyzing the University and Transferability of Management", *Academy of Management Journal*, Vol.12, No.4, 1969, pp.415-429. 松岡盤木他訳（1972）『経営管理の新展開―激動する環境の中で―』ダイヤモンド社，pp.87-105。
6） 安保他（1988）は，日本的生産システムの海外移転に関して，自動車組立産業，家電産業，

半導体産業のアメリカの日系製造工場14社を取り上げ，日本的生産システムの適用・適応度の分析を行った。彼らは，日本的生産システムの要素を幾つかのグループに分け，工場全体ごとにその適用・適応を評価し，自動車産業が最も適用度が高く，家電産業が最も適用度が低いという産業の違いによって，移転の差が見られることを明らかにした。詳しくは，安保哲夫編（1988）『日本企業のアメリカ現地生産―自動車・電機：日本的経営「適用」と「適応」』東洋経済新報社を参照されたい。

7) 板垣他（1997）は，安保他（1988）の「適用と適応のモデル」研究成果としてのアメリカ現地調査を引き継いで，アジア版として台湾・韓国において，自動車組立・部品及び電機組立・部品の工場34社を取り上げている。そして現地調査で得られたデータに基づいて日本型経営・生産システムの移転をアメリカとの比較の視点で分析を行った。調査結果によると，「作業組織とその管理運営」，「参画意識」及び「長期雇用や苦情処理」面では，アメリカに比べて台湾・韓国の方が適用度が高い。一方，日本人従業員の比率の面では，台湾・韓国の方がアメリカより適用度が極端に低い。詳しくは，板垣博（1997）『日本的経営・生産システムと東アジア―台湾・韓国・中国におけるハイブリッド工場―』ミネルヴァ書房を参照されたい。

8) 板垣博（1995）氏の見解を参照した。しかし，板垣氏は常にそうであるとは限らないと指摘した。板垣博「日本型生産システムの国際移転」橋本寿朗編（1995）『20世紀資本主義Ⅰ　技術革新と生産システム』東京大学出版会，第7章，pp.237-238。

第Ⅰ部
経営資源の移転に関わる理論的考察

第1章
経済発展における外資系企業の役割と機能

　本書は，外資系企業による経営資源の国際移転を中心に研究するものである。そのため，まず，本章では，直接投資論の諸アプローチから外資系企業の定義を試み，企業の国際化論，国際経営論及び企業組織論の観点から企業の海外進出に関する諸理論を考察する。そして，中国の経済発展と関連させながら発展途上国における外資系企業の役割とその重要性など外資系企業に関する幾つかの理論的視点を検証したい。

第1節　外資系企業の定義

(1) 外資系企業の定義─直接投資の本質及び定義に基づいて─

　外資系企業（Foreign Capital Enterprises）とは何か。
　外資系企業は多国籍企業[1]よりも広義であるが，外資系企業について明確な定義は未だになされていない。しかし，現実の外資系企業の活動を考察する場合，必然的に直接投資（Foreign Direct Investment）の問題が提起される。言い換えれば，直接投資を行う主体が企業であり，直接投資が行われることにより，外資系企業が生じることになる。従って，直接投資に関する本質及びその定義に基づいて，外資系企業を定義づけることができるとも考えられる。
　最初に直接投資あるいは海外直接投資については，国際的な資本移動，国際投資を分析する見地から「国際資本移動論」として，理論形成が開始されたと思われる。資本移動の見地から直接投資の定義を簡潔にまとめると[2]，直接投資とは，民間，長期の国際的資本移動であり，しかも投資先企業に

対する経営の支配を伴うものである。「国際資本移動論」では，国際間の資本移動は投資資金の移動，あるいは普遍的・一般的に物的生産要素としての「資本」の移動として把握されている場合が多かった。そして，資本の移動を資本の限界生産性（marginal productivity）の相違から説明すれば，資本の豊富な国から希少な国に，即ち収益率（rate of return）が低い国から高い国へと資本は移動するのである[3]。

次に，同じ範疇の理論であるが，貿易論的アプローチの視点から直接投資を展開する学説が存在する。代表例として，新古典派の貿易理論の代表的なヘクシャー＝オリーン（Heckcher, E. F. ＝ Ohlin, B. G.）の学説を基に，フェアウエザー（Fayerweather, J.）が1969年に提唱した「国際資源移転論」がある[4]。フェアウエザー（Fayerweather, J.）は，生産要素（労働，資本，土地）に技術，経営管理技法，企業家能力を含めて経営資源とし，これらの経営資源が豊富な国から希少な国へ，即ち，その限界生産性の低い所から高い所に移動するというのが，その理論の核心である。もちろん，個々の経営資源の特性（移転の難易度）は，各国の社会システム，文化，歴史，企業の経営戦略などにより経営資源の移転は制約を受けるため，どの経営資源も必ずしも順調な移転が可能というわけにはいかない[5]。

経済開発協力機構（OECD）による直接投資の定義をまとめると，「直接投資とは，在外企業と永続的な経済関係を樹立する目的で行われる投資で，その企業の経営に実質的影響を行使するものである」と述べている。国連もこのOECDの定義に準拠している[6]。即ち，「直接投資とは海外での事業に対する経営権の取得を目的にするものである」と定義づけている。経済開発協力機構（OECD）は経営権取得を目的とする出資比率として10％を基準としている。国際通貨基金（IMF）では，特に直接投資の出資比率を定めずに，各加盟国の決定に委ねている。日本の場合，合弁企業の出資比率は外為法上従来25％以上だったが，1980年12月以降は10％が基準になっている[7]。

これらの経営権の取得を伴う資本移動を強調する定義に対して，資本移転を前提としながらも，比較的相違のある内容に力点に置いた定義として知られているのが，キンドルバーガー（Kindleberger, C. P.）とダニング

(Dunning, J.H.)の考え方である。彼らの定義によれば，直接投資を資本の移動と位置付けているが，それ以上のものを含む内容として，企業のコントロールに加えて，研究・開発（R&D），生産技術，マーケティング技法，経営的専門意見，その他の形態をとった貴重な知識，あるいは企業家精神など技術と経営管理を伴ったものであると定義づけている[8]。

　以上の諸定義を整理して見ると，直接投資は単に資本の移動だけではなく，最も重要なのはより多くの経営資源の移転も包含していると考えられることである。直接投資の実態面を分析すると，企業特殊的（Firm-Specific）経営資源（Managerial Resources）の企業内部での国際間の一括移転でもあるという見解が小宮（1972），小田（1978）等によって強調され[9]，現在では最も有力な見解となっている。

　次に，直接投資の史的過程を考察して見ると，中世に遡られる。イギリスのギルドやイタリアの銀行業において展開された彼らの直接投資による対外進出が最初にみられる。17世紀において，イギリスが相当の規模による直接投資を行った。その後は，第2次世界大戦後，1950年代にアメリカの直接投資が継続的に開始され，70年代に入ると，西欧及び日本の対外直接投資が積極化し，先進国間の相互浸透の時代とその展開は深まった。さらに，90年代には，アジア，特に東南アジア，東アジアへの先進国からの直接投資が高まったとの流れが史的に見られる[10]。

　既述からして，外資系企業とは何かに触れたい。上述のように直接投資の定義及び本質の見地から，外資系企業とは，海外における経営権の樹立と拡大を目的に一定の投資を行い，企業の目的達成のために必要な経営資源を移転させ，最終目的を達成する企業のことと考えられる。

(2) 中国の外資系企業の所有形態

　中国政府による直接投資の定義によれば，「非居住者による出資分が25%以上の企業に対する投資で，また，収益の再投資から生じる持分の増加分も直接投資に含まれる」と定義されている。

　この定義に基づいて，通常，中国の外資企業は3つの形態に分けられる。

即ち，①合作企業（Contractual joint venture），②合弁（合資）企業（Joint venture），③独資企業（Wholly-Owned Enterprise）であり，これを「三資企業」と呼んでいる[11]。

1978年以前までは，中国には外資系企業という企業形態は存在してなかった。1978年「改革・開放」政策を実施してから，中国は従前の外資排斥政策から外資歓迎政策へと政策を転換した。経済発展の支柱として外国企業による資金及び技術の導入に重点を置いたことを意味する。中国の対外開放の狙いは，外資系企業の積極的な誘致により，対外貿易を拡大し，海外の資金と先進的技術・管理のノウハウを導入することにより，中国の近代化の過程を加速させることにあったと言える。

「改革・開放」実施からこの20年余り，中国における外資系企業はどのように発展し，その所有形態はどのような変化があったのか，またその背景には何があるのか，について，次に外資系企業の発展と変化の実態を考察する。

中国政府は，1979年7月，「中華人民共和国中外合資経営企業法」の承認を始めとして外資関連法規を次々と公布するに伴い外資による現地経営の法的環境においても，整備されつつあると同時に，外資系企業の所有形態も変化してきた（表1-1）。

80年代初頭の外資の投資構造は，中国側が土地，建物を提供し，外国側が主に，少額資本，機械と原料を提供する「三来一補」の合作企業形態が主流で，外資系企業全体の50％以上を占めた。当時，独資企業が占める比率は極めてわずかなものであった（表1-1）。その主な原因としては，中国の外資系企業を受け入れる政策や投資環境が未だ理想にはほど遠く，未整備であったこと，外資系企業が中国の国内市場や将来の見通しについてまだ十分な認識を持っていなかったこと，外資系企業が中国に不慣れな状況のため，合作による方式が外資系企業側の比較利益に合致したこと，などが挙げられる。

特に，日本企業の場合，日本企業の海外進出の基本的志向である直接投資による現地生産よりも製品の輸出を志向としていたことと一貫した関係が

表1-1 中国の三資企業の投資構造

(金額:億米ドル)

年度	実際投資額	合弁企業 実際投資額	シェア	合作企業 実際投資額	シェア	独資企業 実際投資額	シェア
1979〜82	6.71	1.00	14.90	5.31	79.14	0.40	5.96
1983	3.44	0.74	21.51	2.27	65.99	0.43	12.50
1984	7.35	2.55	34.69	4.65	63.27	0.15	2.04
1985	11.78	5.80	49.24	5.85	49.66	0.13	1.10
1986	16.15	8.04	49.78	7.94	49.16	0.16	0.99
1987	21.30	14.86	69.77	6.20	29.11	0.25	1.17
1988	29.81	19.75	66.25	7.79	26.13	2.26	7.58
1989	49.25	23.99	48.71	12.39	25.16	12.87	26.13
1990	32.42	18.86	58.17	6.73	20.76	6.83	21.07
1991	41.97	22.99	54.78	7.63	18.18	11.35	27.04
1992	107.57	61.15	56.85	21.22	19.73	25.20	23.43
1993	253.35	147.30	58.14	43.63	17.22	62.42	24.64
1994	330.89	179.33	54.20	71.20	21.52	80.36	24.29
1995	369.31	190.78	51.66	75.36	20.41	103.17	27.94
1996	414.70	207.55	50.05	81.09	19.55	126.06	30.40
1997	452.57	194.95	43.70	89.30	20.02	161.88	36.29
1998	454.63	183.48	40.36	97.20	21.38	164.70	36.23
1999	403.19	158.27	39.25	82.34	20.42	155.45	38.56
2000	407.15	145.88	36.26	65.01	16.16	191.39	47.58
2001	468.78	157.39	33.57	62.12	13.25	238.73	50.93
2002	527.43	149.92	28.42	50.58	9.59	317.25	60.15
2003	535.05	153.92	28.76	38.36	7.17	333.84	62.39
2004	606.30	163.86	27.03	31.12	5.13	402.22	66.34
2005	603.25	146.14	24.23	18.31	3.04	429.61	71.22
合計	6,154.35	2,358.50	38.32	893.60	14.52	2,827.11	45.94

出所:1979〜82年,1983年『中国対外経済貿易年鑑1984』 中国対外経済貿易出版社,1984年,『中国統計年鑑』(1985〜2006年) 中国統計出版社

あり,直接投資よりも製品輸出の方に力点を置いて利益を上げていたのである[12]。

1986年から投資環境の改善と法律規範の整備(「合弁企業の改正」)などにより,積極的な直接投資が行われ,合弁企業が合作企業を上回るようになった。1986年の「外資企業法」の公布によって,外資系企業の投資構造が変化し,独資企業は20%以上に増加した(表1-1)。その主たる背景には独資企業への法的規制の緩和が挙げられる。具体的には,中国政府は外国投資誘致の手段の1つとして外資系企業の内販比率の規制を緩和し,他方,合

資企業では，新規企業を創設せずに同業種の国有企業の買収・合併，国有企業との合弁などが目立つようになった。

　90年代半ばから，一方では，外資系企業との合弁あるいは合作の形態による共同経営の困難さという新しい経験が生じたこと，他方では独資企業への規制緩和がなされたこと，この2つの背景で，十分な経営能力・資源を有する外資系企業は効率的に経営を行うために独資による進出が増加した。また，中国の2001年WTOへの加盟により中国市場のより一層の開放，経済制度の透明性の増大に伴ってハイテク産業に進出する独資企業は大幅に増加し，反面，合資企業は減少し始めた。(表1-1)

第2節　海外進出企業の発生と成長要因

　前節で，直接投資の本質と概念の見地から，外資系企業を定義し，その直接投資の本質が経営資源の一括移転であることを論述してきた。本節では，その企業が何故，あるいは如何なる目的で海外進出を実施するのかを検討したい。

(1) 企業が海外に進出する目的

　企業が海外に進出する動機及び目的に関しては，これまで多くの学者が議論を展開してきた。

　一般に企業自身の立場からみた海外直接投資の目的（動機）としては[13]，

①資源（仕入れ・販売対象，加工対象，労働力，情報など）の入手，

②市場（輸出市場の防衛，現地国内市場への浸透，第三国への輸出などを通じて行う）の確保，

③コスト（労働力，エネルギー，土地などの対価）引下げ，

④規模の利益の獲得，

⑤危険分散，などが挙げられる。

　企業が海外直接投資を行う動機に関する多くの議論において，特に，ダニング（Dunning, J.H. 1993）の論点が最も整備されていると思われる。彼

表1-2 多国籍企業の国際生産類型とその戦略目標

多国籍企業の国際生産類型	多国籍企業の戦略的目標
①資源指向型	競争相手に先んじて資源を利用できる特権を獲得
②市場指向型	i 既存の市場の保護，競争相手の行動への妨害 ii 独占の優位を維持し，ライバル或は潜在的ライバルの新市場開拓を阻止すること
③効率指向型	i グローバル或はリージョナルな製品合理化 ii 生産過程専業化の優位の獲得
④戦略資産指向型	i グローバルイノベーションの強化或は生産競争力の向上 ii 新たな生産ライン或は市場を得る
⑤貿易流通型	新たな市場への参入或はグローバル・リージョナル販売戦略の一部分とする。
⑥サポートサービス型	グローバル或はリージョナルな製品の多様化戦略の一つの組成部分

出所：Dunning, John H. (1993), Multinational Enterprises and the Global Economy (England Workingham: Addison-Wesley Publisher Ltd.), Table4.2.（邦訳，陳永生（2001）「外国直接投資と中国の経済発展」『問題と研究』問題と研究出版，Vol.30, No.12, p.9 より。）

は多国籍企業の対外直接投資の動機を6つの類型にまとめて分類している。① 資源指向型，② 市場指向型，③ 効率指向型，④ 戦略資産指向型，⑤ 貿易流通型，⑥ サポートサービス型である。

表1-2に示すように，ダニングは異なる類型の動機には異なる戦略目標があることを主張した。

ダニングは，企業の海外直接投資を時系列に分析している。1960〜70年代においては，企業は資源の獲得，市場の開拓を主な目的として海外直接投資を行った。80〜90年代には，多国籍企業の海外進出の拡大につれて，多国籍企業は資源の最適配置の際に，高利潤の獲得を条件としながら，リージョナル化或いはグローバル化を経営戦略の重点策として，投資効率のバランスに力点を置いてきたのである。そして，このような戦略に対応する投資戦略と販売戦略をサポートした海外進出を展開し，これらを前提として，技術移転と人材育成が実施されていると，同氏は指摘している[14]。

企業の海外直接投資における究極の目標は，グローバル・ネットワークを駆使して経営資源の最適配分を行い，全社の利潤の最大限の獲得にある。

それでは，日本企業の海外直接投資の目的及び類型は何か。次に，日本企

業の海外直接投資の経緯と類型を考察したい。

　日本企業の海外直接投資は1960年代以降,徐々に増大し,それが本格化したのは1970年代になってからのことである。50年代後半,政府の積極的な支援などにより,日本の大企業は東南アジアを中心として,中南米,北米に資源確保を目的にした鉱業や紡績業及び輸出競争力の強い業種を中心に進出した。60年代に入り,国際収支の好転,日本経済の規模の拡大,欧米多国籍企業との競争激化などによって,既存の大企業だけではなく,一部の有力なる中小企業も,低賃金労働力を求めて海外に進出するようになった。日本政府の海外直接投資の自由化政策を背景に,さらに円高や国内賃金の上昇など海外進出を促す様々な経済要因が呼び水となり,70年代も引き続き,海外直接投資が急増した。(図1-1)

　さらに,1980年代後半以降,プラザ合意による円高,貿易摩擦の回避対策,日本企業のグローバル化戦略など,大企業だけでなく,中小企業の海外直接投資も顕著であり,投資対象地域としては,先進国が大きな割合を占める一方,これまでの主力であった第二次産業の製造業の割合が低下し,第三次産業である非製造業の割合が増加した。製造業内部構造の変化として,

図1-1　日本企業の対外直接投資推移 (1961〜1985年)

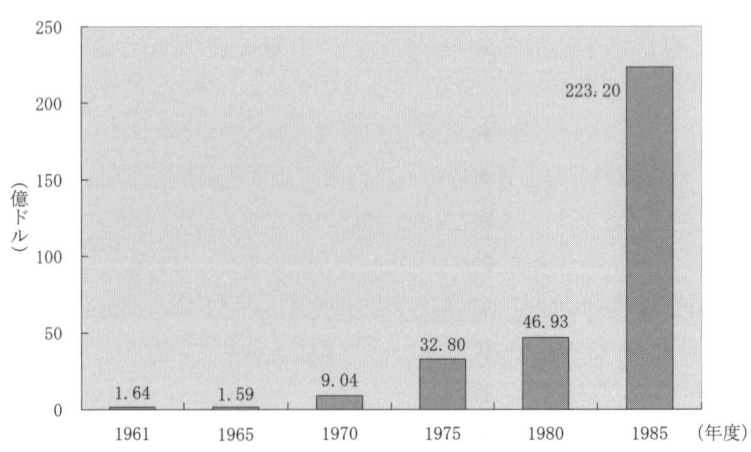

出所:財務省「対外直接投資の許可・届出実績分類表」より作成。

労働集約型産業から機械，電気，輸送機器等の加工組立型産業へのシフトが見られたのも特徴であった。90年代に入ると，先進諸国の不況と日本のいわゆるバブル経済の崩壊により下降したものの，1993年に多くの先進諸国の経済は回復し，同年以後，再び増加を転じたが，1997年からアジア通貨・経済危機の影響により，アジア向けの投資が急激に低下した（図1－2）。

ところで，外資系企業が中国に進出する主な目的は，コストの削減，資源・市場の獲得，更にはグローバル化の目的のために資源配分を行うことにより，経済的効果と利益を達成することに他ならない。中兼（1999）は，中国への海外直接投資を次のように論述している[15]。① 低賃金獲得型投資，② 市場確保型投資，③ 原料コスト削減型投資，④ 特恵税制利用型投資である。これらを取り上げると，第1に，投資国側の要素賦存が変化し，とりわけ，労働力が不足し，賃金が高くなると，労働力が豊富で安価な中国に工場

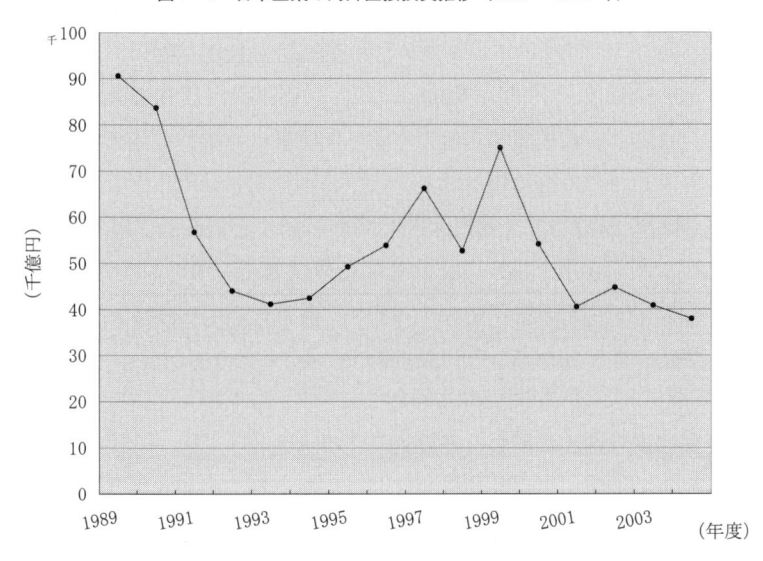

図1-2　日本企業の対外直接投資推移（1989～2004年）

（注）：計数は報告・届出ベース。
出所：財務省「対外及び対内直接投資状況・対外直接投資実績」より作成。

を移転させようとする。すなわち低賃金を求めての海外直接投資である。第2は，中国の巨大な国内市場を求めて，さらに中国が設けた各種の輸入制限を回避するために進出する場合である。たとえ輸入制限がなくとも，中国の市場に将来性があると判断した時には進出することである。言い換えれば，市場期待に基づく海外直接投資である。第3は，中国に豊富な原料があるときに，原料輸入コストを節約するための中国への海外直接投資をすることである。第4は，以上の原因を伴って，中国が自国よりも税制などの面ではるかに好条件の優遇措置を与える場合，企業にとって中国に工場を移転させることは費用の節約にもなることを意味する。

「改革・開放」政策から1990年半ばまで，日本企業を始めとするアジア系企業は上述4つの要因のうち，中国の低廉な労働力と安価な原材料を求めての海外直接投資を決定する要因が多かったと言えよう。企業が経済活動を行う上で，生産コストが安い国・地域で生産活動を行うのは企業の経営戦略でもある。1990年代後半から，これらの企業は低賃金よりも13億人の中国の巨大市場での参入を主な目的とする，つまり，既述の4つの要因のうち，第2である中国の巨大な国内市場を求めての海外直接投資が明らかに増加している。その背景には，中国の市場経済のなかで所得向上，市場の成熟等を挙げられる。このような低賃金労働力や安価な原材料を求めての直接投資から市場拡大を求めての直接投資への変化は，日本企業を始めとするアジア系企業の中国進出の本質的な変化の大きな特徴の1つと言える。日本企業を始めとするアジア系企業と違って，欧米系企業は自らの地理的関係によって，「改革・開放」の初期段階から中国の国内市場をターゲットとする海外直接投資が圧倒的に多くなっているのが特徴である。

(2) 企業の海外進出に関わる理論的アプローチ

企業が海外に進出する理論的根拠はどこにあるか。企業成長と経営視野の変化，組織構造の革新と内部資金の蓄積など，企業組織論，国際経営論，多国籍企業論等から総合してその理論的根拠を考察したい。

①プロダクト・ライフ・サイクル理論（Product Life Cycle Theory）

この理論はレイモンド・バーノン（Vernon,R.1966）が，企業の成長を製品と市場の関係からとらえ，海外生産への移行要因を分析した理論であり，海外直接投資の有力な理論である。バーノンは，戦後のアメリカ企業の投資行動をこの理論で解明しようとしたのである[16]。

多くの学者の研究によれば，アメリカ市場における個々の製品は導入期，伝播期，成熟期，衰弱期という一連の循環を経験していると述べられている。

こうしたプロセスと絡み合って，バーノンの「プロダクト・ライフ・サイクル理論」を次のような段階で解釈することができる[17]。

第1段階では，アメリカの高所得，圧倒的な技術，経営管理技法により，新製品の生産が主導先進国（アメリカ）で始まる。第2段階では，その生産された製品がアメリカの国内市場の販売から輸出品としての適格性をもつようになり，後発の先進諸国に輸出される。第3段階では，アメリカの国内市場の成熟化と共に，他の先進諸国の需要が高まり，製品の標準化が進み，コストが低下したことを背景に，輸出が伸びる。その一方では，主導先進国（アメリカ）の成長力が失われる。最後の段階では，そのような展開の中で，標準品の生産の重点が次第により主導先進国から後発の国々に移っていく。

企業が海外生産を決断した理由として，バーノンは，輸出対象国のマーケットが競争によって脅かされ，また，ある段階になると生産コストの対抗ができなくなり，海外に拠点を移転せざるをえない。こうして生産拠点が海外に移転すると，移転した海外生産拠点に資材や部品などの関連企業も移転するようになる，と述べている。

バーノンは，製品の生産において比較優位が自動的に先発国から後発国に移動することで，海外直接投資が発生すると指摘した。

「プロダクト・ライフ・サイクル理論」によると，製品の成長段階によって，要素集約度の変化（労働集約的になる方向）により（賃金が割安な）発展途上国で生産したほうが有利であると立証される。

②企業の海外生産と内部化理論（Internalization Theory）

企業はなぜ海外で生産活動を行うのか，この答えを企業における内部化の

利益によると理由をあげているのがバックレー（Buckley, P.J.）とカッソン（Casson, M.）[18] などの理論を発展させたラグマン［Rugman, A. M.（1981）］の「内部化理論」である[19]。

「内部化理論」は，もともと企業というものが，市場とは違う組織として形成されることを立証するために提起されたものであり，直接投資の理論のなかで近年有力視されているものである。その内容とは，企業は市場の不完全性と情報の非対照性を克服するため，企業の内部に代替の市場を創出して，取引コストを抑え，利益を増大させるものである。換言すれば，市場の不完全性に対応するために企業という組織が市場機能を取り入れることであり，「内部化理論」は，企業組織が内部の管理システムを通じて市場がスムーズに機能し難い調整機能をより効率的に行えることを主張したものである。

ラグマン（1981）は「内部化」を次のように定義している[20]。

「内部化とは，企業内に市場を作り出すプロセスである。企業の内部市場は，欠陥のある正規（または外部）市場に代替し，資源配分と流通上の問題に経営管理命令（Administrative-fiat）を用いて解決する。企業の内部価格（あるいはトランスファー価格）は企業の組織活動を円滑化し，内部市場が，潜在的可能性がある（しかし実現されることがない）正規市場と同じように，効率的に機能することを可能とする。欠陥がある市場が存在する時，あるいは正規市場の取引コストが不当に高い場合，それらを内部化する理由が発生する。経済にはそうした市場の不完全性という特徴があるため，企業が内部市場を創出する強い動機は，常に存在する。世界的規模をベースとしても，貿易には無数の障壁や，他の不完全性市場が存在するので，多国籍企業が出現する理由はさらに強い。多国籍企業は，国際的市場不完全性を（国内の場合と同様）内部化し，かくして，グローバルな社会的厚生の増大を図る。」

このように，「内部化理論」は，欠陥のある市場（市場の不完全性）が存在するとき，或いは外部市場を経由したとき取引コストが不当に高い場合，それらを克服するために企業内部に国際的な内部市場を創出するプロセス

を通じて,企業が多国籍化（直接投資の発生）することを力説するものである[21]。

③国際生産の折衷理論

ダニング［Dunning,J.H.（1979）］が提唱した[22] 折衷理論は（Eclectic Theory），内部化利益を国際生産が行われる理由の1つの柱として揚げ，企業自身の優位性（Ownership-Specific Advantages：経営資源説の中心概念である企業特殊的な優れた生産・経営・管理上の技術・ノウハウを主に指す）と企業の内部化利益（Internalization Incentive Advantages：外部市場が利用できないという経営資源に内在する性質に基づく内部化誘因）及び海外における立地優位性（Location-Specific Advantages：貿易理論において強調される要素賦存の相違に基づく賃金格差，税率格差，輸送・通信費など）で多国籍化を図られるとする。

ダニング（1979）が提唱した「折衷理論」によれば，企業は次の3つの条件が満たされたときに海外直接投資を選択するという[23]。

第1の条件は，企業は特定の他国の企業に対して所有の優位性（Ownership Advantages）を持つ必要がある。所有の優位性とは，少なくとも一定期間それを所有する企業にとって，排他的もしくは固有な無形資産の保持という形態をとることである。ここでの企業の所有の優位性概念には，経営資源説の中心概念である企業特殊的な優れた生産・経営・管理上の技術・ノウハウを主として示している。

第2の条件は，上記の条件が満たされたうえで，企業は所有の優位性をライセンシング契約などによって外国企業に売却したり賃貸したりするよりは，自社の活動範囲の拡大によってその優位性を内部化した方が有利なのである。すなわち，外部市場が利用できないという経営資源に内在する性質に基づく内部化誘因のことである。

第3の条件とは，上記の2つの条件が満たされたうえで，少なくともある要素投入については，母国以外で優位性を活用することによって利益を上げなければならないことであり，これは，海外における立地優位性を意図する。そして，貿易理論において強調される要素賦存の相違に基づく賃金格

差, 税率（関税率）格差, 輸送・通信費等を示すものである。

　ダニングの「折衷理論」は, 企業自身の優位性, 国際生産の内部化利益, 立地上の利益など異なった3つの経済的要因の「折衷」による海外生産の提唱であるが, 理論的には, ハイマー, キンドルバーガー等による企業の優位性を基調とした産業組織論的アプローチ（既述条件1, 企業自身の優位性）と, コース［Coase. (1937)］, ウイリアムソン［Williamson (1975)］の系譜に連なる取引費用の理論（既述条件2, 企業の内部化利益）, そしてヘクシャー＝オリーン理論が通常仮定する生産要素の不可動性ないしは各国に固有の要素賦存状態（既述条件3, 海外における立地優位性）の3者を「折衷」したものといえる[24]。

　④資本蓄積面からの企業内部純余剰仮説

　宮崎義一の「企業内部余剰仮説」は, 資本蓄積面からのミクロ的視点で, 個別企業の海外直接投資を提唱したものである。すなわち, 国内における設備投資に対して内部資金（利益留保プラス減価償却）が超過するようになると, その余剰分は対外直接投資に向けられるようになるということである[25]。しかし, この仮説には幾つかの問題があると考えられる。具体的には, 佐藤定幸が全世界的な利潤獲得を目的として行動する企業の寡占間競争という視点から強調したものである。佐藤定幸は, 資本主義において資本過剰を否定するものではないが, 企業が内部資金の有無, 利潤率の高低にもかかわらず海外に進出することは, 企業の直接投資が必ずしも内部資金だけによって賄われているとは限らないと力説している[26]。

第3節　外資系企業の役割と中国の経済発展

　外資系企業の受入国（Host Country）, 特に発展途上国の経済発展における役割と重要性については, 開発経済論, 技術移転論, 多国籍企業論を中心に既に豊富な研究成果が蓄積されている。

　外資系企業の発展途上国の経済発展への影響について, これまでの研究において, 大別すれば2つの流れに分けられる[27]。第1は, マクロ経済効果

に着目し，導入された外国資本が受入国の国際収支などにどのようにして影響するかを分析するものである。第2は，外資系企業の活動がある特定の側面においてどのような効果をもたらすかを分析するものである。即ち，第1は，直接投資により，どのように受入国の経済活動において，資本効果，貿易効果，雇用効果などが生じ，受入国の経済発展に貢献したかの研究であり，第2は，経済成長に重要な役割を果たす技術や経営ノウハウがどのように外資系企業から受入国に移転されるかの研究である。

　発展途上国には，経済発展のプロセスにおいて近代化を図り，先進国にキャッチアップする動きが明確である。しかし，経済発展の過程で，発展途上国は様々な諸問題に直面していることも現実である。発展途上国にとって，資金の不足，外貨の不足，人材育成，経営管理・技術の遅れは経済発展において最も大きな問題であり，これらの諸問題を克服するために，外資系企業の受入れ，つまり外国からの直接投資の受入れは，発展途上国が恒常的に使用している方式である。こうした問題意識に基づいて，本節では，「貯蓄ギャップ理論」，「外貨ギャップ理論」，「2つのギャップ理論」，「その他のギャップ理論」を取り上げ，発展途上国における外資利用の必要性に関する諸理論を考察し，外資系企業の中国の経済発展における地位と機能を分析する。

(1) 発展途上国における外資利用の必要性

　発展途上国は，先進国にキャッチアップする過程で，外国からの直接投資を利用する必要がある。以下の理論はその必要性について説明したものである[28]。

　① 「貯蓄ギャップ理論」

　「貯蓄ギャップ理論」は，ローゼンスタイン・ロダン（D. N. Rosenstein-Rodan）(1961) が提唱した理論であり，この理論の基本論点は次の4点に要約することができる。

　第1に，発展途上国は経済発展過程で，資本の産出係数が不変との前提で，投資規模は目標経済成長率から得られる。発展途上国の国内貯蓄の不足

による外資の利用は，発展途上国の経済成長率が自然経済成長率のレベルに到達することを保障し，従って発展途上国は自国の経済潜在力を最大限に発揮させることができる。

第2は，外資の利用は発展途上国の経済発展戦略の重要な構成部分である。それは，外資の利用は国内貯蓄を補充することができ，国内貯蓄を必要とする投資規模との間のギャップを補完し，かつ予期の目標である経済成長率を実現させるからである。

第3に，「貯蓄ギャップ理論」では，発展途上国は労働生産率が低く，一人当たり所得水準が低いため，低貯蓄をもたらしていると指摘する。そして，貯蓄率の低さは発展途上国の経済発展を制限する要因ともなる。当該国の実際の貯蓄率と計画上の経済成長率が必要とする貯蓄率との差額を貯蓄ギャップと呼んでいる。「貯蓄ギャップ理論」は外資利用の目的はこのようなギャップを補充することにあると提唱する。

第4に，政策提言として，「貯蓄ギャップ理論」は，発展途上国において，経済発展の過程で最も重要なポイントは労働生産率の向上であると指摘している。そのために，外資を利用して経済発展を加速する過程においては，外資の利用は貯蓄のギャップを補充することだけではなく，さらに，より重要なのは外資を導入すると同時に，技術革新を行い，労働生産性と資本使用効率を向上させることであると提唱する[29]。

② 「外貨ギャップ理論」

この理論は，著名な経済学者バラッサ（B. Ballasa）とマッキンノン（R. Mckinnon）などによって提起された理論で，「貯蓄ギャップ理論」と対応するものである[30]。

彼らによる「外貨ギャップ理論」とは，発展途上国の輸出外貨獲得能力の低さ，及び外貨収入の低額を理由として，外貨不足が生じることをいう。そのために発生した外貨ギャップにより，貯蓄不足，つまり貯蓄ギャップが生まれる。また，外貨ギャップによって発展途上国の経済発展に必要な設備，技術，経営ノウハウ，原材料などが輸入できなくなり，経済発展を制約するに至る。外国直接投資の利用は，一種の外貨獲得の源泉となり，それによっ

て 1 国の輸入能力を拡大させることができるとする。この理論は輸入能力の拡大が 1 国の経済発展にとって極めて重要であることを示唆するものである。

③「2つのギャップ理論」

「2つのギャップ理論」とは，「貯蓄ギャップ理論」と「外貨ギャップ理論」を踏まえて，チェネリー（H. Chenery）とストラウト（A. N. Strout）(1966) が提起したものであり[31]，その基本的な論点は次の 3 点に要約することができる。

第 1 に，発展途上国の経済発展過程において，経済発展に影響する要素は主に貯蓄，投資，輸入と輸出という 4 つの側面があると見ている。この 4 つの側面は相互に作用し，大部分の発展途上国の経済発展が貯蓄ギャップ，外貨ギャップの制約を受けることになる。この 2 つのギャップにより，発展途上国の国内生産要素が充分に機能，利用できなくなり，それによって経済発展のプロセスが阻害されることになる。

第 2 に，外資を利用して 2 つのギャップを補完し，経済発展におけるボトルネックの制約を緩和して経済発展を加速することが極めて必要なことである。

第 3 に，2 つのギャップ理論のモデルは，外資が経済発展の加速過程において必要であることを強調すると同時に，外資の利用が 2 つのギャップを補完する重要な役割を持つことにある。外資は，一方では発展途上国の輸入能力を増加させる要因となりうるものであり，それによって当該国の外貨のギャップを補完する。他方では，1 国の所得水準を増加させることができ，所得の増加はそれに対応して貯蓄水準を増加させる要因となりうるものであり，貯蓄ギャップをも補完するのである。

④「その他のギャップ理論」

この理論は，トダロ（M. P. Todaro）が上述の理論と違う視点から捉えた理論である[32]。トダロは，外資は，貯蓄と外貨のギャップを解消できるだけではなく，同時に第 3 のギャップを補えると捉える。そのギャップとは「政府の既定の税収目標と現地で徴収される税金との間」の税収のギャップ

である。さらに，その他に発展途上国は，企業家能力や技術と管理の側面において先進国とのギャップを有する。その点で外資系企業の進出により，経営資源は部分的あるいは全面的にこの側面のギャップを補完できると指摘している。企業家能力，経営管理，技術のギャップを取り上げたのはこの理論の大きな特徴であり，上述の理論の新しい進展と言うことができる。

　このように，上述の幾つかの理論は，経済発展と外資利用の理論分析のフレームワークを提示しており，外資系企業の受入れにより，発展途上国は近代化資金の補填，輸出による外貨獲得の増大，先進技術の確保，雇用の増加，近代的企業管理方式の導入，国内企業の発達などの問題を解決することにおいて充分期待できると示唆している。特に，トダロが「その他のギャップ理論」で提唱した企業家能力，経営管理，技術のギャップの補完は直接投資の本質である経営資源の国際移転と合致しており，発展途上国が外資系企業を導入しようとする第1の目的でもあると考えられる。

　本書では，上述のトダロが「その他のギャップ理論」で強調した経営ノウハウ，技術のギャップの補完という発想を出発点として，経営のノウハウ，技術の補完が企業の発展，さらに産業のレベルアップに大きな影響を与えると考えた上で，経営資源の国際移転に焦点を当てて研究していきたい。

　経営資源の国際移転に焦点を当てて研究する前に，中国の高度成長をもたらした中心的勢力である外資系企業が中国の経済発展にとってどのような役割を果たしたのかを検討する。当然のことながら，これについては，資本形成，貿易促進，技術，雇用，制度改革など様々な側面を検討しなければならないが，ここでは貿易促進，工業生産額の2点に限定して，概略に考察することにする。

(2) 外資系企業と中国の経済発展

　既に上述したように，発展途上国の外資系企業の必要性として「2つのギャップ理論」を取り上げた。外貨の利用は発展途上国の経済発展プロセスにおいて近代化を図り，先進国にキャッチアップする過程で重要な役割を果たしている。発展途上国は外資系企業の貿易効果で2つのギャップを解決で

きるはずである。

　外資系企業は進出先国の貿易の規模，業績，構造に大きな影響を与え，進出先国の対外貿易発展に貢献している。外資系企業はこれまで蓄積したノウハウ（マーケティング，ブランド，販売ネットワーク，先進技術）を利用して，製品の国際競争力を高め，外資系企業の製品の輸出を増加させ，外貨を獲得することができる。また「川上産業の引上げ効果」を通じて国内企業の間接輸出をもたらし，従って，貿易の規模，効率，構造に変化を与える。

　中国の経済発展の過程において，外資系企業の進出は，明らかに中国の貿易の発展を促進したことが確認され，「改革・開放」以来，外国直接投資が中国の輸出貿易規模の増加に顕著な影響を与えたといえる[33]。

　表1-3は，中国全体の輸出，輸入，輸出入とそこに占める外資系企業の割合を比べた表である。

　表1-3から分かるように，「改革・開放」以来，中国の輸出・輸入はいずれも急激に拡大してきているが，外資系企業の輸出・輸入は，これをはるかに上回る規模で拡大した。外資系企業の輸出金額は，1981年の3,200万米ドルが2000年の1,194億米ドルに，さらに2005年の4,441.83億米ドルにまで増加し，増加の規模は決して小さいとはいえない。外資系企業が中国の輸出に占める割合も益々大きくなっており，1981年には，ほんの数パーセントに過ぎなかったが，2000年には47.91％，2005年には58.29％にまで上昇し，外資系企業は中国の輸出の急増加にとって最大の担い手となっている。これは，外資系企業の輸出と外貨獲得能力を反映したものでもある。この面では，輸出拡大を1つの重要な目標として外資系企業を積極的に受け入れた政策が「成功」しているといえる。

　一方，輸入の面でも，輸入増加に占める外資系企業の寄与率は，より高かった。外資系企業の輸入額は1981年の1億1,100万米ドルから2005年には3,874.56億米ドルまで増加している。外資系企業の輸入が中国の輸入に占める割合は1981年の0.50％から1990年の23.07％，1995年の47.65％に急上昇し，2005年には半分以上を占める58.71％まで達している。比率は直線

34　第Ⅰ部　経営資源の移転に関わる理論的考察

表1-3　中国の貿易の内，外資系企業が占める割合

(単位：億米ドル)

	輸出			輸入			輸出入		
	全中国輸出	外資系企業輸出	割合(%)	全中国輸入	外資系企業輸入	割合(%)	全中国輸出入	外資系企業輸出入	割合(%)
1981	220	0.32	0.15	220	1.11	0.50	440	1.43	0.32
1982	223	0.63	0.28	193	2.76	1.43	416	3.39	0.81
1983	222	3.30	1.49	214	2.88	1.35	436	6.18	1.42
1984	261	0.70	0.27	274	4.00	1.46	536	4.7	0.88
1985	274	3.00	1.10	423	20.60	4.88	696	23.6	3.39
1986	309	5.80	1.87	429	24.30	5.66	739	30.1	4.08
1987	394	12.10	3.07	432	31.20	7.22	827	43.3	5.24
1988	475	24.60	5.18	553	57.50	10.40	1,028	82.1	7.99
1989	525	49.10	9.35	591	88.00	14.88	1,117	137.1	12.28
1990	621	78.10	12.58	534	123.10	23.07	1,154	201.2	17.43
1991	718	120.50	16.77	638	169.10	26.51	1,356	289.6	21.35
1992	849	173.60	20.42	806	263.70	32.72	1,655	437.3	26.42
1993	917	252.40	27.51	1,040	418.30	40.24	1,957	670.7	34.27
1994	1,210	347.10	28.68	1,156	529.30	45.78	2,366	876.4	37.04
1995	1,488	468.80	31.51	1,321	629.40	47.65	2,809	1,098.2	39.10
1996	1,511	615.10	40.72	1,388	756.10	54.46	2,899	1,371.2	47.30
1997	1,828	749.00	41.00	1,424	777.20	54.59	3,252	1,526.2	46.94
1998	1,838	810.00	44.10	1,402	767.20	54.74	3,241	1,577.2	48.67
1999	1,949	886.28	45.47	1,657	858.84	51.83	3,606	1,745.12	48.39
2000	2,492	1,194	47.91	2,251	1,173	52.11	4,743	2,367	49.91
2001	2,661	1,332.18	50.06	2,436	1,258.43	51.66	5,097	2,590.61	50.83
2002	3,256	1,699.85	52.21	2,952	1,602.54	54.29	6,208	3,302.39	53.20
2003	4,382	2,403.06	54.84	4,128	2,318.64	56.17	8,510	4,721.70	55.48
2004	5,933	3,386.07	57.07	5,612	3,245.69	57.83	11,546	6,631.76	57.44
2005	7,620	4,441.83	58.29	6,600	3,874.56	58.71	14,219	8,316.39	58.49

出所：『中国統計年鑑』及び『対外貿易経済合作部』の統計により作成。

的に上昇する傾向を呈しており，さらに外資系企業もまた中国の最大の輸入部門であることをはっきり示している。

　輸出入の面からみても，外資系企業が占める比率が直線的に上昇し，1981年の0.32%から2000年にはほぼ半分の49.91%，2005年には半分以上を占める58.49%までに上昇している。外資系企業の輸出入増加率は，大部分の年度で中国企業の増加率よりも高い（表1-3から算出）。これからも分かるように，外資系企業は中国の輸出入の増加をもたらしただけではなく，国内

表1-4 中国工業生産額に占める外資系企業の比率

(単位：兆元)

	全体工業生産額①	外資系企業の工業生産額②	割合（②／①）
1990年	1.97	0.04	2.3%
1995年	9.20	1.32	14.3%
2000年	8.57	2.35	27.3%

出所：『対外経済貿易年鑑』などの統計により作成。

企業の輸出入の不振も補完したことは明らかである。このような補完がなければ，中国の輸出入がこのように増加を成し遂げることはありえなかったと考えられる。

　表1-4は，中国工業生産額に占める外資系企業の比率である。外資系企業の工業生産額が中国全体工業生産額に占める比率を5年ごとの時系列にて見れば，1990年には外資系企業の工業生産額が中国工業生産額2.3%しか占めていなかったが，1995年には14.3%，2000年には27.3%を占め，その比率は逐年増加趨勢を示しており，しかも2000年は1990年の10倍以上増加したのである。これからも分かるように，外資系企業は中国の国内総資本形成率を増加させただけではなく，資本形成の効率をも向上させたことが明らかである[34]。

　上述のように，外資系企業の中国の経済発展における貿易効果，工業生産額に占める割合を概観した。20年余りの「改革・開放」政策を通じて，中国は外資系企業の積極的な受入れにより，外貨ギャップ，資本ギャップ，さらに技術ギャップ（経営資源のギャップ）を解決し，それらが中国の経済発展及び成長をも促進させたことは疑うべくもないと言える。次章からは本論文の核心部分である経営資源の国際移転に焦点を当てて研究を進めていきたい。

補表1　中国の外資導入に関する法律及び主な動き

年	法律及び主な動き
1979.7	「中華人民共和国中外合資経営企業法」制定 主な内容：①合弁企業の所得税率一律33％（国税30％，地方税3％，但し地方税は免税される場合が多い。大中型国有企業の所得税率は55％） ②合弁期間が10年以上の合弁企業「二免三減」（利益が上がり初めから2年間は所得税が免税，その後3年間は50％の所得税　③「工商統一税」課税面での優遇，④輸入関税面での優遇
1979.8	深圳，珠海，汕頭を経済特区として発足
1979.10	廈門，経済特区として発足
1980.4	IMF加盟
1980.5	世銀加盟
1980.7	「中外合弁経営企業労働管理規定」公布
1980.9	「中外合弁企業所得法」
1980.12	「外国為替管理条例」
1981.12	「外資企業所得法」公布，施行
1983.9	「中外合弁経営企業法実施条例」
1984.5	海南島など沿海14都市（経済開発区）の対外開放
1984.11	「経済特区及び沿海開放都市の企業所得税と工商統一税の減免に関する暫定規定」公布
1985.7	「中外合弁経営企業会計制度」施行
1986.1	「中外合弁企業の外貨収支均衡問題に関する国務院の規定」 主な内容：優遇対象企業に限り国内市場への一部製造販売を認め，企業が中国国内で資金の一部を調達できる。
1986.1	「中外合弁経営企業法実施条例」第100条改正　（合弁期間延長）
1986.4	「外資企業法」（全24カ条）（独資企業の規定など）
1986.10	「外国投資奨励に関する規定」 主な内容：優遇対象企業に優先的に電力・水・通信設備などを提供
1987	「外商投資吸収方向指導暫定規定」（導入業種は奨励・許可・制限・禁の4種類に分類）
1988.1	趙紫陽総理（当時），「沿海地区経済発展戦略」を提起（対外開放を一層拡大）
1988	「鼓励台商投資規定」（台湾企業の進出を促進）
1988.4	「中外合作経営法」（全28条）（合作企業の規定）
1990.4	「(中華人民共和国中外合作経営企業法）の改正に関する決定」 (第1次修正）主な内容：①国有化，収用を行わないこと，収用する場合相応の補償を行うこと，②董事長に外国側も就任できること，③合弁期間を定めないこと（特定業種を除くサービス業，不動産業など）
1990	上海浦東地区の開放を制定（国務院），浦東開発をナショナル・プロジェクトに格上げ
1991.7	「外国投資企業・外国企業所得税法」
1994.5	「外国投資資産評価管理規定」
1994.6	江沢民国家主席（当時）が経済特区や沿海開放都市には委託加工工場を置かず，内陸へ移転させると発言
1995.6	「外国投資企業投資方向指導に関する暫定規定」，「外商投資産業目録（リスト）」

1996.4	投資の際の機械設備の免税措置の廃止
1997.12	国務院は通達を出し,翌年から国が奨励している分野の投資について輸入設備に対する関税,輸入付加価値税を免除
1999.6	「外商投資商業企業試点弁法」(卸売・小売の場合) 公布・施行
2000	「中外合資経営企業法実施条例」,「外資企業法」の改正 (外資企業の輸出義務などを廃止)
2001.3	「(中華人民共和国中外合作経営企業法)の改正に関する決定」(第1次修正)
2001.12	WTO 加盟
2001.12	「法規規則届出条例」 主な内容:中央各部門と地方が制定した全ての法令について,一律に国務院に届出を出し,その審査を経て適正と認められたものは公表され,そうでないこともものは差し戻されること,透明性と統一性を目指す
2002.2	「外商投資方向指導規定」公布
2002.3	「外商投資産業指導目録」公布

出所:各資料により筆者作成。

注
1) 多国籍企業とは,国連の定義では,2カ国以上に生産設備や営業設備を所有する企業を指す。他方,バーノン(Vernon, R.C)によれば,売上高が4億ドル以上の大企業で,かつ少なくとも海外6カ国以上に,出資比率25%以上の製造子会社を所有していることを条件とする巨大企業を指す。バーノンはこの定義に総合商社,銀行,保険,海運企業,観光業などを除いている。
2) 島田克美(2001)『概説海外直接投資』(第二版) 学文社,p.10。
3) 亀井正義(2001)『企業国際化の理論―直接投資と多国籍企業』中央経済社,p.32。
4) 山崎清・竹田志朗編(1982)『テキストブック国際経営』有斐閣ブックス,pp.23-25。
5) 亀井正義(2001)前掲書,p.33。
6) UNCTAD, *World Investment Report 2000*, UN, 2000, p.267.
7) 「外国為替管理令」第12条第9項,「外国為替の管理に関する省令」第22条に定めている。
8) 亀井正義(2001)『企業国際化の理論―直接投資と多国籍企業』中央経済社,pp.4-5。
9) この点に関しては,「直接投資の理論」(澄田智・小宮隆太郎・渡辺康編(1972)『多国籍企業の実態』日本経済新聞社)を詳しく参照されたい。小田(1978)も,直接投資は,資本のみが単独で移動するのではなく,少なくとも生産要素の2つ以上がミックスされた形で移動するのが重要であり,そのエッセンスは,ある産業に specific な技術の国際的な移転であると指摘している。小田正雄・小谷節男(1978)『直接投資の研究―理論と現状―』関西大学経済・政治研究所,pp.1-3。
10) 亀井正義(2001)前掲書,pp.13-24。
11) 中国の「中外合資経営企業法」,「外資企業法」では,「三資企業」を次のように定めている。
合作企業:中外両方が契約に基づき設備・資金・技術・土地建物などを出し合って事業を行う。法人格を持つ場合と持たない場合があり,利益の配分などは出資比率ではなく契約によって行われる。(一般に既存の中国企業が参加し,契約期間が終わると企業の資産すべてが無償で中国企業のものになる。)
合弁企業:中外両方が出資して法人格をもつ企業を設立し,共同して事業経営にあたり,出資比率に応じて利益を配分する。外国側の出資は25%以上,特定の業種を除いて上限がない。

独資企業：外国企業が100％出資して法人格を持つ企業を設立し，事業を行う。経営は外国側の責任において行う。（独資企業は，中国に関する十分な知識と経営資源（能力・経験）を持っていれば，合弁を行う調整コストがないためにより効率的な企業運営が可能である。）

12) 郝燕書（2000）「中国電子産業の発展と日本企業の国際化」『経営論集』明治大学経営学研究所，第47巻第1号，2000年1月，p.36。
13) 島田克美（2001）前掲書，p.90。
14) 陳永生（2001）「外国直接投資と中国の経済発展」『問題と研究』第30巻12号，pp.9-10。
15) 中兼和津次（1999）『中国経済発展論』有斐閣，p.299。
16) Vernon, Raymond (1966) "International Investment and International Trade in the Product Cycle", Quarterly Journal of Economics, Vol.80, pp.190-207.
17) 島田克美（2001）前掲書，pp.97-98。
18) Buckley, P. J. and Casson, M., *The Future of the Multinational Enterprise*, Macmillan, 1976; Casson, M., *Alternatives to the Multinational Enterprise*, Holmes & Meier, 1979.
19) Rugman, A.M., *Inside the Multinationals*, New York Columbia University Press, 1981, p.51. 江夏健一・中島潤・有沢孝義・藤沢武史訳（1983）『多国籍企業と内部化理論』ミネルヴァ書房，p.37。
20) Rugman, A.M., *Inside the Multinationals*, New York Columbia University Press,1981, p.51. 江夏健一・中島潤・有沢孝義・藤沢武史訳（1983）『多国籍企業と内部化理論』ミネルヴァ書房を詳しく参照されたい。
21) 原正行（1992）『海外直接投資と日本経済』有斐閣，p.33。
22) Dunning, J.H.(1979), "Explaining Changing Patterns of International Production: In Defense of the Eclectic Theory", *Oxford Bulletin of Economics and Statistics* Vol.41, pp.269-295.
23) 洞口治夫（1992）『日本企業の海外直接投資—アジアへの進出と撤退—』東京大学出版会，p.27。
24) 洞口治夫（1992）前掲書，p.27。
25) 宮崎義一（1982）『現代資本主義と多国籍企業』岩波書店を詳しく参照されたい。
26) 佐藤定幸（1984）『多国籍企業の政治経済学』有斐閣，p.28。
27) トラン・ヴァン・トゥ（1992）『産業発展と多国籍企業』東洋経済新報社，p.79。
28) 伍海華（1995）『経済発展与利用外資規模』武漢大学出版社，中国語版，pp.15-18。
29) Rosenstein-Rodan, D. N., "International Aid Underdeveloped Countries", *Review of Economics and Statistics*, 1961, Vol.43.
30) Mckinnon, R., "Foreign Exchange Constraints in Economic Development and Efficient Aid Allocation", *Economic Journal*, 1964. Vol.74.
31) H. Chenery, A. M.Strout「外援和経済発展」『現代国外経済学論文選』（中国語版）（1984）第八期，商務印書館，pp.206-207。
32) Todaro, M.P.『第三世界的経済発展』（中国語版）中国人民大学出版社，1991年，p.102。
33) 謝冰「外国直接的貿易効応及其実証分析」『経済評論』（中国語版）中国経済評論社発行部，2000年4期，p.32。
34) 黄華民（2000）は，1984〜1998年の間，実証研究を通じて同じ効果を証明している。詳しくは，黄華民「外商直接投資対我国宏観経済影響的実証分析」『経済評論』（中国語版）中国経済評論社発行部，2000年6期，p.30。

第2章
外資系企業における経営資源の国際移転に関わる理論

　本章では，経営資源の国際移転について考察する。前章（第1章）で，既に外資系企業の生成要因と発展途上国における外資系企業の役割と重要性を論述し，直接投資で最も重要なのは経営資源の移転であることを明らかにした。しかし，経営資源とは一体何か。前章（第1章）ではその経営資源について明確な定義をしてない。それでは，本章において，まず，その経営資源の概念を明確にし，次に，「経営資源でのキャッチアップ」理論を検討・分析する。そして，最後に，本章の中心論点となる経営資源の国際移転に関する理論的アプローチを考察したい。

第1節　経営資源の概念

　直接投資の実体を分析してみると，直接投資とは，企業特殊的（firm-specific）経営資源（managerial resources）の国際間移転であるとするのが現在では最も有力な考え方となっている。
　それでは，経営資源とは何か。まず，その経営資源についての定義を整理する。経営資源という用語の意味内容は，有形資産の多寡に注目するより，無形資産というべき側面により特定化されてはじめて分析しうるツールになりうるのであって，学説的にもそうしたものとして生み出された概念である[1]。企業内部の経営資源（managerial resources）について，ペンローズ（Penrose, E.T., 1956）は次のように定義している[2]。
　「経営資源とは，企業がうまく生産することのできる生産物，首尾よく工

場を設立した新規事業分野，商品化に成功したイノベーション，経営者の理念，及び，企業内に存在している経験，経営能力，技術的ノウハウに多く依存し，すべてのものに開かれている外的な機会に対応して経営者の直観する事業機会である。」と定義する。

ペンローズの経営資源の概念は，企業の海外進出に限らず，企業行動を説明する内部的要因として重視され，また，海外直接投資を事業機会に対応した「拡張」として捉えたものであると考えられる。ペンローズによる企業成長の理論に基礎を置く経営資源の概念を踏まえて，日本で直接投資を経営資源の「移動」として捉えたのが小宮隆太郎である。

小宮（1967）は経営資源について[3]，「企業は経営資源のかたまり（集合体）である。経営資源とは企業経営上の様々な能力を発揮する主体であり，外面的には経営者を中核とし，より実質的には経営管理上の知識と経験，パテントやノウハウを始めマーケティングの方法などを含めて広く技術的・専門的知識，販売・原料購入・資金調達などの市場における地位，トレード・マーク（ブランド）あるいは信用，情報収集，研究開発のための組織など」と述べている。そして「企業が新分野や外国に進出するのは，企業が保有する比較優位性を持つ様々な経営資源を使って利潤（限界生産性）を獲得すると予想されるからである。」と，主張している。

次に，吉原（1984）は，実業界で企業とは何かを把握する認識，即ち，ヒト・モノ・カネ・情報の集合に対応して，経営資源を人的資源・物的資源・資金的資源・情報的資源の4種類に分類している。例えば，人的資源としては把握しうる要因として「工場で働く作業者をはじめ，セールスマン，技術者，管理者，経営者」が含まれ，物的資源には，「原材料，部品，工場や設備」が含まれることを挙げている[4]。

一方，洞口（1992）は，小宮による経営資源の定義が意味する内容を分析して，「経営資源とは，企業の経営管理過程を構成する定性的要因である。」と規定し，かつ，「生産，販売，人事，財務，購買，研究開発といった各職能部門と経営管理者層が，企業という組織の内部に蓄積した知識と情報，また，その企業を取り囲む消費者，原材料・部品納入者，資金供与者に対して

印象づけられ履行されてきた信用が経営資源の内実を構成している。」と，意味づけている[5]。

これらの概念をまとめると，経営資源とは，洞口（1992）が指摘したように，「企業の経営管理過程を構成する定性的要因であり，企業が保持する優位性の源泉となる固定的要素のことで，企業経営のために役に立つ種々の有形・無形の資産を総称するもの」と言える。この定義に従えば，経営資源の具体的な内容は無限に存在しうるのである[6]。しかし，上述のように，経営資源が学説的に明確化されたのは，無形資産が注目され始めてこそ，特定化されたからと言える。

無形資産は現状において，企業における収益要素としてその重要性が高まりつつある。海外直接投資における優位性の本質から見ても，企業が自らの事業拡張，企業の海外進出において，企業内部で生み出され，あるいは習得された技術，技能，ノウハウや日常の取引をめぐる様々な知識など，即ち，企業自らが持つ優位性—経営・生産システム，ヒトの能力や情報などの無形資産が重要な意味を持っていると言える。

有形資産の移転として海外直接投資を捉える立場は，企業の競争上の優位を説明するための分析的視点を提示する充分なものではないといえる。つまり，経営資源では無形資産が重要な存在であり，特に無形資産の中でも，人的資源に強く依存している「組織・管理関係」，「人事・労務関係」などに注目すべきである。

第2節 「経営資源についてのキャッチアップ」理論

経営資源とは，個々の企業が事業を展開し，目標を達成するために利用する諸資源であり，人材，知識，情報，経営，ノウハウ，組織文化，商標などの総体を表すものである。企業の海外進出に伴って，これらの経営資源が様々な形態で，ある国から他の国に移転していることは多くの学者によって議論されてきた。

トラン（1992）は，発展途上国の産業発展と多国籍企業の役割について産

業発展論・経済発展理論・多国籍企業論で1つの分析枠組みを構築し，産業発展の全プロセスと多国籍企業の機能を解明した[7]。彼は，多国籍企業の直接投資の役割は資本，輸出，雇用などの効果に期待するよりも，先進的な技術や経営ノウハウを導入・普及し，受入国の経済全体に伝播（spill-over）していく効果の方が重要であると指摘した。つまり，経営資源での無形資産の移転が何よりも重要であることを強調している。

トランは，産業発展の全過程と多国籍企業の役割を体系的に把握するため，東アジアにおける繊維産業の発展を事例として実証研究を行った。その中で，既存の雁行形態論の生産・貿易の変化のアプローチに対して，「経営資源でのキャッチアップ」という新しい概念を提出し，多国籍企業の直接投資活動は発展途上国の産業発展過程において，経営資源が段階的に外国から自国に移転されると論じた。即ち，多国籍企業は自分自身の優れた生産技術・経営ノウハウなど無形資産（intangible assets）を直接投資に伴って移転するということである。

具体的に言えば，「経営資源でのキャッチアップ」のエッセンスは次のようにまとめられる[8]。産業の発展段階に応じて，発展途上国の多国籍企業に対する依存度は様々なレベルであるほうが効率的である。産業がまだ幼稚な段階では，産業の国際競争力強化過程を促進するため，なるべく多国籍企業の機能を最大限に活用し，その後自己の経営資源の蓄積を通じて多国籍企業に対する依存度を段階的に低下させていく。

この理論の真の狙いは，経営資源の国際移転ではなく，発展途上国が多国籍企業の機能を効率的に利用すると同時に，多国籍企業への過度な依存を避けうるという実践的な意図を提起することにある。しかし，この理論が経営資源の国際移転の移転可能を前提とし，さらに，その移転によって受入れ国の産業が着実に発展できることを保障する前提としている提起は注目すべき展開であると言える。

トランは，産業発展への多国籍企業の効果を論じながら，発展途上国における多国籍企業の直接投資は，経営資源を子会社及び現地企業に移転・伝播し，これらの企業の効率性・生産性を向上させるとも指摘している。

「経営資源でのキャッチアップ」理論の重要なポイントは，経営資源の国際移転を前提とし，キャッチアップを経営資源が自主的に現地化されていく過程として分析し，自国産業が着実に発展できることを保障する前提と外国技術が発展途上国の経済全体に波及していく可能性など経営資源のキャッチアップの重要性を強調したことにある。

第3節　経営資源の国際移転に関わる理論的アプローチ

企業の海外直接投資は，資本の移動だけではなく，企業の経営統治に加えて，技術ノウハウ，経営ノウハウの移動をも包含していることがキンドルバーガーとダニングなどによって指摘されたことは既に上述した。小島（1977）は，外資系企業の直接投資の効果はより優れた生産関数を導き出すシステムが受入国に移転されることであると強調した[9]。

ところが，生産関数に関わるいわゆる経営資源の移転は，各国の社会システム，文化，歴史，企業の戦略などの制約を受けるため，その移転は必ずしも順調に移転するわけにはいかない。特に，経営管理は，その国の価値，習慣，信念といった伝統，さらには社会制度，文化に強く依存し，影響している。即ち，国々の社会的要因と文化的要因の基盤から成り立っていることである。従って，このような経営管理などを含めた経営資源が文化や社会的土壌の異なる海外諸国に移転可能かどうかは重要なテーマとなっている。

本節では，まず，経営資源の国際移転に関する理論的アプローチの中で，最も注目されていると思われるファーマー・リッチマン，ネガンディ・エスタフェン，クーンツのモデルを考察し，続いて日本企業の経営資源の国際移転について検討する。

(1) 経営資源の国際移転に関わる諸説

企業の国際化が進展することにより，経営資源の海外移転についての議論も盛んになっている。その中で経営資源の国際移転に関する先駆的研究の1つといえるものはクーンツ・オドンネル（Koonts&O'donnell,1964）の研究

であろう。

　クーンツ・オドンネルは，アメリカ企業のいずれもが保持する経営管理や製造技術などは科学的，国際的に普遍性を持っているとしても，受入れ国側の社会的・文化的障壁などを主とする移転の障害物が存在するため，これらの経営管理や製造技術の海外移転が順調にいかないことを提起した[10]。

　まず，クーンツ (1969) が強調した点は，経営管理の決定的な役割において，アメリカ企業は最も進んだ経営管理能力を有していることを確認した上で，その基本的な現象として，有能な管理と経営管理の基本的な知識は国際的なものであるとしている。そして，これらを踏まえて技術的知識，資本，必要な自然要素並びに人的資源を持つことの重要性をも指摘している。さらに，クーンツは，経営管理は文化によって限定されるという立場を持ちながらも，同様の見解を持つ学者であるゴンザレツとマクミラン，オバーグでさえもアメリカの企業経営管理の知識を他の国々に適用することがしばしば成功していることを一方で認めていることが確認されている。その上で，経営原理と経営実践を区別することは，経営の普遍性と移転性を分析することに役立つという方法論を提示し，「サイエンス部分は国際的に移転可能な経営の部分で，アートに属する部分は環境諸要因の作用を受けやすい部分」と結論づけている[11]。

　次に，図2-1はファーマー・リッチマン（Farmer & Richman, 1965）が提示した「経営管理の国際移転における環境制約モデル」である。このファーマー・リッチマンのモデルにおいて注目される特徴は，教育的，社会学的，法律的・政治的，経済的な外的制約が管理過程の要素である計画，組織，人事，指揮，統制，実施業務領域における方針設定など重要な影響をもつ環境的要因と識別されていること，異なる文化をもつ個々の企業でそれらの要素が如何に作用しているかを評価することを試みていることである[12]。

　ネガンディ・エスタフェン（Negandhi & Estafen, 1965）は，以上のモデルを踏まえて，外的環境の影響を管理の基礎の分析と区別するための新しいモデルを設定した。図2-2に示すように，このモデルでは，管理理念と環境的諸要因の両方が管理の実践に影響をもつと考えられ，環境的諸要因は

第 2 章　外資系企業における経営資源の国際移転に関わる理論　45

図 2-1　ファーマー・リッチマンによる「経営管理の国際移転における環境制約モデル」

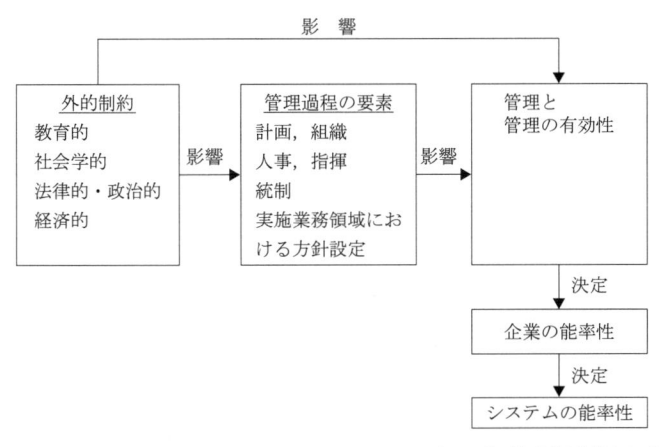

```
                          影　響
    ┌─────────────────────────────────────────────┐
    ↓                                             │
┌─────────┐         ┌──────────────┐         ┌─────────┐
│ 外的制約 │         │ 管理過程の要素│         │ 管理と  │
│ 教育的   │  影響   │ 計画，組織   │  影響   │ 管理の  │
│ 社会学的 │ ──→    │ 人事，指揮   │ ──→    │ 有効性  │
│ 法律的・政治的│     │ 統制         │         │         │
│ 経済的   │         │ 実施業務領域にお│      └────┬────┘
│          │         │ ける方針設定 │              │ 決定
└──────────┘         └──────────────┘              ↓
                                              ┌─────────────┐
                                              │ 企業の能率性│
                                              └──────┬──────┘
                                                     │ 決定
                                                     ↓
                                              ┌──────────────┐
                                              │システムの能率性│
                                              └──────────────┘
```

出所：P. ドラッカー・W. ニューマン・H. クーンツ・J. アベグレン他（松岡盤木他訳）(1972)『経営管理の新展開―激動する環境の中で―』p.98。

図 2-2　ネガンディ・エスタフェンのモデル

```
┌──────────────┐
│ 管理理念     │
│ 従業員，顧客 │                          影響    ┌────────────┐
│ 供給業者，株主│─────────┐                ────→│ 管理の有効性│
│ 政府         │          │                      └─────┬──────┘
│ 地域社会に対す│          ↓                    影響        ↑
│ る管理の態度 │    ┌──────────────┐                        │
└──────────────┘    │ 管理の実績   │                       影響
                    │ 計画         │                        │
┌──────────────┐    │ 組織         │                        │
│ 環境的諸要素 │ 影響│ 人事         │                        │
│ 社会的・経済的│──→│ 動機づけ・指揮│                  ┌────┴──────┐
│ 教育的       │    │ 統制         │ ────────────→   │企業の有効性│
│ 政治的       │    └──────────────┘     影響        └───────────┘
│ 法律的・文化的│
└──────────────┘
```

出所：『経営管理の新展開―激動する環境の中で―』p.100。

また同時に独立的に管理と企業の有効性に影響するものとして捉えられている。彼らの研究は，このモデルを使用して発展途上国におけるアメリカの経営原理の国際移転を明らかにしたが，経営環境の様々な制約要因や経営者の企業家精神の後進性により，先進的なアメリカ式の経営管理の移植には問題点が多いことも明らかに捉えられた。しかし，アメリカの科学的技術を基礎に置く普遍的な経営原理に関しては，一般的に経営効率の優位性を保持するため，海外におけるアメリカ企業においては適用可能であると述べている[13]。

以上のファーマー・リッチマン，ネガンディ・エスタフェンの2つのモデルを検討すると，管理の基礎の普遍性と管理移転可能性を考える上で，注目する課題が多いとも考えられる。2つのモデルとも，環境的諸要因の重要性を認識し，しかもそれらがいかに管理の実践に影響するかを示した上では評価されたとしても，移転可能性の問題を解決するには十分ではないと考えられる。その問題に1つの解釈を与えたのはクーンツである。クーンツは図2-3のモデルを提起しながら，次の3点を主張している[14]。

①管理に関するアート的部分と科学部分を分離する。
②企業の運営の有効性が，管理に依存するばかりではなく，その他の諸要因にも依存している。
③人的物的資源の利用の可能性。

さらに，クーンツは，管理の知識は，いかなる意味においても，企業で使用される知識のすべてにわたるものではなく，マーケティング，技術，生産，および財務などの企業活動の基礎的領域における専門化された知識，ないし科学は，企業の運営に対して不可欠なものであり，管理の有効性が最終的には企業の成功に結びつくと指摘している[15]。

要するに，クーンツは，企業活動を管理的，非管理的の2つの大きな範疇に分け，企業の有効性のある範囲において，このいずれか一方ないし両方が少なくとも因果律をもった要因となりえると述べている。また管理的活動がその基礎にある基本的な管理の科学によって影響を受けると同時に，非管理的活動はその領域における基礎にある科学ないしは知識によって影響を

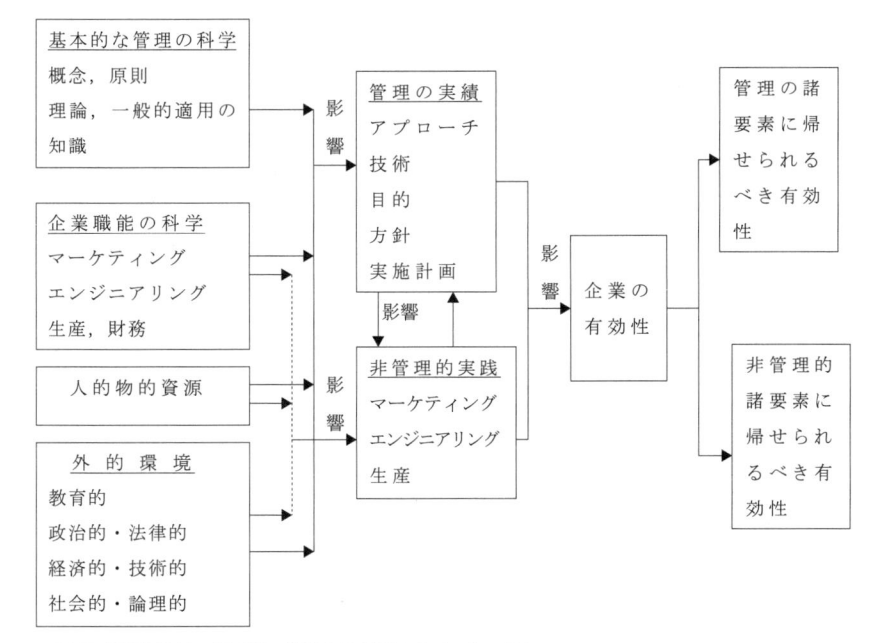

図2-3 クーンツの企業活動諸要因影響のモデル

基本的な管理の科学		管理の実績			
概念，原則 理論，一般的適用の知識	→影響→	アプローチ 技術 目的 方針 実施計画		管理の諸要素に帰せられるべき有効性	
企業職能の科学 マーケティング エンジニアリング 生産，財務	→	↓影響↑	→影響→	企業の有効性	
人的物的資源	→影響→	非管理的実践 マーケティング エンジニアリング 生産		非管理的諸要素に帰せられるべき有効性	
外的環境 教育的 政治的・法律的 経済的・技術的 社会的・倫理的	→				

出所：『経営管理の新展開―激動する環境の中で―』p.102。

　受け，さらに両方の活動は，人的・物的資源の入手の可能性と，それが教育的，政治的，法律的，経済的，技術的，社会的，倫理的のいずれであろうとも，外的環境の制約と影響度によって左右されるとの認識を示した[16]。

　クーンツは，企業の活動に影響する諸要因とその基礎にある管理の科学的役割を一層明確にするため，上述のモデルよりも，さらに現実的で，より複雑且つ正確だと考えられるモデルを提起した。（図2-3参照）

　上述により，クーンツによって提起されたモデルは，ただ単に環境的諸要因の影響を分離することだけではなく，企業経営の有効性を決定するうえで管理的諸要因が，非管理的諸要因よりもより重要性を持つことを取り上げている。また，既述の2つのモデルよりも一層明確に管理の普遍性をもたらす諸要素を捉えたものと考えられる。

(2) 日本企業の経営資源の国際移転に関する諸見解

　日本企業の海外進出の増大に伴い，企業レベルの技術，知識，経営ノウハウなどの日本企業の経営資源が欧米の経営資源に比べて，人事制度，雇用慣行，現場中心など独特な特徴をもっているので，その経営資源の移転が可能か否かについて議論されている。特に，1970年代から1980年代の初期において，アメリカの研究者のなかには，日本型経営資源の「移転不可能説」と「移転可能説」が盛んに議論された。その移転不可能説を強調した学者としては，アベグレンやドラッカーなどが挙げられている[17]。彼らは日本型経営資源の社会的・文化的特性にその力点を置いている。一方，パルカルとエイソスなどは日本型経営資源の移転可能説を主張し，社会システム，市場経済，企業システムなど差異がある国々の環境に「適用」と「適応」しながら移転可能であると強調している[18]。

　その「移転不可能説」の根拠について，ドラッカーは，「そもそもマネジメントは，価値，習慣，信念といった伝統，さらには政府や制度そのものに深く組み込まれており社会的機能を有する。またマネジメントは，文化そのものに条件づけられているし条件づけられるはずである。換言するなら，マネジメントないしはマネジャーは，文化と社会を構築する。このようなマネジメントは，ひとつの組織化された知識の集合体である。」[19] と，述べている。このように，マネジメントの文化形成機能と文化のマネジメント形成機能，即ち，マネジメントは文化に強く依存していると主張している。

　次に，アベグレンによると，経営管理方式とは「その国の環境や国民についての多くの条件を前提として成り立っている。」[20] こと，また，日本型経営資源は，集団主義を重視し，それに基礎を置く「経営家族主義」[21]，社会関係と密接な繋がりを持つ日本人の心理特性など「日本的経営の編成原理」[22]が基盤になっているために，欧米と異なった原則が適用されている[23] というものであり，それらは国民性の相違や文化的な要因を強調するものになっている。

　これに対して，パスカルとエイソスが主張する「移転可能説」の根拠について，戦略（strategy），機構（structure）システムなどハードの側面では日

本とアメリカで変わりがないと言う。例えば，日本の経営資源の優れた部分である情報，人材，製造・経営ノウハウは日本の文化的特性に関連しているとしても，この文化的側面も次第にアメリカの企業経営に影響を与え，アメリカでも日本の経営管理方式を学習し利用することが可能であるとする立場をとっている[24]。

「移転可能説」で，最も注目すべきものとして，オリバー・ウィルキンスン（Oliver & Wilkinson 1992）の研究調査を挙げることができる。オリバー・ウィルキンスンは，イギリスに活動拠点を持つ製造業のうち非日系企業で，日本的管理方式を導入する66社の欧米系イギリス企業[25]においてどれぐらい日本的管理方式が採用され，また評価されるかという注目すべき調査を行った。この調査によると，欧米系イギリス企業が日本的管理方式を導入した時期は，ほとんどが1980年代以降であり，特に1988年以降に導入した企業が最も多いと述べている[26]。また，日本的管理方式は日本の文化，伝統，社会制度などと密接に結合しているもので，従来は，日本企業しか利用できないと考えられてきたが，オリバー・ウィルキンスンの調査により，日本的管理方式は，日系企業だけではなく，66社の内，少なくとも50社以上の欧

表2-1 イギリス企業による日本的管理方式の利用と評価

	不成功（%）	ほぼ成功（%）	大成功（%）	平均点
チームの作業編成	—	66	34	2.97
品質の作業者責任	5	77	18	2.72
作りやすい設計	3	88	9	2.56
カイゼン活動の継続	—	92	8	2.55
段取り替え時間の短縮	3	89	8	2.53
かんばんによる在庫管理	11	68	21	2.54
全社的品質管理	9	78	13	2.48
JIT生産	5	79	16	2.44
統計的生産管理	7	85	9	2.40
QCサークル	8	82	10	2.37

（注）平均点は，「不成功」（Not successful）を1点，「大成功」（Highly successful）を4点とする4段階評価で計算されている。

出所：Nick Oliver & Barry Wilkinson (1992), *The Japanization of British Industry: New Developments in the 1990s*, Blackwell Publishers (Oxford), p.143.

表2-2 イギリス企業による日本的人事・労使慣行実施の評価

	不成功（％）	ほぼ成功（％）	大成功（％）	平均点
チームごとの打ち合わせ	-	80	20	2.80
施設利用の身分差別廃止	9	68	23	2.74
期間限定雇用	9	74	17	2.60
利益分配制度	18	64	18	2.44
人事考課	12	74	15	2.35
経営協議会	9	88	3	2.34
業績給	17	74	9	2.33

出所：同表2-1, p.184。

米系イギリス企業，つまり，経営の基盤的条件（経済的・社会的・文化的構造）がイギリス的な企業においても実際に利用されていることが明らかにされた。カイゼン，JIT（Just In Time），QC（Quality Control）サークルなどは90％以上が「ほぼ成功」ないし「大成功」と評価している（林，1998）[27]（表2-1参照）。

一方，日本的人事管理技法については，表2-2で明らかにされている。さほど多くはないが，回答した66社の内半数以上の会社でこの制度は導入・利用されているのである。

上述のように，オリバー・ウィルキンスンの調査結果は，「日本型経営資源は，文化的背景が異なっても一定の条件があれば移転可能である。」ということになる[28]。これらのオリバー・ウィルキンスンによる「ジャパナイゼーション」[29]の議論，この他にもウォマック・ジョーンズ・ルース（Womack, Jones, & Roos）による「リーン生産方式」[30]などに主張されているように，日本型経営・生産システムは人的管理と生産方式が有効に結合したシステムで機能的にも普遍性が高いものと理解されると同時に，国際的にも競争優位性の諸要素を持ち，異なる海外諸国の環境状況に「適用」し，しかも「適応」しながら，移転されているのである。

吉原（1992）も，日本的システムの普遍性を主張しながら，日本的生産システムが海外工場でも優れた成果をあげている理由として次の3点を挙げている[31]。①作業者の参加機会の増大，②管理者や技術者の率先垂範のリーダーシップ，③生産のニーズに応える合理的なシステム。そして，これら

は社会発展の方向に沿うものであると指摘している。

さらに，高宮は，製造業の海外直接投資においては「本国で発展させた技術を受入れ国に移転させる必要がある。」と提起し，イギリスにおいてカラーテレビを生産する日系企業，アメリカ系企業，イギリス系企業を比較調査し次のような結論を引き出している。即ち，イギリスにおける日系企業が他のアメリカ系，イギリス系企業と相違しかつ優位を発揮している領域として次の3点に絞って挙げている。

①きめ細かな品質管理などにみられる生産管理の分野
②柔軟な職務配置に基づく弾力的な組織間調整の分野
③単一労働組合にみられるような労使関係の分野

である。即ち，様々な行動基準が各人に「内化」された「組織的技能」の領域であると指摘している[32]。

上述のように，日本型経営資源は異なる海外諸国に移転可能であることは明らかである。現在では，「日本型経営資源はどのように移転されているか」が関心問題となり，後述する「ハイブリッド化（hybrid）」モデルを用いて，実態調査を基礎に理論化を図るのが研究趨勢となっている。

注

1) 洞口治夫（1992）『日本企業の海外直接投資―アジアへの進出と撤退―』東京大学出版会 p.205。
2) Penrose, E.T., (1956) "Foreign Investment and the Growth of the Firm", Economic Journal, Vol.66, June, p.225.
3) 小宮隆太郎（1967）「資本自由化の経済学―官民の迷信と誤謬を衝く―」『エコノミスト』7月25日, p.24。
4) 吉原英樹（1984）『中堅企業の海外進出』東洋経済新報社, 参照。
5) 洞口治夫（1992）前掲書, p.206。
6) 有形無形資産には，広範な要素が含まれており，特に，無形資産の維持・所有・移転の判断は難しいが，重要である。真の無形資産は経営ノウハウ，従業員の知識，技能であり，これらが企業と一体になった時，機能を果たし，企業特有の経営資源になるのである。このような意味で無形資産は標準化されにくい。市場で取引されるのも適さないが，企業の成長をもたらす要素として重要性が高まっている。島田克美（2001）『概説海外直接投資』（第二版）学文社, p.13参照。
7) トラン・ヴァン・トゥ（1992）『産業発展と多国籍企業』東洋経済新報社, 参照。
8) トラン・ヴァン・トゥ（1992）前掲書, pp.94-95。
9) 小島清（1977）『海外直接投資論』ダイヤモンド社。
10) Koontz, H. O'donnell, C., Principles of Management, McGraw Hill, 1964.

11) Koontz, H., "A Model for Analyzing the University and Transferability of Management", *Academy of Management Journal*, Vol.12, No.4, 1969, pp.415-429. 松岡磐木他訳（1972）『経営管理の新展開―激動する環境の中で―』ダイヤモンド社, pp.87-105。
12) Farmer, R. and Richman, B., *Comparative Management and Economic Progress*, Homewood, 1995.
13) Negandhi, A. and Estafen, B., "A Research Model to Determine the Applicability of American Know-How in Differing Cultures and Environment", *Academy of Management Journal*, Vol.8, No.4, 1965, pp.309-317.
14) H. クーンツ, 松岡磐木訳「管理の普遍性について」（松岡磐木他訳（1972）『経営管理の新展開―激動する環境の中で―』ダイヤモンド社）p.101, 参照。以下同書, pp.101-102, 参照。
15) H. クーンツ, 松岡磐木訳（1972）前掲書, p.101。
16) H. クーンツ, 松岡磐木訳（1972）前掲書, p.101。
17) 高橋由明「日本的経営管理様式の海外移転―日欧経営研究学会の討論を中心にした覚え書き―」中央大学企業研究所編（1991）『経営戦略と組織の国際比較』中央大学出版部, 第2章, p.41。
18) 高橋由明（1991）前掲書, pp.41-42。
19) Drucker, P. F. *Management*, London, (2Aufl.) S.25, 26. 邦訳『マネジメント（上）』（1974）ダイヤモンド社, p.31。
20) J.C. アベグレン（占部都美訳）『日本の経営から何を学ぶのか』（1974）中央経済社, p.60。
21) 間宏（1977）『日本的経営の系譜』文眞堂。
22) 岩田龍子（1977）『日本的経営の編成原理』文眞堂。
23) 津田眞澂（1976）『日本的経営の擁護』東洋経済新報社。
24) R. T. パスカル, A. G. エイソス（深田祐介訳）（1981）『ジャパニーズ・マネジメント』p.289。
25) Nick Oliver & Barry Wilkinson (1992). *The Japanization of British Industry : New Developments in the 1990s*, Blackwell Publishers (Oxford). この調査は, 460社製造業（自動車, 電子, 金属加工, 化学, 食品, プラスティック・ゴム, 織物など）に対して調査表が郵送され, 66社から回答を得ている。
26) Nick Oliver & Barry Wilkinson, 1992. 前掲書, 参照。
27) 林正樹（1998）氏は, 日本的経営・生産システムの国際性について, オリバー・ウィルキンソンの調査結果を具体的に取り上げながら日本型経営資源の移転可能をレビューしている。林正樹（1998）『日本的経営の進化―経営システム・生産システム・国際移転メカニズム―』税務経理協会, pp.223-230。
28) 林正樹（1998）前掲書, p.229。
29) イギリスで, 日本方式の導入はジャパナイゼーション（Japanization）と呼ばれている。「ジャパナイゼーション」の考え方は, 日本的経営システムは独自な労使関係や産業構造および集団主義的な文化の下でのみ機能できる特殊なシステムである。日本的経営管理方式の導入は個別の方式に留まることなく, やがて企業内労働組合を重要視する労使関係や系列支配など経済・産業構造全般に及んでいる。林（1998）前掲書, p.228。
30) Roos, D., Womack, J. and Jones, D. 沢田博（訳）（1990）「リーン生産方式が, 世界の自動車産業をこう変える」経済界。
31) 吉原英樹編（1992）『日本企業の国際経営』同文舘出版, 参照。
32) 橋本寿郎（1995）『20世紀資本主義Ⅰ　技術革新と生産システム』東京大学出版会, p.204。

第3章
日本型経営資源の検討及び移転についての仮説

　第2章で，経営資源の国際移転が可能であるという見解が通説になっていることを考察した。本章では，第2章の経営資源についての見解を継承しながら，日本型経営資源の国際移転に焦点を当てて論述する。そこで，本章では，まず，日本型経営資源の諸要素を取り出し，その競争優位性を分析する。さらに，「ハイブリッド評価モデル」の検討と仮説を立て，最後に中国への移転に関する諸視点を考察する。

第1節　日本型経営資源の定義

(1) 日本型経営論へのアプローチ

　企業経営は，企業が存立する基盤をその国の社会環境に依存する以上，その国特有な要素，即ち文化的・社会的要素を内包しており，企業経営は，その国の文化・社会によって条件づけられた存在ともいわれる。これは，いわば各国文化・社会の特殊性という観点に着目したものであると言える。

　これに対して，経営の基本原理ないし機能という点に着目すると，いかなる国の経営といえでも共通する仕組みで動いているといえる。このアプローチは科学的管理法を提起した F. テイラーのワン・ベスト・ウェイという発想と一致し，経営の普遍性を強調したものである[1]。

　これまでの，「日本的経営」の海外移転や「日本的経営」の研究方法をめぐる議論において，従来の経済的側面や欧米型経営組織の側面のみを強調する視点だけでは不十分であったという主張がある。そこに日本の伝統的文化ないし日本人の心理的特性の分析を重視すべきであるとする議論がある。ま

た，他方では日本の文化的側面の分析を軽視してはならないが，経済的・経営的側面からでも十分に説明しうる，とする主張もある[2]。

裵（1965）[3]及び高柳（1983）[4]は，経営学の特質として，総合性，実践性，デザイン性を挙げている。これを踏まえ，丸山（1999）らは，経営学研究方法の特徴として，次の4項目を挙げている。つまり，①総合性，②実践性，③プロセス的・デザイン的，④人間中心性，である[5]。

以上の4つの経営学研究方法の特徴を根拠として，日本型経営論へのアプローチに関する諸見解を概観すると以下のようになる。

倉田（1982）は，日本型経営論について大きく5種類のアプローチを挙げている[6]。この5種類のアプローチとは，①経営学アプローチ，②歴史研究の分野からのアプローチ，③産業社会学によるアプローチ，④文化論的アプローチ，⑤総合的アプローチである。

経営学アプローチにおいて，組織管理の側面からの日本的経営論，マネジメント理論に立脚する日本的経営論，環境要因の変化という側面からの日本的経営論の3点を挙げている。

この5種類のアプローチを図示すれば下記の表3-1のように整理することができる。

表3-1 日本型経営に対する諸アプローチ

アプローチ		内　容
経営学アプローチ	組織管理の側面からの日本的経営論	稟議制経営　（小野豊明）
	マネジメント理論に立脚した日本的経営論	マネジメント化の可能な部分とマネジメント化しえない部分を明確に区分　（山城章）
	環境要因の変化という側面からの日本的経営論	日本的経営の真の基本的原理「全人的な人間尊重主義的経営」　（占部都美）
歴史研究の分野からのアプローチ		経営家族主義，集団主義，企業のコミュニティ　（間宏）
産業社会学によるアプローチ		産業社会学の個別領域への適用で，経営における社会集団の考察の対象が向けられ，日本的経営の特質として，集団主義的慣行の提唱　（尾高邦雄）
文化論的アプローチ		7つの編成原理，日本人の国民的心理特性としての集団主義　（岩田龍子）
総合的アプローチ		隣接諸科学を総合する方向，日本的経営の理論化のポイント「共同生活体」　（津田眞澂）

出所：丸山啓輔（1999）『日本的経営』pp.23-24により作成。

(2) 日本型経営資源の定義

前述のように、日本型経営に対するアプローチは論者のそれぞれの立場によって様々であり、その内容も多種多様である。それでは、日本型経営資源とは何か。その日本型経営資源を定義する前に、まず、日本型経営とはいかなるものかを論述したい。日本型経営といえば、まず浮かび上がるのは、終身雇用、年功序列、企業内労働組合などの日本型の労使慣行である。しかし、これ以外にも企業の支配構造、経営システム、生産システムなどがある。丸山（1999）は、「日本的経営」と「日本型経営」の相違を吟味し、「日本型経営」は「日本的経営」の後に登場した題名で、「日本的経営」の対象よりも広範な内容を取り上げていると指摘した。そして、「日本型経営」は「日本において伝統・習慣として採用されている経営特質」と表現している[7]。

経営システムや企業行動には国によって相違があり、日本の企業経営は、欧米のあり方に比べてきわめて独自な方式を維持してきた。内野（1988）は、その日本型企業経営の特色を次のように8つの項目に総括している。つまり、①「終身雇用制」（lifetime employment）、②「新規学卒者の一括採用方式」、③「年功序列制」（seniority-based promotion system）、④「職場内教育訓練制度」（on the job training）、⑤「定期異動の人事ローテーション・システム」、⑥企業内での「集団合議的」ないし「ボトムアップ方式」の仕事の進め方（稟議制）、⑦「現場主義」の重視と「小集団活動」の活発化、⑧「企業別労働組合」、などを挙げながら、「終身雇用制」、「年功序列制」、「企業別労働組合」が日本型企業経営を支える3大支柱と論じている[8]。

大橋（1995）は、「日本的経営とは何かということについて、実は、明確な定義があるわけではない」としながら、終身雇用、年功制、稟議制、合意による意思決定に加え、企業内異動と内部昇進制度、JITなど経営制度を中心とする内容を日本的経営として取り上げている[9]。また、中川（1977）は「日本的経営と欧米的経営との間にそのような明確な区別を画しうるものではないし、第一『日本的経営』が何を意味するかも一義的には明らかでない。」と述べ、日本的経営方式が明らかでないこと、日本的経営は終身雇用制・年功賃金制度を中心とした経営家族主義のみではないことを指摘してい

る[10]。

　吉田（1993）は「日本経済を支えるものとして賞賛の対象であった日本型経営システムに関する議論は，企業内部における日本企業に特徴的な雇用・管理の在り方に対するものとして受け取られる。」と述べ，J.C. アベグレンなどによって指摘された日本企業経営システムの特徴（終身雇用，年功序列賃金，企業別労働組合）以外に，

　①人事制度（内部昇進制度，人事部による集中制度，職場のローテーション，OJT など）
　②給与制度（ボーナス制度，手当の多様性など），
　③柔軟な生産システムと組織経営（不完全な分業，多能工化，現場主義，QC 活動，提案制度）
　④情報の共有（経営の合議制，稟議制度）
　⑤平等主義，などを挙げている[11]。

　このように，日本型経営の内容とその定義を概観してみると，日本型経営は総合的かつ広範な領域を指し，多義性を持つ概念であるといえる。本研究で扱う日本型経営資源は吉田（1993）が取り上げた「日本型経営」と近い概念である。そしてその定義を「組織・管理関係」と「人事・労務関係」から構成される経営・生産システムに求めたい。その理由として主に3つを挙げられる。第1は，第2章の第1節で論述したように，経営資源で最も重視されるべきものは無形資産であり，「組織・管理関係」と「人事・労務関係」が経営資源の無形資産に属していると考えられること。第2に，「組織・管理関係」と「人事・労務関係」は史的に，日本の企業成長に特別に重要な機能を形成してきたこと。第3に，「組織・管理関係」と「人事・労務関係」を構成する各要素は相互に緊密な関係を持ち，競争優位性と結び付き，企業の競争力向上に多大な影響を与えると考えられること，である。

第2節　日本型経営資源の競争優位性

　企業が海外に進出する際，企業は自らの強みである競争優位性を有する経

営資源を移転する。ハイマー（Hymer, S. H.）(1960) は，外国企業の「優位性の保持が，企業として1つの業種または，他業種の対外事業活動に向かって手を広げることを可能にさせるであろう」と述べており[12]，海外で事業展開する企業は自分自身の持つ経営資源上の優位性を移転する必要があるとする。従って，企業が海外に進出する際には，母国における経営と生産システムの特徴が反映されている。また，ケイブス（Caves,1971）は企業が保持する様々な優位性を「無形資産」(intangible assets) と呼び，第1章で既に述べたようにダニング（Dunning, 1977,1979,1980）は企業が保持する優位性を「企業に固有な優位性」(firm specific advantages) ないし「企業の固有な資産」(firm specific assets) という命名をしてから「折衷理論」を取り上げた。ダニングの「折衷理論」(eclectic theory 1979) は立地条件に制約された要素賦存，企業の持つ優位性，市場の内部化による取引費用の軽減など，3つの条件から海外直接投資の理論的要因を提唱し，その中で，企業の持つ優位性，即ち，経営資源の優位性が海外直接投資の決定要因として重要であることを主張した。従って，日本型経営資源の海外移転を可能とするその競争優位性とは何かを明確に把握しておく必要がある。次に，日本型経営資源の競争優位性を欧米型経営資源との比較，日本型経営資源の国際移転の2つの側面から考察する。

(1) 日本型経営資源の特徴—欧米型経営資源との比較から—

上述したように，本書では，「組織・管理関係」と「人事・労務関係」からなる経営・生産システムを経営資源と見なしている。これに基づいて，日本型経営資源と欧米型経営資源の特徴・比較を考察する。

手島（2001）らの日英研究者は，日本企業と欧州企業の海外直接投資を通じたアジアへの技術移転の研究調査を行った。彼らの研究チームは技術移転の対象である「技術」を3つに分け，① 研究・開発によって作り出された製品および生産プロセスについての科学・技術上の知識・情報，② 経営上および組織管理上の工夫である，効率的なシステム，③ 本社の人事管理・採用制度に分け，その移転では次のような3つの特徴があると指摘し

た[13]。

　それによれば，まず，共通の特徴として，日本企業も欧州企業も本社の人事管理システム及び雇用制度の移転よりも，より積極的に実施されているのは本社が開発した「製品および生産プロセス」の移転，および本社の「組織上・経営上の効率的な生産システム」の移転であり，「製品および生産プロセス」に関して，詳細に見ると，日本企業と欧州企業に共通して見られることは，製品・生産プロセスを開発する上で，必要かつ基本的な開発能力の移転よりも「製品および生産プロセスそのもの」及びこれを「現地で円滑に使いこなすための技術」の移転により積極的であることが見られる。

　第2は，欧州企業は「効率的な生産システム」の移転よりはむしろ，「製品および生産プロセス」の移転に相対的により積極的であるのに対して，日本企業は，欧州企業と違って，「製品および生産プロセス」の移転よりも，むしろ，「組織上・経営上の効率的な生産システム」の移転に，より積極的であることである。

　第3に，日本企業の本社による技術移転の業種ごとの調査を通して，「電子・電機」産業で「製品および生産プロセス」の移転も，「効率的な生産システム」の移転も共に，より積極的であることが明示されている[14]。

　この調査結果からしても，欧州企業は「製品および生産プロセス」をより重視しているのに対して，日本企業は相対的に経営上および組織管理上の生産システムの移転に競争優位性を意識しており，こうした生産システムの移転に，より積極的であることが明らかである。

　周知のように，日本企業の電子・電機など加工組立産業を中心とした製造業の比較優位性は，新開発の製品や新機軸の生産設備といったハードウェアよりも，生産システムである「人的・組織的要因」及び「組織的技能」が最大のポイントであった[15]。

　次に，伝統型のアメリカ企業においては，その管理組織は典型的なフォーマル組織であり，目標達成を基準に企業が組織され，効率よく運営される。そして意思決定のプロセスはトップダウンである。これはテイラー時代以来の作業と管理の機能分化の帰結とも言える。端的に表現すれば，アメリカ企

業はヒエラルキー組織を重視したトップダウン型経営と言える。

アメリカ企業では，ホワイトカラー（管理者）とブルーカラー（作業者）との間に明確な職務区分がある。賃金・昇進などの処遇の面においても両者の方式が異なっており，格差も大きい。ブルーカラーの賃金はほぼ職務に対応して決まり昇格の際には年功が優先されるのに対し，ホワイトカラーではスポット的な成績評価が賃金を左右させる割合が大きく大胆な抜擢人事も行われている[16]。

管理組織，意思決定においてもアメリカのヒエラルキー組織を重視したトップダウン型経営という特徴に対して，日本企業は現場を重視した参画型経営といえる。

管理組織面から見ると，日本企業はフォーマル組織よりも，むしろ人間関係・集団精神などを大事にするインフォーマル組織を重視し，意思決定のプロセスは「稟議制」のボトム・アップである。また，日本企業において，生産現場の果たす役割は相対的に大きい[17]。

生産現場から見ると，伝統型のアメリカ企業においては下記の3点のような特徴が考察される[18]。

第1に，職務内容は極めて具体的に細分化され，手続きがマニュアル化されている。

第2に，その結果，職務内容を徹底的に細分化することで，作業者たちは「単能工」され，その分野の熟練と技術の向上をより速いスピードで達成されることが可能となる。

第3に，その作業者の能力は一面的にしか向上されないから，「複合的」問題の解決には難しいことが指摘されている。

こうしたアメリカ企業に対して日本企業の特徴は[19]，① 職務内容がアメリカ企業に比べて複雑になっているために，幅広い熟練を身につけた「多能工」が多いこと。② その結果，それぞれの職場の多能工が「半自律的」に仕事の配分と問題の解決を行うことが可能であること。③ 従って，アメリカ企業の細分化による「単能工」による硬直性を日本企業では職務編成の柔軟性を持って克服し，「単能工」が解決できない複合的要因の問題をスムー

ズに解決することが可能となった。

　アメリカの生産方式は規模の経済性を達成するため，大量生産・大量販売[20]の方式となった。このことがアメリカ生産方式の最大の特徴ともいえる。具体的に，大量生産方式の代表的な例はフォード・システムであり，生産の自動化・連続化によってそれは追求された。しかし，その結果として，大量の中間在庫が発生し，また品質の維持・管理方式もラインの最後—事後的な検査により不良品を排除するという方法が採られた[21]。

　日本企業はこうしたアメリカの大量生産体制とは対照的に，アメリカなどから導入した大量生産技術をベースにしながらも，徹底した在庫管理と品質管理の技法を取り入れた。しかも同一のラインで何種類もの機種を生産する混流生産や頻繁な機種の切替えによって市場に柔軟に対応する，多品種小ロット生産体制を持っている[22]。多品種小ロット生産体制とはJIT（Just In Time）方式によく体現されているものである。生産現場では，市場での需要に敏速に対応するために在庫量を最小限にして，必要な物を必要な時に必要な量だけ生産することである。小ロット生産体制の導入は日本の現場労働者が日々の経験を通して，無数の問題に対する改善ないし工夫の蓄積によって生み出された成果であると言われている。こうしたシステムの変革は，現場における作業者の働きに大きく依存しているということができる。

　このように，アメリカの経営資源との比較からみると，日本型経営資源においては，人的要素を重要し，それによって効率性向上を図る人的な組織面での「人間中心主義」であると考えられる。

(2)　日本型経営資源の競争優位性—経営資源の国際移転の視点から—

　直接投資の本質は，経営資源の移転であり，企業が海外に進出する際，企業自ら比較優位性を持つ経営資源を移転することが望ましいとする見解が通説となっている。

　日本型経営資源の生産システムが中国への移転について，テレビ産業において代表的な先行研究として挙げられるのは郝の研究であろう。郝（1999）は，中国のテレビ産業における技術移転と形成について，日本的生産システ

ムの「適用」と「適応」のモデルを提起した[23]。郝は日本的生産システムの強みの1つとしては，現場で無数の改善を積み重ねるところであると分析している[24]。郝によれば「日本企業の競争優位は，生産設備を最大限に効率的に稼動し，優良な製品を作ることができるかどうかが，ライン編成の状況，品質管理，工程管理の程度，作業者達の品質管理，技能，熟練程度および労働意欲とモラール，さらに現場組織のあり方，作業長権限と役割，技術者と現場との関わり方，現場を中心とする継続的な改善活動などに密接に結び付けられている所である」と述べている[25]。即ち，日本的生産システムの優位性は，現場を重視しながら人的要素に強く結び付いているということである。

島田（1988）は，アメリカへ進出する日本の自動車企業の実態を調査研究する中で，アメリカ的技術特性との比較を通じて，日本企業の競争優位性には，「ヒューマンウェア」の存在が関係している「日本型ヒューマンウェアモデル」があることを提起した[26]。島田（1988）は，技術には機械や工場設備などに代表されるハードウェアの側面と，コンピュータプログラムや情報，製造技術など目に見えない知識などソフトウェアの側面のほかに「ヒューマンウェア」の側面があるという。「ヒューマンウェア」とは，人間とハードウェアの関係，人間とソフトウェアの関係を意味する。言い換えれば，「ヒューマンウェア」は機械や生産の仕組みと人間との関わり合い方を意味する。島田（1988）は，日本企業の日本的生産技術及び日本的経営の特質を次の3つの面から検証した。それらは「ヒューマンウェア」に代表される人的資源に強く依存していることを明確に示している[27]。

①柔軟な職務区分，仕事の内容と量の変動によって作業チームの再編成など職務編成が弾力性であること。
②中間在庫の削減，在庫コストの削減と安定的で信頼性の高い生産体制の確立が成されること。
③小ロット生産であること。（生産・管理の標準化による合理化と効率化，作業現場での品質チェック，弾力的な生産体制が成される。）

島田（1988）の日本企業の競争優位は人的資源に強く依存する研究結果に

留まったのに対して，テリー・L. ベッサー（Terry L. Besser 1999）は，さらに深めて競争優位性を持つ日本型経営資源のアメリカでの移転の研究を試みた。

テリー・L. ベッサー（Terry L. Besser 1999）は，典型的な日本企業であり，終身雇用，会社主義イデオロギー，集団責任主義などが特徴である「日本型経営」を忠実に実行しているトヨタ自動車を取り上げ，そのアメリカ工場―TMM 工場をケーススタディとして日本企業の組織，経営スタイルを歴史的，社会的，文化的等環境条件が相違するアメリカへの移植を分析した[28]。彼女は，まず伝統的な欧米型経営と日本型経営の関連性と相違を分析し，日本型経営を次の5つの側面から論じている[29]。

① 「階層的組織と年功制」（年功は日本組織の特徴形成において重要な役割を演じ，昇進と賃金は年功によるもので，近年，昇進と賃金決定の要素として業績を考慮に入れ始めたが，それでも，年功の重要性は残っている。）

② 「コンセンサスによる意思決定」（日本的組織では，諸決定は検討中の問題に近い人々のグループによって行われる。ある問題についての考えや関心のある者が関係する人々の周囲に集まる。会議を開き，問題を議論し，必要な情報を収集し，熟考の上，全員合意で決定される。合意された決定は通知文書として他部門に回される。）

③ 「作業分割」（作業組織はグループ単位に分けられ，グループ単位で評価され，責任を問われる。グループ内での個々人の役割は，明確ではない。）

④ 「雇用保障」（雇用保障は日本型経営の中心要素であり，日本型経営のほかの様々な特徴の全体が雇用保障に依存している。日本企業において，従業員は投資して開発されるべき素材とみなされている。従業員は組織が必要とする様々な教育訓練が与えられる。ローテーションを経て会社の全般的観点を修得し，幅広い能力を形成する。同時に他の従業員との人間関係を構築する。）

⑤ 「組織文化」（「運命共同体」，従業員教育プログラム，制服，社歌，管

理員と作業員の平等主義などの特徴）

　彼女は，聞き取り調査と観察から得られた洞察に富むデータを通じ，TMMにおけるトヨタの作業チームと「現場主義」，教育訓練と内部昇進，ジョブ・ローテーションと提案・改善制度，柔軟な職務区分と平等主義及び長期雇用の重要性と移植を強調している[30]。

　さらに，富森（2002）は，著名なエアコンメーカーであるダイキン工業のヨーロッパ工場をケーススタディとして実地調査を行い，日本的システムの教育訓練，長期雇用，品質管理，小集団活動の適用度の高さを明らかにし，これらの日本的システムの優位性を示唆している[31]。

　上述のように日本の経営・生産システムは，「現場主義」に重点を置き，教育訓練，ジョブ・ローテーションなど有能な人的資源に大きく依存する。それらによって，日本企業の競争力アップを生み出しており，これらは日本企業の競争優位の源泉となる代表的要因であるといえる。

第3節　「ハイブリッド評価モデル」の検討と仮説

　経営資源の領域がますます関心と認識を得るにつれて，経営資源がはたして普遍的に適用するか否かの問題について，学者，実務家，政策当局者が関心を持つようになった。

　優位性を持つ経営資源は，企業の国際化，即ち，企業の海外進出の成功，及び受入国の経済・産業発展において重大な要素である。しかも，その経営資源の国際移転が可能であることは，今日では一般的に認識されているところである。企業が海外に進出する際に，企業自身が有する競争優位の源泉を海外の受入国にも持ち込む必要がある，というのはハイマーの企業の優位性論から内部化理論に至る多国籍企業論の基本命題でもある[32]。

　日本型経営資源の国際移転に関する研究は，1980年代から活発に行われており，そこでの競争優位性が，「現場主義」に重点を置き，現場と人間の関わり，いわば人材育成など人的要素を重要視し，それによって効率性向上を図る人的な組織面での「人間中心主義」にあるとする見解は，上述したよ

うに通説となっている。

　本節では，まず，「ハイブリッド評価モデル」及びその研究成果を検討した上で，本論にとって最も重要と思われるキーワードを中心に仮説を設定する。

(1) 「ハイブリッド評価モデル」の検討

　「ハイブリッド評価モデル」は，第2章で言及したネガンディ（Negandhi）らの研究アプローチから出発したものと考えられる。即ち，経営資源がそのまま利用可能であれば「適用」，移転困難で受入国の現地環境へ合わせる必要がある場合であれば「適応」とするものである。

　日本企業は海外に進出する際，程度の差があるとしても競争力を発揮するために比較優位性を持つ経営・生産システムなど経営資源を現地に持ち込む必要があるのは明確である。日本企業が歴史的，社会的，文化的環境条件が相違する海外へ自社の経営資源を移転する際に，容易に移転されるものもあれば，極めて移転が難しいものも存在するのは当然のことであろう。

　「ハイブリッド評価モデル」は日本型経営・生産システムの移転度を評価尺度として取り上げたものである。日本の生産・経営管理システムがそのまま移転される側面を「適用」，移転困難で現地環境と結合する側面を「適応」として，5段階評価で「適用・適応度＝ハイブリッド度」を測定したモデルである。

　このモデルは，タテとヨコの職務の垣根の低い柔軟で参画型の作業組織に支えられた多品種小ロット生産という基本的特徴を持つ日本型システムを，海外に移転する際に焦点となりうる要素を23項目選び出し，それぞれ関連する項目同士をまとめて6グループに分類したものである[33]（図3-1，表3-2）。

　図3-1のように，「ハイブリッド評価モデル」とは，経営体としての現場工場を人的及び機能的コア，準コア，サブ・システムなど6つの側面に分けながら，日本型経営資源の国際移転を評価するモデルである[34]。それに加えて，現地に持ち込まれるのはシステムを構成するどの要素かという技術移

第3章 日本型経営資源の検討及び移転についての仮説　65

図3-1　ハイブリッド評価モデル

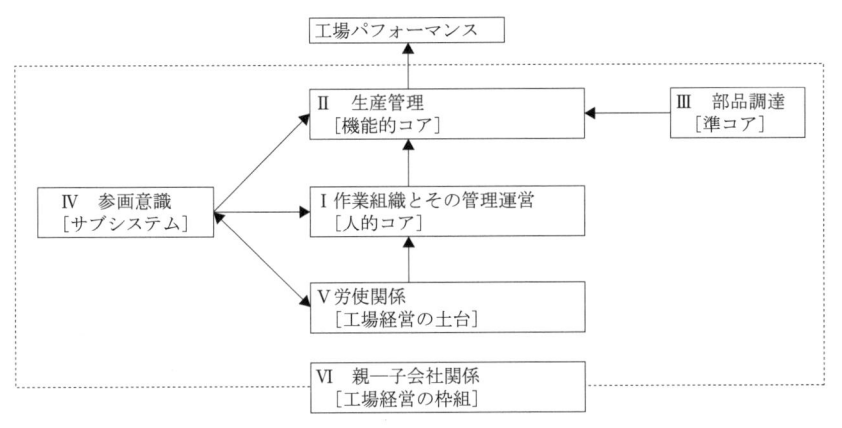

```
                    工場パフォーマンス
                          ↑
                  Ⅱ　生産管理  ←──  Ⅲ　部品調達
                  [機能的コア]        [準コア]
                    ↑
  Ⅳ　参画意識  →  Ⅰ作業組織とその管理運営
  [サブシステム]      [人的コア]
                    ↓
                  Ⅴ労使関係
                  [工場経営の土台]

                  Ⅵ　親―子会社関係
                  [工場経営の枠組]
```

出所：板垣博編（1997）『日本的経営・生産システムと東アジア―台湾・韓国・中国におけるハイブリッド工場―』p.66。

表3-2　日本的経営・生産システムの東アジアへの移転に関する板垣グループのモデル

Ⅰ　作業組織とその管理運営	Ⅳ　参画意識
⑴　職務区分	⑭　小集団活動
⑵　多能工化	⑮　情報共有化
⑶　教育・訓練	⑯　一体感
⑷　賃金体系	Ⅴ　労使関係
⑸　昇進	⑰　採用方法
⑹　作業長	⑱　長期雇用
Ⅱ　生産管理	⑲　労使協調
⑺　生産設備	⑳　苦情処理
⑻　メンテナンス	Ⅵ　親―子会社関係
⑼　品質管理	㉑　日本人従業員の比率
⑽　工程管理	㉒　現地会社の権限
Ⅲ　部品調達	㉓　現地人経営者の地位
⑾　ローカル・コンテント	
⑿　部品調達先	
⒀　部品調達方法	

出所：『日本的経営・生産システムと東アジア―台湾・韓国・中国におけるハイブリッド工場―』p.67より作成。

転論の視点から，23項目の要素を「方式」と「結果」の2つのグループに大別する。

「方式」とは，日本の国内工場で採用されている諸制度や経営方法がどの範囲・程度まで海外に移転されるかをみる要素であり，「結果」は日本から人材や設備・部品など出来合いの結果を持ち込む側面のことである。

さらに，その2つ（「方式」と「結果」）は，人的要素に関する「ヒト」と，製品・設備・部品など物的な要素に属する「モノ」に分ける。板垣ら（1997）はこれを「4側面評価」と呼んでいる[35]（表3-3）。

このような「4側面評価」は，「モノ結果」という目に見える部分の移転だけではなく，さらに「ヒト方式」といったような目に見えない日本的なやり方の移転も測ることができ，日本型経営資源の海外移転の実態を探る非常に有用な手段となっている。

表3-3の「4側面評価項目」からも分かるように，「ヒト方式」には人の要素が多く含まれている。これは，日本型経営資源の競争優位性が人的要素を重要視することを認識したものと考えられる。そして，ヒト方式を構成する要素は，日本型経営資源の人的な要素のコアの部分であるⅠ「作業組織とその管理運営」全項目，コアの部分の移転を容易にする役割を持つサブ・システムのⅣ「参画意識」の全項目，人の要素の土台である労使関係の中の長期雇用と苦情処理の2項目，などから構成されている。「モノ方式」は，日本型生産システムの機能的コア部分であるメンテナンス，品質管理，部品調

表3-3 4側面評価の項目

	方式	結果
ヒト	ヒト方式 Ⅰ 「作業組織とその管理運営」全項目 Ⅳ 「参画意識」全項目 (18) 長期雇用，(20) 苦情処理	ヒト結果 (21) 日本人従業員の比率 (22) 現地人経営者の地位
モノ	モノ方式 (8) メンテナンス (9) 品質管理 (13) 部品調達方法	モノ結果 (7) 生産設備 (11) ローカル・コンテント (12) 部品調達先

出所:『日本的経営・生産システムと東アジア―台湾・韓国・中国におけるハイブリッド工場―』p.74。

達方法の3項目からなっている。続いて,「ヒト結果」には日本人従業員の比率と現地人経営者の地位の2項目が,「モノ結果」には生産設備,ローカル・コンテント,部品調達先の3項目がそれぞれ含まれている。

次に,これまでの「ハイブリッド評価モデル」と「4側面評価」の検証を踏まえながら,板垣らのグループによる研究成果を検討してみたい。

(2) 「ハイブリッド評価モデル」による研究成果

板垣らの研究グループはアメリカ,韓国・台湾とシンガポール・タイ・マレーシアをそれぞれ1つのグループに分け,現地調査を行い,日本型システムの移転状況を分析,研究してきた[36]。

まず,アメリカにおける日系企業の自動車組立,自動車部品,電機組立,半導体についての彼らの現地調査によると,現地の日系企業においては,日本人主導型の工場経営となっていることが示される。また,総じて「結果」面が「方式」面の適用度より高く,特に「方式」面においては,自動車組立の適用度が高く,電機組立の適用度が低いという結果が明らかになっている。板垣らの研究グループは,自動車組立において方式面での適用度が高い理由として,この産業は,日本方式の適用の必要性とその優位性が強いことによると指摘している。他方,賃金システムは基本的にアメリカ流の職種(仕事)別賃金システムであり,品質管理は結果としての品質重視であるがその方法として検査にはより多くの人手とコストをかけて補い,「モノ」結果の面では,強く日本に依存していることを明らかにした。

続いて,明らかにされていることは,韓国・台湾においては,経営の現地化がかなり進んでいることである。韓国と台湾の最も重要な特徴は,「方式」面での適用度が「結果」面での適用度を明白に上回っていることである。しかも,日本システムの人的な要素のコアである「作業組織」グループの適用度が最も高い点にランクされる。この点は注目すべきであろう。即ち,アメリカとは逆に,人の要素の方式適用優先でなおかつコア・システム先行で日本システムがなされているのである。板垣研究グループは「方式」面において韓国・台湾が高い適用度を示していることに関して,韓国や台湾は工業化

の歴史がまだ浅く，自分なりの制度或いはシステムが確立されてないなどを理由として挙げている。また，賃金システムについても日本とよく似たヒト対応型のシステムを採用し，OJT を中心とした教育・訓練も熱心に取り組んでいるが，その体系的なプログラムが欠けていることを示した。一方，多品種少量生産が一定の効率と品質水準を維持しながら比較的スムーズに行われており，「ヒト結果」の適用度が低い，言い換えれば経営の現地化が進んでいることを明示している。

　他方，アセアン3カ国―タイ・マレーシア・シンガポールにおける板垣らの研究グループの調査結果によれば，日本人主導の経営になっていること，つまり，日系企業においてほとんどの工場では日本人が最高責任者になっていることが明らかにされた。「方式」面では，韓国・台湾と比べて適用度が低く，アメリカの水準に近い。「結果」面では，「ヒト結果」はアメリカと韓国・台湾のやや中間ぐらいで，「モノ結果」の平均では，アメリカと同じ適用度となっている。その賃金システムを見ると，基本的性格としては日本と同じヒト対応型のシステムになっているが，大きな違いは，ランク間，職務間の賃金格差が日本及び韓国・台湾に比べて非常に大きく，また，成績に応じて昇給幅を変化させるというシステムが一般的である。「方式」面での適用が低い大きな理由の1つとして，どうしても日本方式を持ち込もうという強い動機が現地企業側にないことであると指摘している[37)]。

　このように，日本型経営資源の様々な要素が海外の日系企業に移転されているが，どの要素が，どの程度まで移転され，また，どのような要素の移転が難しく，その原因はどこにあるかは相手国によってずいぶん異なっていることが示されてある。それらは，相手国の社会システム，文化的・歴史的環境，経済発展段階，さらに産業ごとの特性などに根強く関係していると考えられる。

　上述のように，日本型経営資源は相手国の社会システム，文化・歴史的環境，経済発展段階，産業の特性等によって「適用」と「適応」しながら移転されることが板垣らの研究グループなどによって明確になっている。

(3) **日本型経営資源移転についての研究事例**

　板垣らの研究グループの他に，アジア諸国において日本型システムの移転を行った研究として市村・吉原らの研究グループ（1988），小川研究チーム（1990）などが挙げられる。

① 市村・吉原らの研究グループの調査研究について

　市村研究グループ（1988）は，日本的経営のアジアへの移転の研究で，まず，日本的経営は決して日本国内でも100％実施されているわけではないと指摘してから，日本的経営とは何かについて，その定義を4グループ12項目に分けて，9カ国別のアンケート調査を行った[38]。

　同グループはトップ経営者及び現地人である中間管理者も調査対象とする具体的な分析方法を提示した。

　調査によると，東南アジアでは日本人が経営権を握っている場合が多い。そして日本的経営を分析する4つの観点—終身雇用，人間尊重，集団主義，年功制—について，日本の経営管理ややり方に一番類似しているのは韓国，台湾，シンガポールであると指摘している。その理由として韓国と台湾は歴史的に日本の影響を受けて来たこと，シンガポールの場合は日本の出資率が高いことを挙げている。日本的経営が一番馴染んでない地域と国は香港とフィリピン，次にタイとマレーシアで，これは各国の社会構造と深く関係していると市村研究グループは指摘している。

　次に，全ての調査対象国では，雇用の安定と経営目的の浸透が重視されていることが分かった。特に，シンガポールと台湾において，実施率が高い。その原因として，この2カ国はジョブ・ホッピングで有名な国で，現地日本企業は特にこの面において努力していることが示されている。そして，9カ国全てにおいて，年功賃金の実施率が年功昇進の実施率を上回っている。この結果から年功という要因は，昇進の決定要因におけるよりも賃金の決定要因としてより重視されていると考えることができる。

　更に，社内昇進制，労使融和，永年勤続表彰，持ち家制度，退職年金制度，福利厚生制度，小集団活動，ジョブ・ローテーション等の諸施策はアジアの多数の国で有効な雇用安定策と考えられており，特に有効なのはアジ

ア新興国において顕著に示される。その中の小集団活動では，アジアの現地日本企業の多くが提案制度とQCサークル活動を実施し，韓国の実施率が一番高く，タイと香港を除いて提案制度とQCサークル実施率は50％を超えている。しかし，日本国内で実施されている内容と違っており，従って結果もかなり違う。他方，ジョブ・ローテーションを実施する企業は少ないとの結果も出た。その原因として，①従業員の教育水準が低いこと，②勤続年数が短いため，熟練度や技能レベルが十分でない点が多いこと，③ジョブ・ローテーションを実施する機運が熟していないことの3点を指摘し，今後次第に増えて行くだろうという考え方を示している[39]。

②小川研究チームの調査研究について

小川研究チームの研究では，中進国（台湾・韓国・シンガポール）をAグループ，発展途上国（タイ・マレーシア）をBグループに分け，東南アジア及び東アジア5カ国における日本企業の生産システムの海外移転を分析した[40]。

同研究チームの調査結果によると，日系企業は技術移転の手段として，マニュアルよりもむしろ人的手段を重視し，現場作業者の教育・訓練方法に関しても，ほとんどの企業がOJTを中心としている。そして現場での経験を積み重ねることにより熟練者を育成していることが分かった。

次に，品質管理面において，Aグループでは，QCサークルや提案制度を積極的に実施しているが，質の面では期待に沿えていないこと，一方，Bグループの半数以上の企業でQCサークル活動が実施されていたが，十分な活動が行われず，製品の品質改善・向上につながるような質の高いものは望めないとしている。そして，その理由として，グループリーダーが日本に派遣されても，帰国後に，自らの研修内容をメンバーにうまく伝えられていない，と指摘している。

以上はアジア各国についての研究調査である。これらの日本的システムのアジア諸国への移転度の比較調査研究に引き続き，理論枠組―「適用」と「適応」のモデルを用いながら産業ごとに，分析を行った研究として，安保他（1994），板垣他（1997），郝（1999），苑（2001）がある。

特に，郝（1999），苑（2001）は中国のテレビ産業，半導体産業をそれぞれ取り上げ，1978年に「改革・開放政策」を実施して以降，中国のテレビ産業，半導体産業の飛躍的な発展は外資系企業の進出と密接に関わっていると指摘している。後段で触れるように日本的生産システムの中国への移転を事例分析を通じて明らかにした。

他方，井原（2002）は，フィリピンの日系企業における生産技術の移転に関する事例分析を行い，企業内部における技術移転のプロセスとその論理を明らかにした。井原はその調査結果を次の3点に要約した[41]。

第1に，日本の親会社の長期的な経営方針が生産技術の移転に重要な影響を与え，経営戦略が技術移転のプロセスを規定すること。このことが企業内技術移転を分析する際の前提条件を指摘したものであり，技術の定着に対する長期的な取り組みにもつながることを示す。

第2は，日本と同水準の生産技術，生産管理能力移転が可能であり，かなり成功していること。化学工業の生産職場における技能は単純操作の繰り返しではなく，高度な判断や対処能力を含み，しかもそのような性質の技能は移転可能であること。

第3は，生産技術，生産管理能力を移転する方式は職場での実地訓練（OJT）だけでなく，定期修理への参加，日本での研修など公式な訓練やマニュアルが大きな役割を果たし，そのために技術移転のプロセスは長期的かつコストのかかるものであること。

上述の事例から分かるように，日本企業の高いレベルの技能も移転可能であり，その移転の実態は日本の親会社の戦略・方針及び人材育成と密接な関係があることを示唆している。親会社の経営戦略と日本型システムの移転の研究はこれ以外にも岡本研究グループ（1998），植木（2002）がある。これらの研究は日本の親会社の経営戦略，例えば出資比率，輸出市場志向戦略などが競争優位の違いをもたらすと同時に，日本型システムの高い移転可能性と現地での定着を示唆している。

このように，日本型経営資源の移転は相手国の社会システム，文化的・歴史的環境，経済発展段階，さらに産業ごとの特性などに重要な関係があると

同時に，本国親会社の国際化戦略に結び付いた海外子会社の経営戦略・方針にもかなり影響を受けていることが分かる。

(4) 日本型経営資源の中国への移転についての3つの仮説

中国の電子・電機産業の発展は，外資系企業の進出及びこれらの企業による経営資源の移転が大きな役割を果たしたのは言うまでもない。

S.H.ハイマーは，企業が自分の優位性を持っているからこそ海外進出が可能であり，海外で事業展開をする企業は自分自身が持つ経営資源上の優位性を移転する必要性があると主張している。日本企業も経営資源の優位性を持っており，それを外国，特に中国への移転が可能である，ということは本研究の仮説の重要な前提条件である。

日本型経営資源は日本の文化，社会システムなど日本社会の「論理」と一体不可分のものとして生まれ発展した。ある一定条件のもとでは，競争優位性を持つ日本型経営資源の諸要素は日本企業が持つ「論理」から分離されて移転相手国の文化，社会システムのもとでも移転可能であると考えられる。但し，移転される要素の属性により適用も異なってくることは多くの研究で明らかである。上述の「4側面評価」の「方式」か「結果」か，さらにヒトに関わる要素かモノに関わる要素か，また作業組織とその管理運営や生産管理などシステムのコアの部分か，参画意識や労使関係などサブ・システムの部分か，など移転される要素の性質により適用度の強弱が決まる。一般的にいえばサブの部分がそれぞれの文化，習慣，風土，社会システムなどにより直接的なつながりを持つのに対して，コアの部分はそうした文化的・社会的環境とより媒介的・間接的につながっているといえる。一般的には，文化的・社会的環境と直接結び付いている要素のほうが，間接的な要素より移転が難しいと考えられる[42]。これは仮説の第一の部分である。

一方，移転される各要素の属性が適用度の強弱を決めると同時に，相手国に既に確立されたシステムが存在するか否か及び本国の親会社の経営方針・戦略のあり方も移転を大きく左右する。板垣らの研究グループの研究調査でも分かるように，人的なコア部分である作業組織面での適用度がアメリカよ

り台湾・韓国の方が高い。工業の先進国としてのアメリカには既に成熟された独自のシステムが確立されているが，台湾と韓国は工業化の歴史がまだ浅く，自分なりの制度あるいはシステムが確立されていない。即ち，強固なシステムが既に存在する場合には，たとえ，移転される要素が文化的要因と間接的な関係しかもたなくとも適用は難しいのである[43]。

　工業化が発展しつつある段階にある中国も中国独自のシステムが確立されているとは言い難い。国有企業を中心とした社会主義計画経済の体制をとってきた中国は，80年代の「改革・開放」の実施で計画経済から市場経済へ移行する転換期にある。そして不合理的な経営システム，管理メカニズムの代わりに外資系企業，特に日本企業からの「先進技術と科学的管理方式」など優れた日本型経営資源を積極的に導入して工業化を発展させることは中国政府の1つの願望[44]でもある。

　未熟な工業段階にある中国では，生産設備や生産技術の立ち遅れ，先進的な経営管理ノウハウの未形成及び政府の政策など，2つの側面からみても優れた日本型経営資源の移転は重要である。よってスムーズに行われる前提条件があると考えられる。もちろん，中国社会の文化，習慣や計画経済のもとで形成された国有企業の管理・生産システム，硬直的な労務・人事管理制度が日本型経営資源移転の障害の要素になるかもしれない。しかし，経済のグローバル化が進み，企業間の国際競争が激しくなっている現在，新たな競争環境の変化に適切に対応するため，中国においても先進的な経営資源を学習・吸収し，自国の環境に合わせ「適用」と「適応」させることは必要かつ不可欠なことである。

　企業の海外進出は経営戦略・方針と結び付き，コントロールが求められる。企業の多国籍化が進展すれば，海外子会社は本国親会社のグローバル戦略に沿うものになる。岡本らの研究グループ（1998），井原（2002），植木（2002）は，本国親会社の経営戦略が日本型経営資源の移転と強い関わりがあると指摘している。例えば，出資比率，グローバル市場志向戦略への強い傾向は日本型経営資源の高い移転と定着をもたらしている。さらに競争優位の向上にも貢献している[45]。他方，長期的な経営戦略が技術移転のプロセ

スを規定し，その移転は操業開始時点だけではなく，継続的な「計画的技術移転」が必要である。中国に進出した日本企業も産業ごと，経済環境，進出段階などにより経営方針・戦略が違う。会社の経営戦略・方針の違いによって，その移転の競争優位性及び移転の定着度が違うと考えられる。以上は仮説の第2の部分である。

　日本企業において，工業化が発展段階にある発展途上国で現地人材養成は共通の問題である。小池・猪木（1987），尾高（1989）の研究で，このような問題解決策として日本企業は現場作業者の熟練を高めるための教育・訓練を重要視してきたことが分かる。日本型経営資源の優位性は人的要素を重要視し，それに大きく依存することは周知のとおりである。有能な人材の育成は企業の発展，さらに日本型経営資源の移転を左右する重要な要因でもある。

　人材育成により，現地人管理者たちは職務への満足度や仕事及び会社への愛着感を感じ，日本型経営資源に対するモチベーションを持つ。そして積極的に競争優位を持つ日本型経営資源を学習・吸収を行うことで，企業の長期的な成長と競争力向上を可能にすることが出来ると考えられる。これは仮説の第3の部分である。

　以上は本書の全体的なフレームワークである。本書では特に「改革・開放」以来，著しく発展してきた電子・電機産業を中心とする。仮設の検証には，日本型経営資源が中国への移転に着目し，その移転の経路と人材育成，経営方針・戦略が移転にどのような役割を果たしているのか，さらに企業の経営の現地化にどのようにインパクトを与えたかを分析する。

第4節　中国への移転についての考察とその視点

　前節で3つの仮説を設定した。本書では仮説に基づき，電子・電機産業において，代表的な中国における日系企業を事例として取り上げ，その移転の実態・特徴を分析，検証していきたい。そのために，本節では，まず従来の中国への経営資源の移転のうち，技術移転[46]に関する諸視点を簡単に振り

返る。

　中国への技術移転に関するこれまでの視点を大別すれば，下記の2つの方法論に分けることができる。

　第1は，マクロ的経済の統計的分析による技術移転効果の検証である。全要素生産性（Total Factor Productivity）を指標として用い，外資系企業の全要素生産性と国内企業の全要素生産性を比べる研究方法である。即ち，外資系企業の全要素生産性が国内企業の全要素生産性より高ければ，直接的な技術移転が行われると解釈するものである。この研究として，岡本（1996），浦田・入山（1997）を取り上げる。彼らの分析では，中国の多くの地域において，外資系企業の生産性が国内企業よりも高いということを示しており，中国では，外資系企業によって直接的な技術移転が行われていることが示唆されている。さらに，浦田・入山（1997）の分析結果では，外国企業は現地子会社へ現地企業が保有している技術よりも高い水準の技術を移転するだけでなく，現地子会社が持つ高度な技術や経営ノウハウが国内企業にも波及していることを指摘している。しかし，この方法論の問題点は地域全体と技術という研究の対象と概念が広すぎて，鍵となる問題が何かということが漠然としており，焦点を絞りにくいという点である。ミクロ的視点で，産業レベル，さらに企業レベルでより明確に分析を行う必要がある。具体的に，どのような要素がどのような経路で移転され，その移転がどのような要素に左右されているかを実証的な調査に基づく研究・分析を行う必要性がある。

　第2は，前節で，既に考察した「ハイブリッド評価モデル」，つまり「適用と適応」論によって日本型システムの中国への移転を検証する方法である。これは，実証的な調査に基づき，どのような要素が移転されやすく，どのような要素が移転しにくいか，さらにその移転プロセスはどうなっているかという問題を取り上げた方法論である。この方法論は，日本的システムの移転の問題を考察する際，有効な手がかりを提供していると評価できるものである。この方法を用いて郝（1999），苑（2001）はそれぞれ中国におけるテレビ産業，半導体産業を取り上げ，日本型システムの移転の事例を研究し

た。

　郝（1999）は，日本的生産システムの移転がⅠ（モノ）⇒Ⅱ（モノとヒトの関わり）⇒Ⅲ（ヒトとヒトとの関わり）という順序で段階的に進められている，いわば「時系列的で段階的な生産システムの移転と形成」のプロセスを提示した[47]。このプロセスは左の「モノ」という要素から出発して，右へ進めば進むほど「ヒト」の要素の比重が大きくなることを示している。特に，ⅡとⅢの部分に日本的生産方式の中核或いは競争源泉が集中して現れている。Ⅰ⇒Ⅱ⇒Ⅲという順序で，日本的生産システムが現地へ移転され，定着し，最終的に現地側に特有な方式が形成される。Ⅰ＋Ⅱ＋Ⅲ＝人材開発と活用システムに支えられた現場主義的な生産技術を形成することこそ，日本的生産システムであり，日本企業の優位性の特徴であると同時に中国から求められている「日本の先進的な生産技術，先進的な管理方式」の仕組みであると郝（1999）は主張した。

　また，苑（2001）は，「段階的な技術移転」論理を継承しながら，技術移転の段階性とは，「移転」のプロセスの段階性ではなく，移転結果の中に見られる技術レベルの「段階性」の方が適切であると指摘した。現地工場において，日本的生産システムの諸要素の移転は，最初の時点から同時に進められるが，早い時点で成果を表わす技術要素もあれば，相当長い時間を経てから移転結果をみせる技術要素もある。彼の中国に進出した日本企業の技術移転の調査によると，ほとんどの日系企業は「ヒト」の要素と関わる品質管理技術を工場が稼動する時点から現地人従業員に教え始めるわけで，決して「次の」段階から移転されるのではない。しかし，日本国内企業と同じレベルの品質管理技術を行使し，その結果が表れるまでには相当の時間を要する。「ハイブリッド評価モデル」の「サブ・システム」の重要な技術要素であるQC活動も同様である。さらに，日本的生産システムにおいては，人的要素が多く含まれるため，これらの人的要素に深く関わる技術移転レベルを計量的に分析することは難しいと示唆している[48]。

　以上，中国への技術移転に関する2つの方法論を検討してきた。これらの先行研究から，筆者もより多くの考察視点を学んでいることはもちろんのこ

とである。しかしこれらの研究はマクロ的な技術移転効果，或いは移転のプロセスにポイントを置いたものであり，企業の経営戦略・方針及び現地人管理者育成，つまり人材育成などが移転にどのような影響を与えるか，移転によって企業の経営の現地化にどのようなインパクトを与えたかには目を向けられず，移転の研究にはさらなるテーマの追求が求められるといえる。

本書は，先行的な研究成果を吸収した上で，高品質，製品多様化など強い競争優位性を持つ電子・電機産業においての日系企業を分析対象とする。そして3つの仮説に沿ってその移転プロセスを捉える。特に会社の有効な戦略・方針が高い水準の競争優位をもたらすと同時に，日本型経営資源の高い移転とその定着に大きな役割を果たしていると考えられる。日本型経営資源を順調に移転させるためには，何よりも現地管理者の育成が最重要である。その人材育成により，現地人管理者たちが職務への満足度や仕事及び会社への愛着感を持ち，積極的に競争優位を持つ日本型経営資源を学習・吸収を行うことにより，企業の長期的な成長と競争力向上を可能にすることなど未だに目に向けられてない要素にも分析視野を広げて研究を進めたい。

以上，本研究にとって重要な3つの仮説の設定及び基本的視点の考察を行ってきた。

続いて，第4章で，中国への日本企業の進出，及び中国の電子・電機産業の発展を技術移転と関連させながら概観する。その上で，3つの仮説に沿って，具体的な事例分析に入っていくことにする。

注
1) 池本清・上野明・安室憲一（1981）『日本企業の多国籍的展開』pp.118-119。
2) 中央大学研究所編（1991）『経営戦略と組織の国際比較』p.49。
3) 裴富吉「経営学の方法と対象」裴富吉・黒田勉夫共著（1965）『素描・経営学原理』学文社，第2章，pp.24-26。
4) 高柳暁（1983）『現代の経営原理』春秋社，pp.7-10。
5) 丸山啓輔（1999）『日本的経営―その本質と再検討の視点―』同友館，p.22。
6) 大沢豊・一寸木俊照・津田真澂・土屋守章・二村敬子・諸井勝之助編集（1982）『現代の日本的経営―国際化時代の課題―』（現代経営学⑩）有斐閣，pp.116-164。
7) 丸山啓輔（1999）は，日本的経営に関する，呼称の多様性，内容の多義性・曖昧性の論じており，「日本の経営」(「日本で行われている経営そのもの」)，「日本的経営」（外国との比較において日本で行われている独特の経営)，「日本型経営」（日本において伝統・習慣として採用され

ている経営特質）の違いを吟味している。歴史的にみて，「日本の経営」の題名が最初に登場し，次に「日本的経営」，その後「日本型経営」の題名が登場したと述べている。『日本的経営―その本質と再検討の視点―』同友館，pp.3-32。
8) 内野達郎・J.C. アベグレン編（1988）『転機に立つ日本型企業経営』中央経済社，pp.13-27。
9) 大橋昭一・小田章編（1995）『日本的経営の解明』千倉書房，pp.10-13。
10) 中川敬一郎編（1977）『日本経営史講座 5，日本的経営』日本経済新聞社。
11) 吉田和男（1993）『日本型経営システムの功罪』東洋経済新報社。
12) Hymer, S.H., 宮崎義一（訳）（1976）『多国籍企業論』第Ⅰ部，岩波書店，p.35。
13) 手島茂樹（2001）「海外直接投資を通じたアジアへの技術移転が経済開発に及ぼすインパクト―日本企業と欧州企業へのアンケート調査にもとづく―」『開発金融研究所報』2001 年 11 月，第 8 号
14) 手島茂樹（2001）前掲書，p.32。
15) 安保哲夫編（1994）『日本的経営・生産システムとアメリカ』ミネルヴァ書房，参照。
16) 小池和男（1991）『仕事の経済学』東洋経済新報社，pp.69-81，参照。
17) 日本の生産システムについては，橋本寿郎（1991）『日本経済論― 20 世紀システムと日本経済―』ミネルヴァ書房，第 4 章と第 6 章を参照。
18) 劉永鴿（1997）『日本企業の中国戦略』税務経理協会，pp.63-65，参照。
　　板垣博「日本型生産システムの国際移転」橋本寿郎編（1995）『20 世紀資本主義Ⅰ　技術革新と生産システム』東京大学出版会，第 7 章，pp.205-208,参照。
19) 同上。
20) 大量生産方式は，1970 年代，特にオイル・ショック以後，アメリカ市場のシステムの転換，つまり「生産者市場」から「消費者市場」への転換により，その弱点と問題が一遍に露呈している。
21) 丸山恵也（1995）『日本的生産システムとフレキシビリティ』日本評論社，p.4。
22) アメリカ型システムと日本型システムについてより詳細は，板垣博「日本型生産システムの国際移転」橋本寿郎編（1995）『20 世紀資本主義Ⅰ 技術革新と生産システム』東京大学出版会，第 7 章，参照。この部分は，同掲書，p.206。
23) 郝燕書（1999）『中国の経済発展と日本的生産システム―テレビ産業における技術移転と形成―』ミネルヴァ書房，pp.13-22。
24) 郝燕書（1999）前掲書，p.30。
25) 郝燕書（1999）前掲書，p.35。
26) 島田晴雄（1988）『ヒューマンウェアの経済学』岩波書店，pp.104-113。
27) 島田晴雄（1988）前掲書，pp.111-112。
28) T. L. ベッサー，鈴木良始（訳）（1999）『トヨタの米国工場経営―チーム文化とアメリカ人―』北海道大学図書刊行会を詳しく参照。
29) T. L. ベッサー，鈴木良始（訳）（1999）前掲書，pp.16-26。
30) T. L. ベッサー，鈴木良始（訳）（1999）前掲書，pp.283-301。
31) 富森虔児（2002）「「日本的システム」の海外展開―ダイキンヨーロッパのケーススタディ―」経済学研究（北海道大学）。
32) S. ハイマー（1979）宮崎義一訳『多国籍企業論』岩波書店，内部化論については，P.J. Buckley & M. Casson (1985) *The Economic Theory of the Multinational Enterprise* Macmillan を詳しく参照されたい。
33) 板垣博編（1997）『日本的経営・生産システムと東アジア』ミネルヴァ書房，p.66。
34) 板垣博編（1997）前掲書，p.74。

35) 板垣博編（1997）前掲書, p.74。
36) 板垣博編「日本型生産システムの国際移転」橋本寿郎編（1995）『20世紀資本主義Ⅰ 技術革新と生産システム』東京大学出版会, 第7章, pp.208-237。
37) 橋本寿郎編（1995）前掲書, p.235。
38) 9カ国とは, 日本, 韓国, 台湾, 香港, シンガポール, フィリピン, タイ, マレーシア, インドネシアを指す。詳しい調査結果は, 市村真一編（1988）『アジアに根づく日本的経営』東洋経済新報社を参照されたい。
39) 市村真一（編）（1988）前掲書, p.64。
40) 小川英次・牧戸孝郎編（1990）『アジアの日系企業と技術移転』名古屋大学経済学部附属経済構造研究センター, pp.51-74。
41) 井原基（2002）「フィリピン日系化学企業における技術移転―ピリピナス花王の事例―」『アジア経済』2002.4, アジア経済研究所。
42) 橋本寿郎編（1995）前掲書, pp.237-238。
43) 橋本寿郎編（1995）前掲書, p.238。
44) 「改革・開放」当初, 鄧小平副総理（当時）は松下電器産業を訪問した時, 松下幸之助会長（創業者）に「中国の近代化協力」を切実に要請した。
45) 岡本康雄編（1998）『日系企業 in アジア』有斐閣。
46) 技術移転には, ハード面の機械設備と, 機械設備を操業し, 保全, 修理するための知識, ノウハウ, 熟練等のソフトな面もある。
47) 郝燕書（1999）前掲書, pp.34-45。
48) 苑志佳（2001）『中国に生きる日米生産システム―半導体生産システムの国際移転の比較分析―』東京大学出版会, pp.16-18。

第Ⅱ部

日本型経営資源の移転の動向と事例分析

第4章

中国の電子・電機産業[1]の発展と日本企業による経営資源移転の動向

　第3章で，前述の手島（2001）らの研究調査で明らかになったように，日本企業は電子・電機産業において，「製品および生産プロセス」と「効率的な生産システム」の移転に最も積極的に力を入れてきた。この点は，電子・電機産業，自動車組立をはじめ，製造業を主とする日本企業が産業の違いによって若干重点の度合いは異なるものの，経営・生産システムの競争優位を持つため，これらの経営・生産システムの経営資源を海外子会社に移転することは望ましいし，また可能であるとする見解と一致するものである。

　本書は，このような，電子・電機産業を主に，日本型経営資源の中国への移転を研究目的としている。そこで，本章では，中国の電子・電機産業発展経過および日本企業の中国進出を中国の産業技術発展と外資導入の実施と関連させながら概観する。そして，日本企業の進出と経営資源展開の特徴，多様な移転経路の方策を探究する。

第1節　「改革・開放」政策と電子・電機産業の発展

　1949年に中華人民共和国が成立した当時の中国の電子・電機産業はほとんど白紙状態であったといえる。1949年以前においては，いくつかの電球製造や無線組立工場が存在していたが，それも輸入原材料及び部品に依存した簡単な組立と修理を行う工場にすぎなかった。当時の企業数は，ラジオ，ラジオ・テープレコーダー，通信機工場4社，電話機，交換機工場2社，ケーブル，電池，電球工場が5社，レーダー修理工場1社があり，合計12

社，及び上海にある2社の民族資本家の工場を加えても，総計従業員4,500人，設備1,000台に過ぎなかった[2]。

　1950年5月に，国務院の認可を得て，重工業部に電信工業局が新設され，同年10月に，第1次電信工業会議を開催した。ここで中国の電子・電機産業は政府主導の下で，計画的に発展する新しい段階に入った。その後，50年余りの間に，中国の電子・電機産業は国内経済の政策転換により，様々な紆余曲折を経て，今日，生産面，輸出面において中国経済をリードするリーディング産業となり，質的・量的にも飛躍的な発展を遂げたのである。特に，家電の分野では，中国国内シェアのトップはもちろん，生産量では世界で最大の生産国になっている（表4-1，表4-2参照）。

　このように，中国の電子・電機産業が著しい発展を遂げた主な要因は，国内市場の需要が拡大したことはもちろん，外資系企業の積極的な進出による「先進的な生産技術と経営管理」を様々な方式で，迅速に導入したことにある。その中でも，それらの経営資源を国際的な競争優位を持つ日本企業から

表4-1　主要家電製品のブランド別シェア（1999年）

（単位：％）

	カラーTV		冷蔵庫		洗濯機		エアコン		電子レンジ	
1位	康佳（香港合弁企業）	15.9	海爾（集団所有制企業）	35.7	海爾（集団所有制企業）	35.0	海爾（集団所有制企業）	27.0	格蘭仕（集団所有制企業）	67.1
2位	長虹（国有企業）	13.2	科龍（集団所有制企業）	12.9	小天鵝（国有企業）	21.6	美的（集団所有制企業）	8.8	LG（韓国系）	12.1
3位	TCL（国有企業）	11.0	新飛（国有企業）	9.1	栄事達（国有企業）	107	シャープ（日系）	7.3	松下（日系）	5.3

（注）全国106大型小売店での調査による。
出所：蒼蒼社『中国産業ハンドブック』より作成。

表4-2　生産量世界一の中国の電子・電機製品一覧（2001）

（単位：万台，％）

品目	生産量	シェア	品目	生産量	シェア
カラーテレビ	3,936	29	扇風機	7,661	50
洗濯機	1,443	24	カメラ	5,514	50
冷蔵庫	1,279	16	電話機	9,598	50
エアコン	1,827	30	ディスプレイ	4,590	42

出所：陳建平（2003）「中国電子産業の発展と展望」座間紘一・藤原貞夫編（2003）
　　　『東アジアの生産ネットワーク―自動車・電機機器を中心として―』p.231.

集中して導入したことが特に重要なポイントであると言わざるを得ない。

中国の電子・電機産業の発展プロセスはその発展状況から述べると，萌芽期（1949年～1957年），生成期（1958年～1965年），挫折期（1966年～1976年），復興期（1977年～1982年），発展期（1983年～1990年），成熟期（1991年～）の6つの段階に大別することができる[3]。そして，この発展区分も外国からの技術移転，外資導入と密接な関係がある。

次に，この6つの発展段階とその特徴を，外国からの技術移転を含めた経営資源の移転状況と関連させながら考察する。

(1) 萌芽期（1949～1957年）

1949年，新中国が成立した当時，電子・電機産業は極めて貧弱な状態にあった。従って，建国後から1957年までを，中国電子・電機産業の萌芽期として捉えることができる。この萌芽期において，電子・電機産業は国防産業の重要な一環として捉えられ，電子・電機産業の製品は軍の装備品であった。特に第1次五カ年計画の時期（1953～1957年）は，電子・電機産業の発展にとって極めて重要な役割を果たしたと考えられる。この時期において，中国の電子・電機産業は概略的に骨格が形成され，真空管，カラーテレビ，自動交換機などの生産が可能になるに至った。また，初めの電子技術研究所の設立及び技術者，研究者の養成に伴って，半導体の研究にも着手するようになった。重工業を優先する第1次五カ年計画期間中に，電子・電機産業は弱小保護産業であり，機械産業の一部として扱われ力を入れて育成されたわけではなかった。この時期に，電子・電機産業に投資した金額は5億5,500万元（全固定資産投資額の1.1%）であり，9つの新規プロジェクトが国家の重点プロジェクトに入り，そのうち5つのプロジェクトが1957年に竣工，稼動された[4]。

この時期における中国の産業技術は，建国前において，貧弱な電子・電機産業を基盤として，「自力更生」原則の基で，ソ連・東欧からの原材料の輸入及び技術援助を受けたのである。

(2) 生成期（1958〜1965年）

この時期は，大躍進運動が起こった時期であり，電子・電機産業において，大規模な投資と技術改造が実行された時期でもあった。第2次五カ年計画期（1958〜1962年）においても，引き続き，軍需品を重点製品として，比較的，順調な発展を遂げたが，大躍進運動及び様々な援助を受けたソ連との関係悪化などにより，電子・電機産業は大きな打撃を受けざるを得なかった。

1960年からの整理整頓を受け，電子産業は根本的な転換期を迎え，経済状況及び製品の品質状況も1961年に比べ大きく上回った。特に，1963年から1965年の3年間において，完成或いは竣工されたプロジェクトは37項目に達した[5]。また，全国電子工業の基幹となる生産工場と研究所の大部分はこの時期に，建設或いは拡大されたものである。

この生成期において，民需品の生産も重視されるようになり，軍需品と民需品，投資類製品と，消費類製品などのバランスが程よくなり，テレビ放送技術，半導体技術の研究開発にも成果が示された。新たに9つの重点電子研究所が設立され，先端電子技術研究などの研究でも大きな成果を収めた[6]。ここで，特に注目すべき点は，この時期に地方の電子・電機産業が著しく発展したことである。1965年，地方の電子企業は369社に達し，従業員数も10万2000人余に増加した。1963年から1965年までに，地方電子工業の総生産額は毎年平均30.6％に増加し，1965年，地方の電子工業の生産額は全国電子工業の総生産額の39％を占めるに至った[7]。その中でも，上海，江蘇，遼寧，天津，北京などが重要な生産基地となった（表4-3参照）。

表4-3 1965年地方電子工業分布状況

項目	単位	地方電子工業総数	上海	北京	天津	江蘇	遼寧	5省市の全体に対する割合
工業数	社	369	46	44	19	44	87	65％
従業員数	人	102,426	34,816	8,765	11,316	12,197	18,600	83.7％
生産額(1980年不変価格)	万元	22,412.7	9,100.7	584.8	2,912.5	2,509	4,680	88.3％

出所：『当代中国的電子工業』（1987）より作成。

この時期における中国への産業技術の移転と導入は，中ソ関係の悪化により，ソ連が後退し，変わって西側諸国からの機械や技術の導入によってなされた。そこでは，電子・電機産業のいずれの分野においても，国有化された大企業を中心に，着実な発展が図られた。

(3) 挫折期（1966 〜 1976 年）

1966 年から第 3 次五カ年計画が始まった。しかし，第 3 次五カ年計画が始まった 1966 年から，10 年間に及ぶ文化大革命が起こり，中国のあらゆる産業に大きな打撃を与えた。電子・電機産業においても例外ではなく，大きな挫折期を迎えた。また，国際環境の様々な変化により，「三線建設」を行い，電子・電機産業を含めた多くの企業が内陸山間部に移転，あるいは建設された。その結果，大量の投資コストが費やされ，しかも重複建設，交通条件の制限などから，その経済効率は非常に低かった。最大の課題は技術者の不足であった。技術者が全従業員に占める割合は 1965 年の 15.07％から 1976 年には 9.12％までに減少した。一方，生産額 100 元に対する純利益は，1966 年の 11.7 元から 1975 年の 4.8 元と，57.9％も低下した[8]。

この時期は，軍需品専門の生産が中心的存在であって，電子・電機産業もその一環としてある程度の優先度が与えられ，一定の研究成果を上げた。事例として，自主設計の普及，製造した衛星通信システム，カラーテレビ放送設備，集積回路及びそれによる電子装置の小型化などである。

この 10 年間の挫折期において，中国の産業技術導入は，先進技術の導入が批判され，教育や科学が破壊され，各産業でも無計画な工場建設や無駄な生産が行われると共に，技術進歩が妨げられた。しかし，他方，「自力更生」のスローガンの下で，自主設計，自主製造し，ある程度の成果を上げたが，それにしても，飛躍的に発展を遂げた世界の技術レベルに比べ，大きく立ち遅れる結果となった。いわゆる「蝸牛事件」[9] による外国からの先進技術導入の停止，交流の断絶など，混乱した政治局面と閉鎖的な政策などにより，中国の電子・電機産業は発展する機会を失った。

(4) 復興期（1977 ～ 1982 年）

　この時期は，中国の電子・電機産業が活気を取り戻した時期であり，「改革・開放」政策が開始された時期でもある。当時の電子・電機産業は，国際的レベルからみると，規模はともかく，遅れた技術，劣悪な品質，しかもエネルギーの消費が高い商品を生産していた。また，電子機器では，これまでの軍需品優先によって，ラジオ，テレビなど民需品の生産は，品質も悪く，量的にも圧倒的に製品不足の状況にあった[10]。

　また，軍需品と民需品の比重調整，軍需品製造企業の民需品製造企業への転換及び製品開発においても民需品重視が積極的に行われた時期である。即ち，民需品の発展を優先することを確定した時期である。

　こうした一連の措置を通して，電子部品，民生用機器の品質と生産能力は大きく向上しただけでなく，製品の標準化の水準も大きく向上した。

　この時期の中国の産業技術導入は画期的な段階に入ったといえる。多くの国有の電子・電機工場は合併や改組を通して，重点企業の形成を図るとともに，外国から設備や部品を輸入し，技術指導を受け，提携による技術導入をも進めてきた。これによって，生産量が大幅に伸びただけでなく，製品の品質も著しく向上した。その最も代表的な産業がテレビ産業であった（図4-1）。1978 年テレビの生産量は 52 万台であったが，1979 年にはその生産量は 100 万台を突破し，1987 年には早くも生産能力は 2,000 万台に達し，品

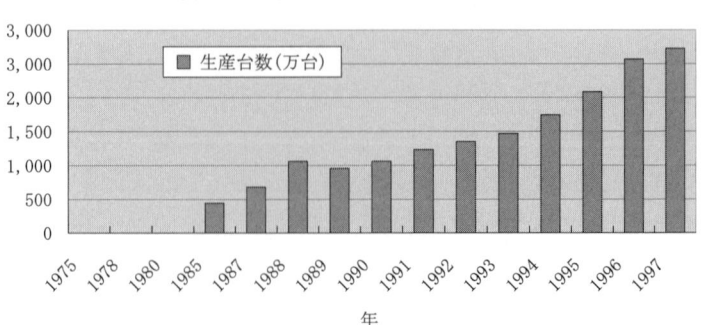

図 4-1　中国カラーテレビ生産台数の推移

出所：『中国統計年鑑』各年次により作成。

質も格段に向上した[11]。

1978年に始まった「対外開放・外資導入政策」の実施に伴い，中国は外国直接投資の誘致のため，「合弁法」の制定，4つの経済特区—深圳，珠海，汕頭，厦門をこの時期に設けた。このような背景の中で，1980年12月，日立製作所は中国側と合弁して「福建日立テレビ有限会社」を設立し，テレビの生産を開始した。これは，日本企業の中国進出と技術移転の契機になったといえる。

深圳などの4つの経済特区には，香港企業をはじめとする多くの華人企業が合弁，合作，委託加工の生産活動を行い，それが電子・電機機器や部品業にも広がった。日本企業も1980年からこのような生産活動に加わるようになった[12]。これが，その後の華南地域を中心とする輸出向け電子・電機産業の勃興につながったと考えられる。

(5) **発展期（1983〜1990年）**

1983年以降，日本企業をはじめとする外国企業の中国進出に伴う技術移転によって，中国の電子・電機産業は飛躍的な発展期に入ったと言える（図4-2）。

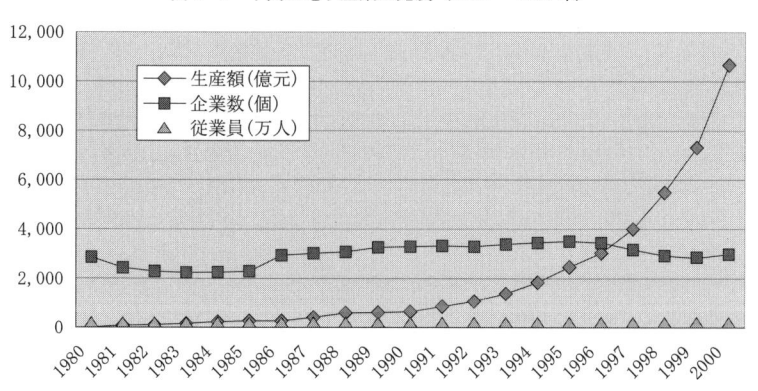

図4-2　中国の電子産業の発展（1980〜2000年）

（注）1989年までは1980年不変価格，1990年以降は1990年不変価格で計算。
出所：『中国電子工業年鑑』各年版などにより作成。

この時期の電子・電機産業の特徴といえば、復興期に続いて、産業内部の合併や改組などの再編と重点企業の形成を図ると同時に、本格的に外資系企業を受け入れ、先進的な経営資源の移転を積極的に行ったことである。「導入，消化，開発，革新」がこうした経営資源導入時の基本原則とされ、導入と消化，導入と開発のバランスを配慮しながら、中国政府の基本方策である「自力更生」、つまり、自主開発，自主生産能力の向上を図った。他の産業においても同様である「国産化」がキーワードとなり、「先進適用」技術の導入に主眼がおかれ、それの消化吸収に力が注がれた[13]。

80年代において、まず、トランジスター・ラジオ，白黒テレビ，洗濯機が急速に普及し、次にはラジカセ，カラーテレビ，冷蔵庫などが普及するようになった（表4-4）。しかし、重要な部品は輸入に依存し、製品の品質，性能も国際レベルに比較して劣っていた。中国政府は日本企業からの優れた生産システム，経営方式などの導入によってこれらの問題の解決を図ろうとした。1987年の松下電器，電子産業（各25％）と中国側の京東方科技集団株式有限会社（25％），中国電子輸出入北京公司（10％），中国工商銀行北京信託投資公司と北京ブラウン管工場（15％）との合弁によるカラーブラウン

表4-4 中国主要家電製品生産台数の推移（1980〜1997年）

(単位：万台)

	冷蔵庫	洗濯機	ラジオ	カラーテレビ	テープレコーダー
1980	5	25	3,004	3	74
1985	145	887	1,600	435	1,393
1987	401	990	1,764	673	1,978
1988	758	1,047	1,549	1,038	2,540
1989	671	825	1,835	940	2,349
1990	463	663	2,103	1,033	3,024
1991	470	687	1,969	1,205	2,874
1992	486	708	1,649	1,333	3,232
1993	597	896	1,755	1,436	3,648
1994	768	1,094	4,132	1,689	8,396
1995	919	948	8,205	2,058	8,581
1996	980	1,075	5,651	2,538	8,633
1997	1,044	1,254	4,624	2,711	8,274

出所：『中国統計年鑑』各年次などにより算出作成。

管の生産をきっかけとして，日本企業，欧米企業の中国進出を積極化させた。

(6) 成熟期（1991年～）

90年代に入り，中国の電子・電機産業は成熟段階に入ると同時に，外資系企業間で，さらに中国系企業と外資系企業の間で熾烈な競争が行なわれ始めた。1991～2000年は，第8次五カ年計画，第9次五カ年計画が実施されると同時に，多数の外資系企業が中国に進出し，外資系企業の急速な拡大の段階に突入した。アジアNIEsの韓国，香港，台湾などの企業及び殆どの世界的に有名な多国籍企業が中国に積極的に進出し，合弁企業や独資企業を設立して現地生産に踏み切った[14]。

この成熟期において，電子・電機産業の発展は，日本企業を始めとする外資系企業の進出と直接投資に密接な関係がある。特に，第8次五カ年計画期間中である1991～1995年の新しく増加した電子産業の生産高1,500億元の中で，3分の2に相当する生産高1,000億元は技術改造，技術導入などの技術進歩によって実現されたものである[15]。

一方，この時期は中国系企業と外資系企業がハイテク技術面で協力を強化した時期でもある。中国系企業は積極的に外資系企業と提携し，技術開発面で力を入れ，外国企業の先進技術を取り入れ，その技術レベルを高めた[16]。

また，消費類の電子製品の需要が高まるにつれて，第8次五カ年計画においては，国民経済情報化の構造の提起，国家レベルでのプロジェクト「金字工程」[17]の建設が推進された。このような国家レベルのプロジェクトの推進は，中国電子産業の振興の原動力になると同時に，通信とコンピューターを主とする電子情報機器製品の巨大な需要市場が創出される機能を果たした。この通信産業とコンピューター分野はそれぞれ年率40％，50％という高いスピードで発展した[18]。

中国では，電子・電機産業を新興産業，基幹産業として位置づけると共に，外資導入と技術移転を通してその発展を図った。多数の外資系企業が独

資，合弁，技術提携などの方式で本格的に中国に進出し，国有企業と日本企業・欧米企業の間においても交流が盛んに行われた。

このようにして，中国の電子・電機産業は建国当初の白紙に近い状態から，今では支柱産業の1つに数えられるまでに成長してきた。これらの主因は，日本企業を始めとする外国企業の積極的な中国への進出とそれによる優れた経営資源の移転と密接な関係がある。これを可能としたのは，1978年12月中国共産党第11期中央委員会第3回全会での「対外開放・外資導入政策」の確立であった。その対外開放政策の重要な特徴の1つは，外国からの直接投資を始めとする外資導入を奨励し，それによって先進的な経営資源などを移転させ，中国の経済を発展させることであった。それでは，次節において，何故中国が「対外開放・外資導入政策」実施に至り，外資系企業を積極的に受け入れたか，その背景を国内・国際政治経済環境に関連させながら経営資源の一環として技術移転に焦点を当てて考察したい。

第2節　電子・電機産業の発展における技術移転の必要性

中国の電子・電機産業の急成長を可能としたのは，上述のように，日本企業をはじめとする外資系企業の積極的な進出による技術移転を含めた経営資源の移転である。1978年の「対外開放・外資導入政策」以前には外国からの貿易取引，技術協力の受け入れなどがあっても，合弁，独資など外資系企業の進出形態はありえなかった。

(1)　「対外開放・外資導入政策」の背景

中国が積極的に外国直接投資を実施した背景には[19]，国際面では，NIEsなど当時の発展途上国・地域が外国直接投資，借款による高成長を実現したこと，国内面では，人口の増加に伴って高投資率を実現することが必要不可欠であったことが挙げられる。現代化を実現するためには，生産技術・経営技術を含めた経営資源を伴う直接投資の導入が重要であった。また，貿易拡大・輸出振興を推進するためには国際競争力のある製品生産が重要であり，

速やかな技術移転を行うには外資系企業の設立が最も優れているからであった。

国際面ではNIEsなど当時の発展途上国・地域が外国からの直接投資，借款により高成長を挙げたことである。1960年代後半から70年代初頭にかけて，台湾や韓国では「輸出加工区」と呼ばれる経済特別区が相次いで設けられ，外資導入を試み，高成長を達成した。特に台湾の高雄輸出加工区（1965年設立），韓国の馬山輸出自由地域（1970年設立）は有名である[20]。

国内面では，新中国の成立以来，ソ連型の中央集権的な計画経済体制及び経済機構を構築し，国内経済開発を行ってきた。当時，世界は冷戦状態にあり，西側諸国は中国に対して経済封鎖政策を遂行し，中国の経済・技術などは当然ながら「ソ連一辺倒」であり，ソ連からの経済援助に依存していた。しかし，60年代に入り，中国はソ連との関係悪化によって，50年代からソ連からの技術導入の道が途絶えた。さらに，大躍進と文化大革命による国内各方面に及ぶ混乱状態は中国の国内経済をより一層疲弊させた[21]。世界からの孤立，国内政策の行き詰まりなど国内・国際面での上述した原因で，中国の国内経済は低迷に陥り，経済再建が緊急課題になり，資本不足，技術革新に迫られていた。

1972年以来，中国は自らの資本不足，技術の遅れを回復するため，輸入代替工業化政策を選択した。1978年2月には，「国民経済10カ年計画」を策定し，文化大革命の混乱がもたらした遅れをいち早く取り戻そうとして過大な生産計画を立てた結果，僅か1年足らずで再び行き詰まった。そこで経済調整に入り，産業間の不均衡，大幅な財政赤字，西側諸国からの輸入した大量のプラントの「消化不良」といった様々な是正が必要となった[22]。

当時，中国は輸入代替工業化による高成長を実現するため，プラント・機械などを大量に輸入すると共に，その輸入のための外貨獲得源を，主として石油輸出に依存してきた。しかし，石油生産の伸び悩み，世界的な原油価格の下落，国際収支の悪化及び中国政府の貿易に対する過大な軽視策などにより，頓挫せざるをえなかった[23]。

この教訓の1つは，石油資源の輸出によるプラント・機械導入の限界を露

呈させ，外資導入体制の構築なしに先進国の設備，先進技術を含めた経営資源の大量導入は不可能であることを強く認識させた。再び中国は経済開発戦略の見直しを余儀なくされた。

(2) 工業化の発展と技術移転の形態変化

外国直接投資は明らかに，発展途上国への技術・経営などの経営資源を移転するための重要な手段である。外国直接投資による投資受入れ国への経済効果は，生産効率の向上，雇用の拡大，貿易の促進など多くの効果が考えられるが，中国のような発展途上国にとって，特に，生産技術と経営管理技術など経営資源をパッケージとして移転する技術移転効果が最も期待されていると言える。バックレー（Buckley）は，技術移転の方法について下記の10種類を挙げている[24]。

①外国側が完全に所有する子会社（全額外国出資子会社）
②ジョイント・ベンチャー（合弁会社）
③外国側が少数株式を保有
④「フェーディング・アウト」契約
⑤ライセンス供与
⑥フランチャイジング
⑦管理契約
⑧「ターンキー・ベンチャー」（完成品受渡し方式合弁事業）
⑨「契約型ジョイント・ベンチャー」
⑩国際下請け

①の外国側が完全に所有する子会社は，技術移転のための対外直接投資の伝統的な方式であり，他の9種類の方式（②〜⑩）は，対外直接投資の新方式或いは，国際産業協力の新方式[25]と呼ばれている。

技術移転の方式で上記の10種類を区別してみると，①〜③の移転方式は対内移転，つまり，同一企業内（多国籍企業から子会社）で技術移転が行われるものであり，⑤〜⑧及び⑩は対外移転，つまり，市場を通じて（独立の主体の間で）技術移転が行われるものである。④「フェーディング・ア

ウト」契約における移転の方式は，最初は対内的であるが，契約の終了時には対外的移転となる。⑨「契約型ジョイント・ベンチャー」は混合型であると言える。したがって，多国籍企業が海外に進出する場合は，対外直接投資（①～③）とライセンス供与（⑤）との間の選択であると考えられる[26]。

一方，小宮（1969）は，経営資源のなかには，技術提携，コンサルタント・サービス，経営契約，トレード・マークの使用契約などの形で，直接そのまま売買されるものもあるが，経営資源がそのままの形で取引されることは比較的稀であると指摘した上で，経営資源に対する収益の多い2つの場合を提示している[27]。つまり，

第1は，経営資源を用いて製品を生産し国内および外国に販売する場合，

第2は，子会社・合弁企業を（国内または海外に）設立し，そこで自社の経営資源の長所を生かした製品を生産・販売する場合であり，上記のいずれかの方法によって，初めて経営資源を獲得することができる，と述べている。

また，UNCTC[28]は，オーマン（Oman）[29]の調査結果を基に，技術移転の実施状況は，産業ごとに大きく異なる，と指摘している。つまり，電子・電機産業を含めた製造業では，対外直接投資が依然として技術移転の重要な方式であり，労働集約的，輸出志向型の産業では，国際下請けが一般的である。電子・電機産業を含めた製造業において技術移転が行われる場合，そのパターンも国によって異なるのである[30]。

実際に，中国の技術移転導入形態を規定する要因として何があるか。丸山（1985）は，中国の技術移転導入形態を規定する要因として，①国際環境の圧力（主として米国の対中政策），②国内政治・イデオロギーからの制約要因，③国際収支上の要因，④国内の技術受容能力（研究開発の水準，機械工業の製造能力を反映する），の4つの要因を挙げている[31]。上記のうち①と②は社会主義国家としての中国に固有な要因であり，③と④は発展途上国にとって共通する要因である。この4つの規定要因の有効性も，政府の政策，経済発展段階によって異なっている。1978年の「対外開放・外資導入政策」以降の技術導入政策は，主として国際収支上の制約と技術受容能力

が主要な要因と見ることができる。即ち，その場合，国際環境と国内政治は2次的要因と見ることができる[32]。一方，「対外開放・外資導入政策」以前の規定要因の方は上述した国際環境と国内政治要因が主であると考えられる。

さて，後発国が先進国にキャッチアップするためには，先進国からの技術移転が必要であり，その移転パターンも国によって異なっていることは既に上述した。その技術移転パターンを台湾，韓国に次いでASEAN諸国の特徴を簡単に考察して見ると，1952～1986年まで，台湾の技術移転の主な形態は外国直接投資（FDI）とライセンス供与（LA）であった。産業別には外国直接投資が多い産業は電子・電機などであり，その製造業における外国直接投資は殆ど技術移転をもたらしたと考えられる。韓国は，1980年まで，ライセンス供与（LA）が重視され，可能な限りライセンス供与（LA）の形態で技術を導入する努力がなされていた。タイやマレーシアなどのASEAN諸国は，韓国，台湾のように民族資本・経営資源が十分に蓄積されないなどの原因で，技術移転の主なチャンネルは外国直接投資（FDI）に依存していた[33]。

キャッチアップのモデルとして，国が財閥を育成する韓国モデルと民間中心に発展しており，中小企業が成長して大企業になる台湾モデルが挙げられるが，しかしこれらのモデルはいずれも時間がかかるし，中国の経済，市場システムには馴染まなかった。そこで，中国は1978年の「対外開放・外資導入政策」の外資系企業を積極的に受け入れる戦略を採用したのである。

外資系企業の受け入れなどの外資導入は「対外開放・外資導入政策」の実施により，技術導入など経営資源の移転を図るものであるが，それ以前の技術・設備導入は，50年代，60年代，70年代の3つの時期によって特徴が異なる。その特徴を金元重（1996）の研究によれば以下のようにまとめることができる[34]。

第1に，50年代は，新中国が建国されたものの，当時は正に東西冷戦の国際環境の下で，経済封鎖による西側からの技術・設備導入の道が途絶えた

段階であり，技術移転は主に借款によるソ連からの機械設備・技術導入が進められたことに特徴づけられる。

　第2に，60年代は，中ソ関係が悪化し，技術移転は借款ではなく一括払い，延べ払い形式の貿易金融によって行われ，日本を始め西側諸国とプラント契約を結び，技術・設備導入が進められた時期である。

　第3に，70年代は，文化大革命の緩和，対外関係の改善など国内・国際環境の変化により，技術移転は再び西側からのプラント導入が活発化した時期であり，その資金源は，主に石油輸出によるものであった。しかし，石油生産の伸び悩み，輸入した大量のプラントの「消化不良」など様々な問題について是正が必要になった。

　そして，これらの打開策として外資導入が選択されたのである。外資系企業の積極的な誘致によって，従来の機械設備などハード面だけではなく，生産システム，企業経営ノウハウなどのソフト面も重視されるようになった。つまり，先進国の優れた生産システム・経営システムなどの経営資源の移転を重点的に導入する対象とするようになったのである。特に，「導入，消化，開発，革新」のスローガンの下で，企業の技術消化能力の向上に力点が置かれたのである。即ち，外資系企業の現地生産において，経営者，技術者，労働者の教育訓練などで技術移転など経営資源の移転の効率化を図ろうとしたのである[35]。

　以上で明らかなように，中国は国際・国内政治環境，国内経済政策など様々な紆余曲折を経て，「対外開放・外資導入政策」の実施に至り，外資系企業の導入は，経済的な立ち遅れを早急に解決するために最もふさわしい政策と考えられたのである。また技術移転パターンの中の直接投資受け入れにより，従来の機械設備，プラント導入だけに依存した技術移転方式から，生産システム・経営システムなど経営資源の移転を模索し始めたのである。次節では，中国の電子・電機産業の発展において，重要な役割を果たしたと思われる日本企業の中国への進出上の特徴及びその経営資源の展開の詳細を考察する。

第3節　日本企業の進出と経営資源展開上の特徴

　第1章で上述したように，ダニング（John H. Dunning）は，企業の対外進出の動機として，①資源志向型，②市場指向型，③効率指向型，④戦略資産指向型，⑤貿易流通型，⑥サポートサービス型の6種類に分類している。これらの動機によって，外資系企業の中国進出を主に「コスト低減型」，「市場参入型」，「資源獲得型」に分けることができるだろう。日本企業の中国進出の動機を見ると，1978年の「改革・開放」実施から1990年代半ばまでは政府，取引先の要請による「合作協力型」と「コスト低減型」が多かったのに対して，1999年からは「市場参入型」が増加傾向にあるのが特徴である[36]。これはなによりも13億人に上る中国の巨大市場の規模と潜在市場の顕在化，販売市場としての期待によるものであると予測できる。次に，日本企業の対中投資の推移，その業種変化及び進出形態の多様化について考察する。

　日本企業による中国への投資ブームは3回あったと言える。「対外開放・外資導入」政策を実施してから，1980年代後半に最初のブームがあって，その後，1990年以降順調に伸びており1993～1995年に2回目のブーム，続いて中国のWTO加盟に伴う一層の規制緩和，市場開放への期待感から2000年からの3回目の投資ブームがあった（表4-5）。

　1978年に中国が「対外開放・外資導入」政策に転換したとはいえ，その後，数年間は中国の投資環境に対する不安感，つまり，インフラや法律などを含めたソフト，ハードの面の未整備のため，日本企業を含め外国企業の対中投資は，必ずしも積極的であったわけではない。その後，中国の外資導入政策の拡充による，対外開放の拡大と外資系企業の受け入れ環境の整備に伴って，緩やかに中国への投資は拡大されたが，1992年1月，鄧小平の南巡講和を契機とする「改革・開放」政策の加速化，社会主義市場経済への移行，高度経済成長の下で，世界の対中直接投資は飛躍的に拡大した。それと同時に日本の対中投資も激増し，1995年にピークを迎えた（表4-5）。そ

第4章 中国の電子・電機産業の発展と日本企業による経営資源移転の動向　99

表4－5　日本の対中投資の推移（1979～2002年）

(単位：件，百万ドル)

年　度	中国 統計 件数	統計 金額	日本 件数	統計 金額
1979～1985	325	1,528	211	287
86	94	283	85	226
87	113	301	101	1,226
88	237	276	171	296
89	294	439	126	438
90	341	457	165	349
91	599	812	246	579
92	1,805	2,172	490	1,070
93	3,488	2,960	700	1,691
94	3,018	4,440	636	2,565
95	2,946	7,592	770	4,592
96	1,742	5,130	365	2,600
97	1,402	3,401	258	2,015
98	1,198	2,749	114	1,041
99	1,167	2,591	78	736
2000	1,614	3,681	105	1,020
2001	2,003	5,352	189	1,658
2002	2,745	5,298	263	1,992

(注)　①中国側の直接投資統計の「契約ベース」と日本側の直接投資統計の「届出ベース」の両者間には大きな差が見られる。これは中国側の統計には，本来，直接投資に含まれない「補償貿易」や「委託加工」などのデータも含まれていることが，理由の1つと考えられる。
　　　②単位ドルは，平均為替レートによる米ドルに換算したもの
出所：中国統計は対外経済貿易合作部の発表による暦年契約ベース。
　　　日本統計は財務省『対外直接投資届出実績』による年度ベース。

の後は自家用設備免税措置廃止[37]などを要因として，減少傾向が続いたが，2000年以降から再び増加傾向に転じた（表4－5）。この時期，日本企業の中国への投資ブームには2つの背景があると考えられる。1つは，2001年中国のWTO加盟による市場の一層開放，経済制度の透明性の増大であり，もう1つは，日本国内の長引く不況の中で，日本企業のグローバル経済への対応，つまり競争の激化，製品の低価格化及びリードタイムの短縮である。

　日本企業の中国への投資の業種では，製造業への投資金額が圧倒的に多く，その中でも，電機産業への投資がかなり大きな比重を占めている（表

4-6, 表4-7)。1979年「対外開放・外資導入」初期に，日本の対中直接投資は，小規模で，製造業部門への投資が少なく，非製造業部門，特に「サービス」業に集中した。当時の日本の製造業企業は，アジアへの直接投資先として，NIEsやASEANを選考したのである。しかし，その反面，1987年度非製造業投資のピークを迎え，電機・機械などの製造業への投資は緩やかに拡大し，90年代に入ってからは飛躍的に多くなった。その製造業への投資割合が最も高かったのは電子・電機産業であった（表4-6，表4-7)。企業別にみると，「改革・開放」初期に積極的に中国市場に進出した企業の多くは，業界では下位メーカーであったが，1990年に入ってからは上位企業の進出も積極的となった[38]。表4-8からも分かるように，日本の電子・電機

表4-6 日本企業の対中進出の業種別推移（件数）

(単位：件)

	1989	1990	1991	1992	1993	1994	1995	1996	1997	1998	1999	2000	2001	累計	シェア(%)
食料	6	8	11	35	39	30	33	22	12	5	4	5	4	214	5.1
繊維	23	40	87	187	247	283	255	112	59	7	3	4	9	1,316	31.1
木材・パルプ	3	3	1	5	20	5	13	5	2	2	-	1	5	65	1.5
化学	11	6	6	18	26	18	33	18	18	14	5	9	14	196	4.6
鉄・非鉄	5	8	11	13	29	38	59	31	18	9	7	8	17	253	6.0
機械	6	6	5	19	46	26	58	29	16	9	4	8	21	253	6.0
電機	14	11	22	34	57	66	94	29	21	11	12	33	50	454	10.7
輸送機	2	2	2	9	20	29	45	14	14	5	8	8	26	184	4.3
その他	15	29	33	61	95	63	85	43	27	17	16	10	19	513	12.1
製造業計	85	113	178	381	579	558	675	303	187	79	59	86	165	3,448	81.5
農・林業	1	4	3	4	6	2	1	-	-	-	-	-	-	21	0.5
漁・水業	3	4	3	5	9	1	3	1	2	-	-	-	-	31	0.7
鉱業	1	7	1	2	-	-	3	2	1	-	-	-	-	17	0.4
建設業	1	1	1	4	5	4	13	3	4	5	1	1	1	44	1.0
商業	7	5	11	18	40	18	18	17	25	4	5	5	11	184	4.3
金融・保険	1	1	1	-	1	-	-	1	-	1	-	-	2	9	0.2
サービス業	18	25	35	38	38	28	25	22	21	9	4	6	7	288	6.8
運輸業	3	1	2	11	11	7	15	6	7	1	3	1	-	68	1.6
不動産業	5	3	6	7	7	9	10	6	9	12	2	2	-	80	1.9
その他	-	-	-	-	-	-	-	-	-	-	-	-	-	-	-
非製造業	40	51	63	117	117	69	88	58	69	32	15	16	21	742	17.5
支店	1	1	5	4	4	9	7	4	2	1	2	-	1	43	1.0
合計	126	165	246	700	700	636	770	365	258	112	76	102	187	4,233	100

出所：財務省ホームページ『業種別対外直接投資実績（アジア—中国）』より作成。

表4-7 日本企業の対中進出の業種別推移（金額）

(単位：億円)

	1989	1990	1991	1992	1993	1994	1995	1996	1997	1998	1999	2000	2001	累計	シェア(%)
食料	18	13	26	37	77	137	137	207	118	105	29	23	13	941	4.2
繊維	15	31	95	155	268	349	455	212	274	47	31	30	42	2,004	8.9
木材・パルプ	2	2	2	4	48	10	68	44	36	10	4	6	27	262	1.2
化学	15	17	15	25	110	106	138	98	161	153	100	66	185	1,189	5.3
鉄・非鉄	8	20	16	38	91	164	347	203	180	94	48	46	163	1,418	6.3
機械	57	74	39	65	264	137	463	319	232	114	44	95	163	2,066	9.1
電機	107	33	167	246	386	516	904	445	518	163	74	357	639	4,554	20.2
輸送機	2	2	12	41	98	233	370	280	122	178	104	99	258	1,798	8.0
その他	52	45	48	226	244	289	485	224	216	163	171	119	100	2,383	10.5
製造業計	276	237	420	838	1,587	1,942	3,368	2,032	1,857	1,027	603	840	1,590		73.6
農・林業	0	2	3	7	5	3	17	0	0	0	0	0	0	37	0.2
漁・水業	7	4	4	16	7	7	10	4	0	0	1	0	0	65	0.3
鉱業	6	29	2	2	0	0	7	6	1	0	0	0	0	53	0.2
建設業	5	11	0	9	7	80	86	67	80	81	2	3	2	433	1.9
商業	12	4	9	31	64	156	249	146	124	44	72	62	116	1,089	4.8
金融・保険	13	4	14	1	12	1	0	22	0	39	0	4	39	149	0.7
サービス業	235	199	255	283	143	215	173	287	179	97	102	167	41	2,376	10.5
運輸業	20	1	2	34	29	23	47	23	33	7	19	5	0	242	1.1
不動産業	11	14	22	85	47	146	261	195	131	45	3	15	11	986	4.4
その他	0	0	0	0	0	0	0	0	0	0	0	0	0	0	0.0
非製造業計	310	270	311	467	315	632	851	749	549	313	198	256	209	5,431	24.0
支店	1	4	56	76	53	109	101	46	32	22	36	3	3	542	2.4
合計	587	511	787	1,381	1,954	2,683	4,319	2,828	2,438	1,363	838	1,099	1,802		100.0

出所：財務省ホームページ『業種別対外直接投資実績（アジア―中国）』より作成。

産業の大手企業は1990年代に入ってから中国に積極的に進出したのである。

それでは，電子・電機産業における日本企業の直接投資による中国への積極的な進出により，その経営資源がどのように展開されているのか。次に本書で特に重要と考えられるこの点について詳しく考察してみたい。

日本の電子・電機産業は，1980年代から合弁により中国における生産を開始した。それから様々な業種で様々な形で中国への生産移転が進んでおり，その生産移転の中心が電機産業である[39]。森谷（2003）はその生産移転の形態について次の4つを挙げている[40]。

102　第Ⅱ部　日本型経営資源の移転の動向と事例分析

表4-8　日本の電子・電機産業の大手企業の対中国進出

日本企業名	現地企業名	事業内容	地点	形態	設立
日立製作所	福建日立電視機㈲	カラーテレビの製造・販売	福建省福州市	合弁	1981年
	深圳賽格彩色顕示器件㈲	カラーテレビ用ブラウン管の製造	広東省深圳市	合弁	1989年
	上海日立電器㈲	家庭用エアコン圧縮機の製造	上海市	合弁	1993年
	上海日立家用電器㈲	家庭用エアコンの製造・販売	上海市	合弁	1994年
	上海日立上菱電化機器㈲	全自動洗濯機の製造・販売	上海市	合弁	1995年
	日立半導体（蘇州）㈲	半導体ICの製造・販売	江蘇省蘇州市	100%	1996年
	深圳日立賽格顕示器㈲	プロジェクション・テレビ用ブラウン管の製造	広東省深圳市	合弁	2001年
	日立（福建）数字媒体㈲	プロジェクション・テレビ他、デジタルメディア製品の設計・製造・販売	福建省福州市	合弁	2001年
	日立家用電器（蕪湖）㈲	家庭用エアコンの製造・販売	安徽省蕪湖市	100%	2001年
松下電器産業	北京・松下彩色顕像管㈲	カラーテレビのブラウン管の製造・販売	北京市	合弁	1987年
	杭州松下家用電器㈲	全自動洗濯機，二槽式洗濯機製造・販売	浙江省杭州市	合弁	1992年
	松下・万宝（広州）圧縮機㈲	エアコン用コンプレッサーの製造・販売	広東省番禺市	合弁	1993年
	広州松下空調器㈲	エアコン用製造・販売	広東省番禺市	合弁	1993年
	上海松下半導体㈲	TV,VTR用IC生産・販売	上海市	合弁	1994年
	杭州松下馬達㈲	洗濯機用，空調機器ファン用モーターの製造・販売	浙江省杭州市	合弁	1994年
	上海松下微波炉㈲	電子レンジの製造・販売	上海市	合弁	1994年
	上海松下半導体㈲	TV,VTR用半導体IC製造・販売	上海市	合弁	1994年
	山東松下映像産業㈲	カラーテレビの生産・販売	山東省済南市	合弁	1995年
	上海松下等離子顕示器㈲	プラズマディスプレイパネルの製造・販売	上海市	合弁	2001年
松下冷機	無錫松下冷機圧縮機㈲	冷蔵庫用コンプレッサーの製造・販売	江蘇省無錫市	合弁	1995年
	無錫松下冷機㈲	家庭用冷凍・冷蔵庫の製造・販売	江蘇省無錫市	合弁	1995年
三洋電機	三洋半導体（蛇口）㈲	半導体ICの製造・販売	広東省深圳市	100%＊	1984年
	瀋陽三洋空調㈲	家庭用エアコンの製造・販売	遼寧省瀋陽市	合弁	1993年
	合肥栄事達三洋電器㈲	全自動洗濯機・電子レンジの製造・販売	安徽省合肥市	合弁	1994年
	東莞華強三洋電子㈲	CTVの製造・販売	広東省東莞市	合弁	1995年
	大連三洋空調機㈲	業務用パッケージエアコンの製造・販売	遼寧省大連市	合弁	1995年

第4章　中国の電子・電機産業の発展と日本企業による経営資源移転の動向　103

シャープ	上海夏普電器㈲	洗濯機，エアコンなど家電品の製造・販売	上海市	合弁	1992年
	南京夏普電子㈲	AV製品の製造・販売	江蘇省南京市	合弁	1996年
東芝	無錫華芝半導体㈲	AV製品の信号処理など用半導体ICの製造	江蘇省無錫市	合弁	1994年
	広東省美芝製冷設備㈲	エアコン用コンプレッサー，モーターの製造・販売	広東省順徳市	合弁	1995年
	広東省美芝電機㈲	エアコン用のロータリーコンプレッサー用モーターの製造・販売	広東省順徳市	合弁	1995年
	大連東芝電視㈲	カラーテレビの製造・販売	遼寧省大連市	合弁	1996年

（注）　＊は他外資企業との合弁，または間接出資。
出所：稲垣清（2002）『中国進出企業地図』pp.172-193 及び現地調査での資料により作成。

　第1は，工場を建設して現地生産するものである。これには，日本を含む海外に輸出するものと，中国の国内市場へ向けて生産するものがある。
　第2に，中国に工場を持つ企業に生産委託をするものがある。つまり，台湾，米国それに国有企業が各種の電機製品の生産を受託することである。これには，「技貿結合・委託加工」などの要素が含んでいる。
　第3に，部品調達である。日本国内での機器の生産，あるいは東南アジアなど日系企業の機器の生産のために必要な部品を中国から調達するものである。
　第4に，中国企業からの製品輸入がある。
　以上のように，日本企業は中国への積極的な進出，及び生産移転など様々なチャンネルを通じて，中国の電子・電機産業への技術移転を含めた経営資源の移転を行ったのである。特に，第1の日本企業による現地生産と第2の生産委託など「技貿結合・委託加工」は中国の「対外開放・外資導入」を実施してから採用した経営資源の移転を行う新しい方式であると同時に，経営資源の移転の最も効果的な方式であった。
　第1の日本企業による現地生産を，表4-9のようにその経営形態から合弁企業と独資企業に分離することができる（両方とも日系企業と呼ぶ）。ここでの合弁企業とは中国と日本が共同に出資し，共同に経営する企業をいい，独資企業とは日本企業による100％出資の場合を指す。合弁企業の工場建設方式については，新規建設・老廠改造（既存企業に対する技術改造）・

104　第Ⅱ部　日本型経営資源の移転の動向と事例分析

表4－9　日本企業における経営資源移転の企業形態と経営資源移転方式[41]

類型	企業形態など			経営資源移転				
	経営形態	経営者	工場建設方式	分類		項目	指導期間	資金調達
Ⅰ	国有・集団所有制企業・民営企業 — 国務院傘下の情報産業部などに所属、あるいは各省・市など地方自治体に直属。また、民間による出資・経営	中国	①新規投資 ②老廠改造	A	プラント導入（伝統方式）	・プラント，生産設備中心 ・生産・製造技術 ・短期研修 ・短期技術指導 ※ハード面の技術移転が中心	試運転が成功するまで	国家投資或は地方自治体投資
				B	技術合作	・生産設備，ライン改造 ・生産・製造技術 ・品質管理手法 ・中間技術指導，研修 ※ハード面の技術移転中心＋若干のソフト面の技術移転	KD加工が終わるまで	企業自己調達
Ⅱ	日系企業 — 日中合弁	中国日本	①新規建設 ②老廠改造（接ぎ木型） ③一廠二制（並存型）	C	現地生産	・一括移転： ・生産設備，ライン改造 ・製造・操業技術 ・品質管理手法 ・長期技術指導，研修生 ・参画意識 QCサークル ・労務，人事管理 ※ハード面・ソフト面・経営ノウハウの一括移転を図る	合弁企業許可期間	中国，日本両方調達
	100％直接投資（独資）	日本	新規建設 買収				独資企業許可期間	日本

出所：郝（1999）『中国の経済発展と日本的生産システム』p.61 及び現地調査での資料により作成。

一廠二制[42]という3つの方式に分けられる。独資企業の場合は，新規建設と買収，つまり，新しい工場を建設することと既存の企業を買収するのが一般的である。日系企業において，その経営資源移転の方式は，表4－9に見るようにC方式を採用しており，現地生産を通じての一括移転を行う方式

である（表4-9）。

　第2の生産委託など「技貿結合・委託加工」は，中国の国有・集団所有制企業と民営企業を通じて行う類型であると考えられる。この類型において，経営資源移転は表4-9のように，A,Bの方式で，Aはプラント輸入による伝統的な技術導入の方式であり，Bは技術合作方式[43]である。

　そして，経営資源移転の内容をみると，A方式はハード面の移転が中心で，例えばプラント・生産設備などがあり，B方式はA方式より現場組織管理，品質管理手法などが増えたものである。C方式は一括移転方式であり，生産システム・経営システムなど競争優位性を持つ日本型経営資源を「適用」と「適応」しながら移植するもので，特にその中には「組織・管理関係」，及び「人事・労務管理」など人的要素の養成方法も含まれている[44]。

　以上のように，日本企業の進出による経営資源移転は中国系企業と日系企業を通して行う。その移転を分類すると，プラント導入，技術合作，現地生産に分けられる。その中で，現地生産を通しての一括移転が経営資源移転の最も望ましい方式であると考えられる。

第4節　日本型経営資源の多様な移転経路

　直接投資による経営資源の移転には大別して2つの異なる移転経路があると考えられる。第1は，「企業内移転」と言われるもので，外資系企業内部で行われる移転である。これは，直接投資により外資系企業の親会社が直接に現地子会社に移転したものである。要するに，親会社から派遣された経営者，技術者などを通して，生産技術だけでなく，生産管理，経営管理などの技術やノウハウを含む経営資源が直接的に移転されることである。第2は，「企業外移転」と言われるもので，外資系企業外部で行う間接的なものである。概要すれば，外資系企業と地場企業との取引関係により，外資系企業の優れた経営資源が企業内部に留まらず，現地企業あるいは社会全体にスピルオーバーすることである[45]。

日本企業は，これまで，機械設備とプラントの輸出，技術ライセンス契約，委託加工による技術合作，直接投資による現地生産などを通して，中国へ生産移転と経営資源移転（技術移転を含む）を行ってきた。直接投資による現地生産の場合，単なる資本の移動ではなく，マニュアル化できない技術やノウハウを含めた製造技術や管理技術など経営資源を一括して移転することが可能である。また様々なチャンネルを通じて投資先の関連産業への波及効果もありうる。さらに，技術貿易や技術取引によって輸出される場合の技術移転は1回限りの実施がほとんどであるのに対して，直接投資を通した経営資源移転は現地生産活動に伴って継続的に行われることが特徴として挙げられる[46]。直接投資を通じてこのような多方面にわたる経営資源を一括して導入することは，製品技術のみならず製造技術・経営管理をも依然として低い水準にある中国にとって，移転の効果は大であると考えられる。

　直接投資による現地生産の点からみると，例えば，浦田・入山（1997）は，外国企業によって海外からの生産効率が高い技術が中国に設立された現地子会社に移転されただけではなく，現地子会社が持つ技術が中国の国内企業へと波及（スピルオーバー）した可能性が高いことを，統計的分析を用いて明らかにしている[47]。浦田・入山（1997）は，直接投資の導入は受入国の生産性の向上，つまり進んだ技術による生産の効率化や優れた経営ノウハウによる資源配分の効率化に重要な影響を与え経済成長を促進する，と指摘した上で直接的な技術移転効果と間接的な技術移転効果を検証した。直接的な技術移転効果については，1994年における中国全体と各地域別における外資系企業と国有企業や集団所有制企業などの国内企業とのTFP（全要素生産性）水準の格差を計測する方法を用いた。その結果，30地域の内，28地域で外資系企業のTFP水準が国有企業より高い（集団企業では，29地域の外資系企業のTFP水準が高い）ことを明らかにしている。要するに，外国企業は直接投資を通して設立された現地子会社へ現地企業が持っている技術よりも高い水準の技術を移転していることが確認されたのである。他方，間接的な技術移転効果においては，国内企業のTFPに関する地域間格差，各地域における外資系企業の貢献度などを用いて実証モデルを構築し，回帰

分析を行った結果，外資系企業の高度な技術や経営ノウハウが国内企業にスピルオーバーしていることが実証された。

次に，宮城（2002）は，経済産業省のアンケート結果[48]の基で（中国における日系企業のアンケート調査），その製造形態において，日系企業の技術水準は必ずしも「日本より低い技術水準」ではないことと，将来的に多くの日系企業が日本と同じ技術水準かそれ以上のものを用いると考えていることを明らかにしている。そして，このことにより，企業内技術移転を促し，従業員や管理者，技術者などの流動性によって，技術がスピルオーバーする可能性が十分あると示唆した[49]。

さらに，直接投資による技術移転効果について，範（2001）は，中国に進出した日系企業における技術移転効果の実態調査[50]を行い，移転される技術を「物的な技術」と「人的な技術」に分類している。そして，日系現地法人企業内における移転は，生産設備に具体化された「物的な技術」に留まらず，生産管理と経営管理技術，技能，ノウハウなどの「人的な技術」の移転も現場教育と日本への研修派遣などを通して積極的に行われていると指摘した。また，中国における現地日系企業内での生産・管理技術の定着度の評価を操作技術，メンテナンス，工程管理，品質管理，在庫管理の項目で調査した結果，工程，品質，在庫管理技術などよりも操作技術の定着度が一番高く，移転が先行していることを明らかにした。全体的に日本本社の工場より生産・管理技術のレベルは低いものの，生産技術の面において同水準である企業も相当あり，場合によっては日本の親会社が使用している技術よりも高い水準にある企業もあるのである[51]。これらの技術，ノウハウは地場企業との取引，技術者などの転職を通じて，同業種企業間で技術拡散が行われていると考えられるものである。

ラグマン（Rugman. A.M.）の多国籍企業を説明する内部化理論では，内部化による取引コストを抑え，利益を増大するため，「輸出⇒技術提携（ライセンシング）⇒現地生産」という企業の技術，ノウハウなど経営資源を海外に移転する発展段階が示されている。

図4-3にも示されているように，輸出を通しては相手国からハード面の

技術移転しか図られないが，技術提携ではハード面の技術移転とそれに関連する技術指導などソフト面の技術移転が多少行われる。そして，現地生産の場合はハード面の技術だけではなく，ソフト面の技術も移転され，製造技術，経営ノウハウなど経営資源が一括に移転される。さらに「企業外移転」，つまりスピルオーバーも予想できる。

上述のように，日本など先進国から中国への技術移転には，機械設備・プラント輸出による技術提携方式，「技貿結合」・「委託加工」による技術合作方式，現地生産など多様な移転経路がある。しかし，直接投資による現地生産を通して経営資源移転が積極的に行われていると思われるが，その効果を数量的に計測することは難しい。中国における日本企業による経営資源移転効果を検証するために，既存の統計データでは経営資源移転の実態を把握することには限界があり，自ら現地企業の実態調査を行って，データや資料を収集し，分析しなければならない。本書の後半部分で，中国における日系企業の実証分析を行い，中国の電子・電機産業の発展と日本型経営資源の移転を現地調査に基づいて明らかにする。

以上のように，機械設備・プラント輸出による技術提携方式，「技貿結

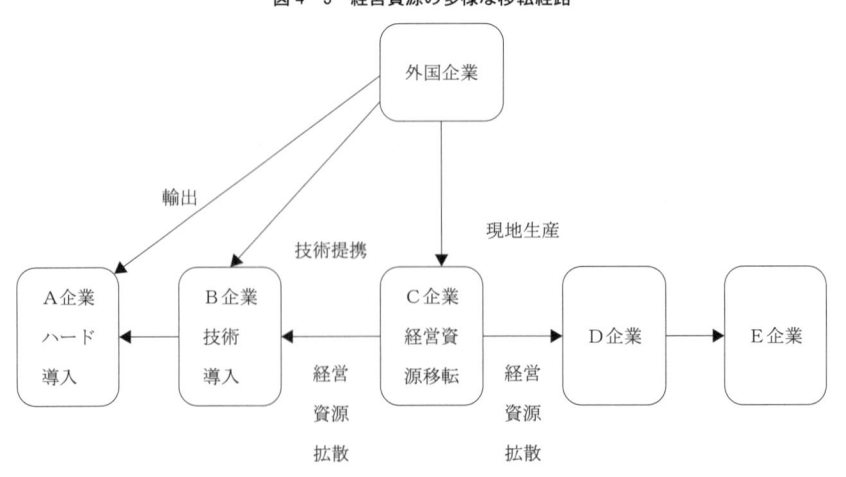

図4-3 経営資源の多様な移転経路

出所：苑（2001）『中国に生きる日米生産システム』p.23などをもとに作成。

合」・「委託加工」による技術合作方式，現地生産など多様な移転経路によってそれぞれの移転内容も異なっていることがわかる。機械設備・プラント輸出では，プラント・生産設備などのハードウェアが移転され，「技貿結合」・「委託加工」では，生産技術や現場管理のノウハウが移転されることになる。そして，現地生産の場合は，ハードウェアの技術だけに留まらず，製造・操業技術，品質管理手法，参画意識，QCサークルなどソフトウェアの技術，さらに経営ノウハウが一括して移転されるのである。

一方，中国における日本からの技術導入の推移をみると，1996年度以降から急増していることが分かる。1989年度には，日本からの技術導入はアジア主要国の中でも一番低く，わずか81億円に過ぎなかったが，1996年度には6倍近い469億円に達している。さらに，2003年度にはアジア主要国中のトップで，1,139億円に増加している（表4-10）。

上述の表4-10から分かるように，中国は日本の主要な技術輸出先の一つになっている。また，投資分野別には，電子・電機産業が大きな割合を占

表4-10　日本のアジア主要国への技術輸出

(単位：億円)

	中国	台湾	シンガポール	韓国	インドネシア	タイ	アジア合計	全地域合計
1989年度	81	163	161	385	109	176	1,289	3,293
1990年度	68	157	185	465	197	246	1,533	3,394
1991年度	78	201	259	465	217	216	1,705	3,706
1992年度	165	217	240	394	131	245	1,664	3,777
1993年度	163	207	248	504	119	325	1,864	4,004
1994年度	173	300	265	531	152	362	2,141	4,621
1995年度	178	441	284	646	216	462	2,807	5,621
1996年度	469	402	408	696	232	513	3,435	7,030
1997年度	436	508	289	460	205	415	2,851	8,316
1998年度	434	503	251	385	159	304	2,513	9,161
1999年度	469	549	180	331	138	354	2,491	9,608
2000年度	525	529	211	399	182	547	2,974	10,579
2001年度	687	483	210	350	228	696	3,424	12,468
2002年度	858	648	176	370	314	652	3,685	13,868
2003年度	1,139	630	166	359	380	826	4,086	15,122

(注) 1996年から新たにソフトウェアが調査対象業種になっている。
出所：総務省統計局統計調査部経済統計課『科学技術研究調査報告』より作成。

めて（表4-6，表4-7参照），上述したようにその導入形態も，中核設備，プラント導入，技術ライセンス，現地生産など多様な経路がある。

次章では，代表的な北京・松下カラーブラウン管有限公司，上海日立家用電器有限公司事例をそれぞれ取り上げ，日本型経営資源がどのような経路や段階で移転され，「適用」と「適応」されているのか，そして経営方針・戦略及び人材育成による現地管理者の養成は移転にどのような影響を与えているのか，また，企業の経営の現地化にどのようにインパクトを与えているかを考察する。

注

1） 中国の電子産業は次のような部門に分けられる。①レーダー製造業，②通信設備製造業，③放送設備製造業，④電子計算機製造業，⑤電子デバイス製造業，⑥日用電子機器等製造業，⑦電子計測機器製造業，⑧電子専用設備製造業，⑨電子器材製造業。詳しくは，陳建平「中国電子産業の発展と展望」座間紘一（2003）『東アジアの生産ネットワーク』ミネルヴァ書房，第10章，p.231-232を参照されたい。

　電機産業において，森谷（2003）は大きく2つに分けている。1つは，情報関連の機器・システムのITに関わるものであり，電子系の電機製品である。もう1つは，いわゆる白物家電が中心で，機械系の電機製品である。（森谷正規（2003）『中国経済　真の実力』文藝春秋，p.21を参照）電子・電機産業において，ある分野には明確な区分がなく，重複される分野もある。本研究で取り上げている電子・電機産業は家電や電子部品などを主に指している。

2） 『当代中国的電子工業』（1987）中国社会科学出版社，p.26。

3） 陳建平（2003）は，中国電子産業の歩みを次のように5つの段階に分けている。つまり，草創期（1949年～1957年），成長期（1958年～1965年），停滞期（1966年～1976年），再生期（1977年～1983年），開放期（1984年～）である。詳しくは，陳建平「中国電子産業の発展と展望」座間紘一・藤原貞雄（2003）『東アジアの生産ネットワーク』ミネルヴァ書房，第10章，pp.233-240を参照されたい。筆者はこれらの分類段階を参考にしながら中国電子・電機産業の発展プロセスを萌芽期（1949年～1957年），生成期（1958年～1965年），挫折期（1966年～1976年），復興期（1977年～1982年），発展期（1983年～1990年），成熟期（1991年～）の6つの段階に分けた。

4） 『当代中国的電子工業』（1987）前掲書，pp.33-34。

5） 『当代中国的電子工業』（1987）前掲書，p.46。

6） 陳建平「中国電子産業の発展と発展と展望」座間紘一（2003）『東アジアの生産ネットワーク』ミネルヴァ書房，第10章，p.235。

7） 『当代中国的電子工業』（1987）前掲書，p.56。

8） 『当代中国的電子工業』（1987）前掲書，p.70。

9） 1972年2月，アメリカのコーニング社が中国のカラーテレビ・ブラウン管生産ライン視察団に蝸牛の形をした記念品を贈ったところ，これを江青は中国を侮辱するものと捉え，対米批判と電子産業が所属する第4機械工業部への攻撃を行ったという。丸山伸郎（1988）『中国の工業化と産業技術進歩』アジア経済研究所，p.99，p.123。

10） 井上隆一郎（1996）『中国の企業と産業』日本経済新聞社，p.235。

11) 郝燕書（1999）『中国の経済発展と日本的生産システム』ミネルヴァ書房，p.51。
12) 1980年12月13日，日立製作所は日本企業として初めて第1号合弁企業—「福建日立テレビ有限公司」を福建省に設立し，経営資源の移転を積極的に図った。筆者のインタビューによれば，2002年10月1日時点で，日立の中国に於ける投資会社は27社に達した。日立は，中国への進出時期が早く，改革開放政策の実施以降，最も積極的に中国に進出した日本企業の1つである。

1979年〜1985年の日本電子・電機企業の中国事業の展開をみると，三洋電機5社，鳥取三洋電機1社，日立工機1社，日立製作所1社，セイコーエプソン1社，合計9社である。詳しくは『海外進出企業総覧'98』週間東洋経済を参照されたい。
13) 陳建平「中国電子産業の発展と展望」座間紘一・藤原貞雄編（2003）『東アジアの生産ネットワーク』ミネルヴァ書房，第10章，p.239。
14) 日本の大手電子企業では，松下電器産業・日立製作所・三洋電機・日本ビクター・東芝・富士通・シャープ・三菱電機・TDK・NEC・SONYなどがあり，アメリカ多国籍企業では，IBM・GE・Intel・Microsoft・AT&T・ベル・モトローラなどがある。これ以外に，ドイツのシーメンス，オランダのフィリップスを始めて数多くの欧州電子大手企業も中国に進出した。郝燕書（2000）「中国電子産業の発展と日本企業の国際化」『経営論集』明治大学経営学研究所，2000年1月，第47巻，第1号，p.38，p.59。
15) 郝燕書（2000）「中国電子産業の発展と日本企業の国際化」『経営論集』明治大学経営学研究所，2000年1月，第47巻，第1号，pp.46-47。
16) その代表的な例として挙げられるのが長城計算機公司とIBMの提携である。長城計算機公司とIBMは1,000万ドルを共同出資して，深圳長城国際情報製品有限公司を設立した。これにより，長城計算機公司はIBMの先進技術を取り入れるなど技術進歩を図った。郝燕書（2000）「中国電子産業の発展と日本企業の国際化」『経営論集』明治大学経営学研究所，2000年1月第47巻，第1号，pp.38-39。
17) 「金字工程」とは，中国電子工業部で提出された国家レベルのプロジェクトである。その内容は金橋，金カード，金関工程，金税，金智，金農，金衛，金企，金宏，金蜂である。詳しくは，郝燕書（2000）「中国電子産業の発展と日本企業の国際化」『経営論集』明治大学経営学研究所，2000年1月，第47巻，第1号，p.59を参照されたい。
18) 郝燕書（2000）「中国電子産業の発展と日本企業の国際化」『経営論集』明治大学経営学研究所，2000年1月，第47巻，第1号，p.37。
19) 「21世紀における対中国投資」横山知央編（2000）『新生紀』慶応義塾大学経済新人会時事経済研究部，p.43。http://jijikeizai.hoops.ne.jp/mita2000/china_body.pdf
20) 1965年に設立された台湾の高雄輸出加工区，1970年に設立された韓国の馬山輸出自由地域は，外国直接投資の積極的な誘致により，輸出振興，雇用拡大，技術向上を図って，高成長を達成した。1970年代以降著しい発展を遂げたNIEsと80年代以降のASEAN4カ国の経済発展において，外資は大きな役割を果たした。韓国の場合，60年代後半までの資本形成の80%，台湾の場合，60年代初期までの国内資本形成の40%前後，を外国資本によって賄われるなど，経済発展初期には大きく外国資本に依存した。南亮進・牧野文夫（2001）『中国経済入門—目覚めた巨龍はどこへ行く—』日本評論社，p.160。
21) 中逵啓示・下野寿子（1996）「八〇年代中国の外資導入政策—中央指導部内における合意形成過程—」『問題と研究』1996年8月，第25巻，第11号，pp.71-72。
22) 谷浦孝郎（1989）『アジアの工業化と直接投資』アジア経済研究所，pp.230-234。
23) 中逵啓示・下野寿子（1996）「八〇年代中国の外資導入政策—中央指導部内における合意形成過程—」『問題と研究』1996年8月，第25巻，第11号，p.72。

24) P. J. Bukley, "*New Forms of International Industrial Co-operations*," in P. J. Buckley and M. Casson, *The Economic Theory of the Multinational Enterprise*, Macmillan, 1985, pp.39-59. エドワード・K.Y. チェン「東アジアにおける対外直接投資と技術移転」小宮隆太郎・山田豊編 (1996)『東アジアの経済発展』東洋経済新報社, 第5章, p.129。
25) C. Oman, *New Forms of International Investment in Developing Countries*, OECD, 1984; C. Oman, ed., *New Forms of International Investment in Developing Countries: The National Perspective*, OECD, 1984.
26) エドワード・K.Y. チェン「東アジアにおける対外直接投資と技術移転」小宮隆太郎／山田豊編 (1996)『東アジアの経済発展』東洋経済新報社, 第5章, pp.129-130, 参照。
27) 小宮隆太郎 (1969)「直接投資と産業政策」新飯田宏・小野旭『日本の産業組織』岩波書店, p.325。
28) UNCTC, *Transnational Corporations and Technology Transfer: Effects and Policy Issues*, United Nations, 1987.
29) C. Oman (1984) 前掲書, 参照。
30) エドワード・K.Y. チェン「東アジアにおける対外直接投資と技術移転」小宮隆太郎／山田豊編 (1996)『東アジアの経済発展』東洋経済新報社, 第5章, p.131。
31) 丸山伸郎「技術導入と技術移転」丸山伸郎編 (1985)『転機に立つ中国経済』アジア経済研究所, pp.95-100。
32) 金元重「対外開放と外資導入政策」法政大学比較経済研究所・松崎義編 (1996)『中国の電子・鉄鋼産業─技術革新と企業改革』財団法人法政大学出版局, 第3章, p.80。
33) トラン・ヴァン・トウ「技術移転と社会的能力─工業化と技術の波及メカニズム」渡辺利夫編 (2001)『アジアの経済的達成』東洋経済新報社, 第5章, pp.114-118, 参照。
34) 金元重「対外開放と外資導入政策」法政大学比較経済研究所, 松崎義編 (1996)『中国の電子・鉄鋼産業─技術革新と企業改革』財団法人法政大学出版局, 第3章, pp.80-81, 参照。
35) 郝燕書 (1999) 前掲書, p.55, 参照。
36) この傾向は韓国系企業, 香港・台湾系企業などアジア企業にも同じだが, 欧米系企業はその地理的関係によって, 以前から「市場参入型」が圧倒的に多い。
37) 外資系企業において, 中国への設備導入は従来の一律非課税であったものを, 特定業種の設備投資のみ免税に改めたこと。
38) 稲垣清 (2002)『中国進出企業地図』蒼社, p.121。
39) 日本経済新聞, 日経産業新聞, 日刊工業新聞の三紙で, 2002年1月～10月まで調べた結果, 事例全体のおよそ三分の一強が電機製品及び部品や素材の生産移転であった。森谷正規 (2003) 前掲書, p.18-19。
40) 森谷正規 (2003) 前掲書, p.17-18。
41) 郝 (1999) は, 中国テレビ産業において, 現地調査によりこの表を作成したのである。筆者の現地調査によると, この表は中国のテレビ産業だけではなく, 電子・電機産業にも適用されることを分かった。
42) 一廠二制というのは, 進出する外国の企業が中国の国有企業と合弁事業を行うとき, その従業員を全部吸収できない場合, 既存の工場の一部分と合弁するやり方である。その場合, 同じ敷地内に2つの性質の異なる工場 (合弁企業と国有企業) が並存することになる。郝燕書 (1999) 前掲書, p.64。
43) 郝 (1999) は, 技術合作方式は, 当該する産業の発展段階において特定の歴史的背景のもとに「技貿結合・委託加工」などの要素を含んでいると指摘している。
44) 郝燕書 (1999) 前掲書, p.61。

45) 範建亭（2001）「直接投資を通じた技術移転―中国に進出した日系企業の実態調査から―」『アジア経済』2001.7, アジア経済研究所, pp.38-39。
46) 範建亭（2001）前掲書, p.37。
47) 浦田秀次郎・入山章栄（1997）「中国への直接投資と技術移転」JCER DISCUSSION PAPER No.49, 社団法人　日本経済研究センター, pp.9-26, 参照。
48) この経済産業省のアンケート調査には, 製造業782社, 電機機械会社187社, 繊維会社125社, 一般機械会社75社, 輸送機械会社74社, 等が対象となっている。詳しくは, 宮城和宏（2002）「日本企業の対中直接投資―技術スピルオーバーと知的財産権問題―」『問題と研究』2002年8月号, 第31巻11号を参照されたい。
49) 宮城和宏（2002）「日本企業の対中直接投資―技術スピルオーバーと知的財産権問題―」『問題と研究』2002年8月号, 第31巻11号, pp.6-10。
50) 実態調査は, 1999年7月に長江デルタ地域に進出した日系機械工業企業460社を対象として行われ, その有効回答企業数は60社となり, 有効回答率は13.0%である。詳しくは, 範建亭（2001）「直接投資を通じた技術移転―中国に進出した日系企業の実態調査から―」『アジア経済』2001.7, アジア経済研究所を参照されたい。
51) 範建亭（2001）「直接投資を通じた技術移転―中国に進出した日系企業の実態調査から―」『アジア経済』2001.7, アジア経済研究所, pp.37-57。

第5章
「北京・松下カラーブラウン管有限公司」
（BMCC）の事例

　中国の首都—北京に立地する北京・松下カラーブラウン管[1]（Beijing・Matsushita Color CRT Co. Ltd. 以下 BMCC と略称する）は，松下グループが中国で最初に設立した合弁企業である。また，会社が稼動されると同時に，日本型経営資源を積極的に導入しはじめ，短期間に良い成果を上げた。1991年「全国合弁企業ベスト10社」，1994年「全国経営能率ベスト500社工業企業」の電子及び通信設備製造業で6位，2001年では「全国品質管理グループ活動優秀企業」に選ばれるなど外資系企業の「モデル会社」として，注目されている。

　このように BMCC の中国での大きな成功事例は松下電器産業（株）（以下松下と略称する）の中国での事業展開の見本として活用されてきた。しかし，1997年から中国市場は激しく変化した。カラーブラウン管は供給が需要に応じ切れない状況から供給が需要を越える状況に変化し，カラーテレビの値下げなどの影響による価格競争が激しく，BMCC も厳しい経営状況に直面した。同じ業界の12社でも BMCC の業績は下位の9番目となり[2]，2001年にはついに赤字決算にならざるをえなくなった。「成長の時代」から「低迷の時代」への変化は国内外の市場と経営環境の変化の中で，BMCCのこれまでの経営方式が激しい競争に適応できなくなったことを意味する。このような環境の中で，BMCC は市場の変化を再認識し，大胆な改革に踏み切った。つまり，組織構造の再構築，人事制度改革，生産構造の調整など一連の改革を行い，1年足らずで再び赤字経営から黒字経営に転換した。

本章では，松下グループにおける最大のブラウン管工場である北京・松下カラーブラウン管有限会社（略称：BMCC）の事例を中心に，その創立，発展を考察し，激しい市場変化の中でどのように日本型経営資源を中国の事情に「適用」と「適応」しながら，経営環境の変化によってその移転内容が変化してきたのか，そして日本型経営資源の移転に際して，経営方針・理念，経営戦略及び人材育成による中間管理者の養成がどのように移転に影響を与えたかを考察する。

第1節　合弁企業設立の経緯と概況

(1) 松下グループの中国における事業展開

松下と中国の関係は古い。松下グループと中国は深い絆で結ばれている。松下グループは1939年から1945年にかけて上海に松下乾電池上海工場を設立した。これは松下グループの海外事業の第1号でもある。乾電池開発は松下企業経営の第1段で，戦後になってオランダのフィリップス社と提携し合弁会社を作り，松下電子工業（株）が設立された。

2002年4月時点で松下グループは中国での現地法人の設立は49社にのぼり（香港を含む，うち製造業41社），投資総額は約8億ドル，生産額は200億元を超えている[3]。松下と新中国の合弁や協力体制は既に25年を過ぎている。相互の関係は当初のプラント輸出を主とする貿易関係から技術提携，技術合作へと発展し，さらに合弁会社を作るという共同経営のパートナーとなっている。

21世紀に入った2001年度激しい競争のなかで，松下は赤字を回避することが出来ず，厳しい状況に置かれていた。2002年4月から6月には，ようやく回復傾向に動きつつある。その原因として，中国事業が松下の経営復活への1つの原動力になったと言われている[4]。

表5-1は，中国と松下グループの関係について取り上げたものである。

松下が中国と本格的に関わるようになったのは1978年からである。当時，中国は「4つの近代化」を実現するため，「改革・開放」政策を始めた。

表 5-1　松下と中国との関係（1978〜2001年）

社会文化事業活動	年度	企業活動	年度	渉外活動
	1978		1978	鄧小平副総理（当時）松下電器産業（株）を訪問
国際交流基金を通して北京大学及び復旦大學にLL設備を贈呈（1.2億円）	1979	技術合作第一号：上海電球工場に白黒ブラウン管ワンセット設備提供	1979	松下電器産業（株）創業者松下幸之助社長最初の中国訪問
	1980	松下電器総合電子技術展北京・上海・広州にサービスセンター設立	1980	松下創業者第二回中国訪問
	1982	上海事務所設立	1982	趙紫陽総理（当時）松下訪問
	1983	広州事務所設立	1983	胡耀邦総書記（当時）松下訪問
	1985		1985	電子工業部江沢民部長（当時）松下訪問 彭真人大委員長（当時）夫婦松下訪問
	1987	合弁第一号：北京・松下カラーブラウン管有限会社	1987	谷井昭雄社長（当時）中国訪問
北京大学，復旦大学にLL設備と放送器材を贈呈（1億円）	1990		1990	
	1992	北京・松下通信設備有限会社など3社公司設立 大連事務所設立	1992	江沢民総書記（当時）松下訪問 万里人大委員長（当時）松下訪問
	1993	松下・万宝（広州）エアコン有限公司など8社公司設立	1993	電子工業部胡啓立部長（当時）松下訪問
北京中国国際ピアノコンサートをサポート	1994	松下電器（中国）有限公司設立 中国華録・松下テープレコーダー有限公司など7社公司設立	1994	朱鎔基副総理（当時）松下訪問 栄毅仁国家副首席（当時）松下訪問
松下会長に「中日友好使者」称号 森下社長に杭州市「栄誉市民」称号 中国平和友好発展基金会に100万ドル寄贈し，「松下育英基金」設立	1995	北京・上海・広州にサービス技術センター設立 松下電器（中国）有限公司　人材育成センター設立 無錫松下冷機有限公司など12社公司設立	1995	松下正治会長（当時）中国訪問 森下洋一社長（当時）中国訪問
森下会長に大連「栄誉市民」称号 上海復旦大学に20万ドル寄贈し，「松下講座」設立	1996	松下電器機電（上海）有限公司設立	1996	中華全国総工会尉健行主席（当時）松下訪問 森下洋一社長（当時）中国訪問 松下正治会長（当時）中国訪問

	1997		1997	李鵬総理（当時）松下訪問
「松下奨学金」設立	1998		1998	遅浩田国防部長（当時）松下訪問
	1999		1999	江沢民総書記（当時）が中国華録・松下電子信息有限公司を視察 全国政治政商会議李瑞環主席（当時）松下を訪問
	2000		2000	李鵬委員長（当時）北京・松下カラーブラウン管有限公司を視察
	2001	上海松下等离子顕示器有限公司設立 松下電器研究開発（中国）有限公司設立	2001	

出所：「松下電器公司介紹」（中国版）パンフレットより作成。

　1978年，鄧小平副総理（当時）は日中平和友好条約締結を記念して訪日し，松下のテレビ工場を訪問した。鄧小平副総理（当時）は松下創業者である松下幸之助社長（当時）と会談を交わし，中国の近代化実現に協力を要請した。このことにより，松下が中国の近代化に貢献するという理念によって仕事をしようという確約が成されたと言われている。表5-1は1978年以後の松下と中国との関係をまとめてある。

　松下は1978年から中国への輸出を開始以来，既に中国に各種製品と部品を輸出した。その一方で，カラーテレビなどのAV家電，冷蔵庫など家庭用電器の生産設備と技術を提供し，これらの関連製品の国産化を促進した。1987年9月，松下は中国で始めての合弁会社であるBMCCを設立した。その後，相次いでエアコン，洗濯機など家庭用電化製品から通信設備，音響，映像，半導体などの生産器材など多くの分野に独資・合弁企業を設立した。2001年5月末まで，松下グループは中国に160件近い技術協力を行い，製造業の合弁・独資企業は39社に達している（表5-2　参照）。中国で松下グループが発展できたのは合弁企業設立の経営方針として下記の6点によると思われる。

　①中国が歓迎する事業に投資すること。
　②中国の国家方針に合致する事業に進出すること。
　③国際競争力を持つ商品を生産すること。
　④技術移転を促進すること。

表5-2 中国における松下の独資・合弁企業

企業名	設立時期	工場所在地
北京・松下カラーブラウン管有限公司	1987.9.8	北京市
北京松下通信設備有限公司	1992.5.30	北京市
北京・松下電子部品有限公司	1993.9.18	北京市
北京松下精密電容有限公司	1995.6.28	北京市
北京長城松下精工エアコン設備有限公司	1995.12.14	北京市
北京松下照明光源有限公司	2001.5.11	北京市
天津松下電子部品有限公司	1995.11.20	天津市
唐山松下産業機器有限公司	1994.8.11	河北省唐山市
瀋陽松下蓄電池有限公司	1994.10.18	遼寧省瀋陽市
中国華録・松下電子信息有限公司	1994.6.1	遼寧省大連市
大連松下通信工業有限公司	1995.6.22	遼寧省大連市
安陽松下炭素有限公司	1995.9.25	河南省安陽市
青島松下電子部品有限公司	1993.12.30	山東省青島市
青島松下電子部品（保税区）有限公司	1997.12.19	山東省青島市
山東松下映像産業有限公司	1995.11.22	山東省済南市
無錫松下冷機有限公司	1995.7.4	江蘇省無錫市
無錫松下冷機圧縮有限公司	1995.12.18	江蘇省無錫市
無錫松下電池有限公司	2001.7.20	江蘇省無錫市
蘇州松下通信工業有限公司	1995.11.24	江蘇省蘇州市
上海松下電池有限公司	1993.10.28	上海市
上海松下電子応用機器有限公司	1994.8.22	上海市
上海松下電子レンジ有限公司	1994.8.22	上海市
上海松下半導体有限公司	1994.11.18	上海市
上海松下等离子顕示器有限公司	2001.1.20	上海市
杭州松下家用電器有限公司	1992.4.1	浙江省杭州市
杭州松下モーター有限公司	1994.11.16	浙江省杭州市
杭州松下燃気具有限公司	1995.12.7	浙江省杭州市
杭州松下台所電器有限公司	1998.3.6	浙江省杭州市
厦門松下音響有限公司	1993.9.20	福建省厦門市
松下・万宝（広州）アイロン有限公司	1992.12.8	広東省番禺市
松下・万宝（広州）エアコン有限公司	1993.6.7	広東省番禺市
松下・万宝（広州）圧縮機有限公司	1993.6.7	広東省番禺市
順徳松下精工有限公司	1993.9.13	広東省順徳市
新会松下産業機器有限公司	1995.7.10	広東省新会市
珠海松下モーター有限公司	1993.5.28	広東省珠海市
珠海松下電池有限公司	1995.12.5	広東省珠海市
珠海九州松下電器有限公司	2001.4.19	広東省珠海市
松下精工香港国際製造有限公司	1982.7.1	香港
香港松下電子部品有限公司	1995.7.1	香港

（注） 2001年5月までの統計。
出所：松下電器産業の会社案内（中国版）及び現地調査の資料により作成。

⑤独立自主経営をすること。
⑥中国現地の企業管理者，技術人材を育成すること。
である。

　表5-2で示すように，松下グループの中国進出地域は沿海地域に集中している多くの日本企業とは違って，北の瀋陽，南の香港，西の安陽，東の青島など，四方に幅広く分布されている。また，中国政府が歓迎している事業に時期ごとに積極的に進出している。さらに進出地域を細かくみると，北京市と北京市周辺に7社，大連を中心とする東北経済圏に3社，青島を中心とする山東省に3社，上海を中心とする華東経済圏に13社で最も多く，広東省を中心とする華南経済圏に9社がある。また，比較的に経済発展が遅れている河北省唐山市と河南省安陽市に各1社，そして香港に2社が設立されている。

　以上のように，松下は中国との深い関わりによって，中国の近代化実現に大きな役割を果たした。同時に松下も中国で飛躍的な発展を遂げることができた。特に，中国で独資・合弁企業を設立する際，その経営方針として技術移転の促進，独立自主経営，中国現地の企業管理者，技術人材の育成にポイントを置いた点はその発展と切り離せない関係にあることが明らかである。

　では，松下がなぜ北京にカラーブラウン管工場を初めの合弁企業として設立したのかBMCC設立の動機を探ってみる。

(2) 合弁第1号BMCC設立の動機

　中国の政府関係者と日本の電子産業企業経営者との密接な関係は1976年の中国電子工業訪日友好代表団の来日に始まる。1978年には鄧小平副総理（当時）が来日し，創業者松下幸之助社長（当時）と「近代化協力要請」を約束し，その後，79年と80年の2回，松下幸之助は中国の電子工場の状況を把握するため訪中し，「日中電子工業連合合弁構想」を発表した。しかし，構想は大きすぎ，中国側ではインフラや法律がまだ整わず，日本側は競争が

激しい業界で一致団結は難しい，などの原因で実施には至らなかったため，松下が単独で合弁を実施するに至った。

この時期，中国の電子・電機産業は発展の初期段階にあった。1981年の当時，電子工業分野の総生産金額は217億元，家電工業分野の総生産金額は15.6億元で，そのうち，テレビの生産数は539万4000台，洗濯機は128万1,000台，家庭用冷蔵庫が5万5,000台，エアコンは1万2,800台などであった[5]。1980年のカラーテレビの生産数はわずか3万2,000台であったが[6]，カラーブラウン管は中国国内では生産されていなかった。

中国は日本企業から製造プラントの輸入と技術導入を積極的に行った。松下グループもプラント，設備，技術文書，研修生の実習などを提供し，カラーテレビ，冷蔵庫，洗濯機，エアコンなど最終製品の製法及び主部品の技術援助，つまり「技術合作」を図った。この技術合作は，始めはうまくいったが，2,3年経つうちに様々な問題が出始めた。その主な問題点としては技術の定着が実現できないことと，経費が予想以上にかかることであった。松下電器は結局自社の資本と経営管理のノウハウを持っていかなくてはならないという結論を出した。そこで，中国の電子工業の近代化に役立つモデル合弁企業を設立することを決意したのである。

当時，中国はカラーテレビのブームになったが，量産化に至らず，品質も安定せず80年までの年間のカラーテレビ生産は僅かに5万台に留まった。その一番の問題はブラウン管の供給不足であった[7]。

松下がカラーブラウン管工場をモデル合弁企業として選択した理由には次のようないくつかの背景を分析することができる[8]。

① 1977年に来日した中国対外貿易部副部長・柴樹藩氏の直接の要請があったこと。

② 当時，中国ではカラーブラウン管に対して1,000万台の需要があったが現地では約100万台の生産しかできず，残り900万台は全て輸入に依存していたこと。1978年に日立製作所と陝西カラーブラウン管工場とのプラント輸入契約の締結があったものの，今後それを超える大きな需要の拡大が見込まれたこと。

③松下のブラウン管技術はフィリップス社からの導入技術であり，マニュアル化されていて，技術移転しやすいこと。
④化学，電気・電子，機械を結集した総合的な先進技術ではあるが，当時の中国の技術水準でも生産出来ないことはないこと。
⑤中国側から見ても輸入代替効果が大きいと思われたこと。
以上の理由でカラーテレビブラウン管が選ばれたのである。

さらに，理想的な工場を設立するには中央機関が集中している首都の北京が最適である。また国家的なプロジェクトであり，両者において「失敗は許されない」，ということで合弁会社の設立が北京に決定されたと言われている。

そして，84年に松下が北京市側との会社設立意向に合意し，87年に北京・松下カラーブラウン管の合弁契約が調印された。さらに松下はこの間にも他の地域・企業に対して白黒ブラウン管のプラント輸出を始めとする多くの技術援助を進めていた。

(3) 合弁企業の発展経路

BMCCは，松下と中国の最初の合弁会社として誕生した。工場は北京市東北部の朝陽区に位置している。当時における総投資額は4億9,000万元（約125億円）であり，その出資比率は松下側が松下電器産業25％，松下電子工業25％，北京側が京東方科技集団株式有限公司25％，中国電子輸出入北京公司10％，中国工商銀行北京信託投資公司と北京ブラウン管工場15％で，松下側と中国側が50％ずつの出資比率を取った。当時カラーブラウン管事業は現在の自動車産業のように基幹産業であったので外資の出資比率に50％の制限がありそれ以上は許可されなかったからである。北京と松下の互恵平等を示すために「北京」と「松下」の間に「・」を入れたと言われている。

1989年7月1日，BMCCが操業を開始した時点では，2つの生産ライン，従業員1,292人，年間181万台のカラーブラウン管を生産する規模であった。1994年には従業員2,600人，資本金約200億円，年生産台数283万台に

それぞれ増加した。そして，2003年2月時点には，7つの生産ライン，従業員は5,100人で，資本金は284億円に，年生産台数は500万台にまで拡大した。

次に，生産ラインの増設，製造技術の発展，経営状況の3つの側面からその発展経路を探ってみる。

①生産ラインの増設

BMCCの生産ラインは市場の需要により段階的に拡大してきた。第Ⅰ期計画である1988年末の第1ライン（年産81万本の21インチFS型カラーブラウン管）と1990年末の第2生産ライン[9]【年産100万本（14インチ換算）の14インチ普通型と19インチFS型カラーブラウン管兼用】の実現から第Ⅱ期拡大計画を実施し，19インチFS型（年産40.5万本）と29インチSF（画王）（年産29.5万本）のカラーブラウン管兼用生産の第3生産ライン[10]と，年産100万本のFS型21インチカラーブラウン管（Conventional, 直径29.1mm）の第4ラインを増設した。2004年時点ではⅢ期まで拡大し，第5生産ライン（1998年5月稼動）と第6生産ライン（2000年11月稼動）を増設した。第5生産ラインは年間生産能力120万台でディスプレイ管29インチSFを生産し，第6生産ラインは年間生産能力60万台でカラーブラウン管34インチPFとSF，29インチPF1とPFなど4種類を生産している。そして2002年9月には第Ⅱ期にPRTラインを稼動させた（表5-3，表5-4参照）。

このようにBMCCは市場の急激な変化に伴って第Ⅰ期計画から2004年時点には第Ⅲ期まで拡大し，生産ラインも設立当初2つからPRTライン及び6つの生産ラインまで増設された。製品種類も製品の多様化，個性化などを求めている製品の品種の変化が激しい中国市場の需要の多様性に「適応」するため，3つの単一種類から10種類以上の多種類を生産するようになった。2004年時点，BMCCが生産しているブラウン管の種類は14インチから34インチまで多種多様である。その製品は中国の国内のTCL，康佳，長虹，海爾，海信に販売されるほか，一部は日本，フィリピン，マレーシア，メキシコ，ブラジル，アメリカの松下グループに輸出されている。BMCCの生産

能力は 550 万本で，ライバルメーカーの 8 社の総生産能力 4,500 万本と比較すると，全体の 1 割強である（表 5-5 参照）。

表 5-3　BMCC の製品品種及び生産能力

品名	種類	年産能力	生産開始
カラーブラウン管	21 インチ FS	81 万	1989.7
カラーブラウン管	14 インチ	100 万	1990.5
カラーブラウン管	19 インチ FS	兼用生産	1990.5
カラーブラウン管	29 インチ SF	70 万	1993.7
ディスプレイ管	14 インチ	兼用生産	1994.5
カラーブラウン管	21 インチ PF1	140 万	1995.12
ディスプレイ管	29 インチ SF	120 万	1998.5
カラーブラウン管	29 インチ PF1,PF	兼用生産	1999.12
カラーブラウン管	34 インチ PF,SF	兼用生産	2000.9

出所：社内インタビューなどにより作成。

表 5-4　BMCC の主な歩み

年　月	主　要　内　容
1987 年 5 月	合弁契約サイン
1987 年 9 月	合弁企業正式成立
1989 年 7 月	第 1 生産ライン導入
1990 年 5 月	第 2 生産ライン導入
1990 年 8 月	21 型 FS，19 型 FS，14 型カラーブラウン管アメリカ UL，カナダ CSA，ドイツ VDE イギリス BSI の安全標準に合格
1990 年 9 月	14 型カラーブラウン管初めて輸出
1993 年 7 月	第 3 生産ライン導入
1994 年 5 月	14 型ディスプレイ導入
1994 年 8 月	ISO9002 品質システム標準認証獲得
1994 年 12 月	累積生産数 1000 万台に到達
1995 年 12 月	第 4 生産ライン導入
1996 年 12 月	ISO14001 環境管理システム認証を獲得
1998 年 5 月	第 5 生産ライン導入
1999 年 12 月	29 型 PF 生産開始
2000 年 3 月	21 型 PF 生産開始
2000 年 9 月	34 型 PF 生産開始

出所：会社資料による。

表5-5 中国のブラウン管生産状況(企業別)

(単位:万本, %)

企業名	1999年 本数	1999年 占有率	2000年 本数	2000年 占有率	2001年 本数	2001年 占有率
彩虹電子(中国系)	724	21.0	665	18.4	707	19.1
BMCC(日系)	463	13.4	505	14.0	591	15.9
上海永新(中国系)	430	12.5	425	11.8	488	13.2
南京華飛(欧州系)	402	11.7	410	11.4	359	9.7
賽格日立(日系)	296	8.6	330	9.2	342	9.2
広東東莞(中国系)	360	10.4	360	10.0	261	7.0
長沙LG(韓国系)	332	9.6	390	10.8	385	10.4
三星電管(韓国系)	344	10.0	340	9.4	427	11.5
その他	98	2.8	180	5.0	149	4.0
合計	3,449	100.0	3,605	100.0	3,709	100.0

出所:天野倫文・範建亭(2003)「日中家電産業発展のダイナミズム(下)—国際分業の展開と競争優位の変化—」『経営論集』第60号, 2003年3月, p.105。

②製造技術の進歩

　製造技術面においても,BMCCは着実に進歩を続けた。松下として初めての合弁企業であるBMCCは,最初はほとんどの設備を日本から導入しただけではなく,製造技術,技術仕様書,作業指導書なども松下電子工業から導入したのである。その中には中国で初めて生産するもの(例えば,21インチFS型カラーブラウン管,14インチカラーディスプレイ管)もあれば,中国で唯一生産するものも(1995年,29インチSF型カラーブラウン管)あった。設備,技術の採用,選択は技術の吸収能力及び労働力の熟練度を前提とすることはいうまでもない。中国の現状に合わせBMCCも最初は1980年代初期の技術であるFS型カラーブラウン管の導入から次第に1990年代の29インチSFカラーブラウン管に,そして2003年時点では新しい商品—スペシャルカラーブラウン管を研究開発中であるなど,段階的に技術を導入してきた。

　生産ラインの製造技術も,生産の必要に応じて最初は日本の松下電子工業から自動化率の低い,手作業を中心とする生産設備を導入することを選択した。その後,技術吸収能力,労働者の熟練度が高まり,自動化率が高いラ

インを徐々に導入するようになった。つまり，生産ラインをみると，手作業が多い生産方式⇒半自動化生産方式⇒自動化生産方式のプロセスを経て進歩したのである。例えば，最初に建設された第 1，第 2 生産ラインは 1970 年代以前の技術で，手作業を中心とする肉体労働であり，スクリーン工程で従業員は重いパネルを持って歩かなければならない。そして，第 3 生産ラインは，1970 年代の先端技術であるコンピュータ・コントロールと 80 年代のロボット技術などを導入して手作業が多い生産方式から半自動化生産方式を実現し，スクリーン工程の作業労働力が大きく軽減された。さらに第 4 生産ラインは中国国内で最も先進的なカラーブラウン管の製造ラインとして自動化が進み，スクリーン工程で前よりロボット 4 台，自動移載機 16 台，マスク脱着機 4 台を増加した [11]。

第Ⅲ期に建設された第 5 生産ラインと第 6 生産ラインは比較的重くて大きい 29 インチ，34 インチの SF，PF を生産するため，材料が重く，手作業では不可能な部分があった。このような部分は自動移動機，ロボット技術，コンピュータ・コントロールの導入で自動化を進めてきた。第 5 生産ラインと第 6 生産ラインの工程を見ると，上工程（1 － 3 工程）は完全に日本と同じ製造技術を導入しているが，仕上げ工程では自動化があまり進んでない。何故，仕上げ工程は自動化があまり進んでいないのか。製造部部長は次のように述べている [12]。

「一番大きな理由はコストの問題である。日本では生産工程でほとんどロボットを利用するが，中国では若い人達がやる。中国は広大な地域を後ろ盾にして，豊富かつ安く良質な労働力をほぼ無制限に供給できるという有利な条件を持つ。このような若い労働力にはパワー，器用さがあり，回転が速く，優秀な人が多い。これは中国の生産優位性の 1 つである。現在，中国市場も「価格戦争」という時代に入り，各企業はコスト削減に必死である。ロボットなどの先端の自動設備は費用が高く，それを導入するとコスト面では中国での価格競争に勝てない。すべて自動化設備を導入すると機械が動きにくく，メンテナンスに時間と費用もかかる。中国では，すべて自動化設備を導入するより，安くて優秀な労働力を利用した方がいい。」

2004年6月に筆者が行った製造部部長とのインタビューからもBMCCは製造技術面で日本の製造技術を中国の事情に合わせて効果的に「適用」させたことが読み取れた。手作業が難しい，効率が悪い一部設備を自動化し，中国の豊富かつ安価で良質な労働力を積極的に利用しながら，そのメリットを享受しているのである。つまり，進出先の環境を活かした生産体制を採っている。BMCCでは中国の変化が激しい市場で，厳しい価格競争に対応するために日本の先進的な製造技術を中国にそのまま持ち込むのではなく，安価な労働力をできる限り最大限に利用してコストを削減するなど中国の事情に合わせながら「適応」と「適用」としていることが分かる。

③経営状況

BMCCは1987年に設立され，短期間内に良い成果をあげ，「中国電子ベスト100社」，「中日経済技術合作モデル企業」として認知されている。更に「全国合弁企業ベスト10社」に2回も選ばれるなど，商品の構成及び技術レベルは国内の同業界の先頭に立った。その商品も供給が需要に応じ切れない状況であった。1987年から1996まではBMCCにとって最も輝かしい時代であった。しかし，1997年からの多くの企業のテレビ産業への参入，無秩序な低価格販売競争，多量の在庫など中国市場の急激な変化によりカラーテレビ及びブラウン管の市場は低迷期を迎え，さらに供給が需要を超える供給過剰期となり，CRT産業も「高利益時代」から「低利益時代」に突入したのである。

BMCCはこのような市場環境の変化，価格競争に速やかに対応できず，1997年から業績は下り坂となり，2001年にはついに赤字決算を避けることが出来なかった。

BMCCのこのような厳しい経営状況は一体どこに原因があるのか。それは外部，内部の2つの側面がもたらしたものと考えられる。

まず，外的要因では，次の2点が主な原因と考えられる。

第1に，市場の激しい変化により，カラーテレビ及びブラウン管の供給不足の時代から供給過剰の時代に転換したこと。

第2に，カラーテレビ及びCRT（Cathode Ray Tube）業界では過剰在庫

を抱え，過大なる価格競争が繰り広げられたこと。

更に，内的要因の原因として，まず，急激な市場及びカラーテレビ産業の変化にBMCCの経営戦略が速やかに対応できていなかったこと，また，CRT（Cathode Ray Tube）価格の値下げに伴って，BMCCの購入材料価格の値下げが追いつかなかったこと，等である。特に，コストの中で材料費が占める比率は董事会で設定した目標—68%（2001年）を大きく上回って80%以上を占めている事が示された[13]。

1987〜1996年の「成長の時代」，1997〜2000年の「低迷の時代」，そして2001年の「赤字の発生」，このような深刻な経営状況の中で，BMCCは市場の変化を再認識し，市場の競争に対応するための一連の大胆な改革に踏み切った。つまり，創業時から2000年まではBMCCの事業が一段落を終える「第1次創業時代」，そして2000年からは「新しい創業時代で，BMCCが新しいものを創造する」という「第2次創業時代」に入ったということができるのである。

「第2次創業時代」では，「第1次創業時代」の豊富な経験と優良な伝統を受け継いで，市場と顧客の需要に速やかに対応し，生産・製造構造の調整，会社の内部改革，購入材料価格の合理化などを積極的に行った。具体的には，幹部及び従業員の積極性やインセンティブを引き出すための幹部任期制の導入，後述する班長，係長の内部応募と年俸制の導入，さらに中国の生活レベルの向上に伴う29インチ，34インチの大画面テレビの需要の高まりに応じた製品・製造構造の調整，そして顧客満足度を保つため，市場の価格変動に基づく「低価格」の積極的な提供を行ったことである。

2000年まで，BMCCは顧客の希望価格が「コスト＋一定の利潤」より下回る場合は，一切そのオーダーを受注しなかったが，激しい価格競争の中で，顧客を保つために，2001年からBMCCは「主導的に攻める戦略」を採っている。「主導的に攻める戦略」とは，主導的に「低価格」を提供し，場合によっては顧客が希望する価格よりも最大限会社のコストを抑えながらさらに低価格を提供することである[14]。

2000〜2001年は，一連の改革の転換期で，BMCCにとって最も厳しい時

期でもあった。このような中国市場の急激な変化はBMCCの1987年設立当初，誰も予測できなかったことである。当初，TV・CRT産業は国の基幹産業で，外資導入の奨励産業でもあり，商品の供給が需要に応じ切れない状況の下で技術移転を中心として，「生産すれば売れる」，「生産を確保すれば高利潤が出る」という時代であった。しかし，その後，十年足らずの間に中国は世界の「生産工場」になり，国際型企業が相次いで誕生した。中国市場の急激な変化により，「生産すれば売れる」，「生産を確保すれば高利潤が出る」という時代は既に終わり，品質を確保しながら顧客のニーズに合わせ，さらに激しい価格競争に対応しなければならない状況となっていたのである。このような厳しい経営環境の下で，BMCCは優れた松下型経営資源を受け継ぎながらこのような変化の激しい中国市場に対応するために大胆な改革に踏み切ったことは適切な措置であり，不可欠な措置でもあったと思われる。

　表5-6はBMCCの2001～2003年の経営実績である。この表からも分かるように2001年のBMCCは赤字5,800万元という赤字経営状況に陥っている。しかし，全従業員の努力と一連の改革の結果，2002年には利益1億8,600万元となり赤字経営から黒字経営へと一転して脱却出来たのである。2003年の経営実績を見ると，生産量888万本，販売額39億2,000万元，利益2億7,000万元，年間1人当たり利益額は5万2,700元に達している。このような結果はBMCCの一連の改革が「適切」であったことを証明すると同時に，日本型経営資源を中国の事情，激しい中国市場の変化に速やかに「適応」させる必要性を示唆している。

表5-6　BMCCの2001～2003年の経営実績

項目 年次	生産量（万本）	販売額（億人民元）	利益（億人民元）
2001	571	27.3	-0.58
2002	782	37.2	1.86
2003	888	39.2	2.70

出所：社内インタビューにより作成。

第2節 「標準化」・「合理化」の管理システム

(1) 経営システムと現場システムのあり方

BMCCは1987年に設立され,既に17年余りの歳月を経た。この間,BMCCは紆余曲折を経ながらも着実な発展を遂げてきた。なぜ,BMCCは様々な困難を乗り越え着実な発展が実現できたのか。その理由の1つは「日本型経営資源」,特に「松下式経営資源」[15]の積極的な導入を経営戦略の一つにしながら更に中国の事情,市場の変化に「適用」と「適応」させたことにあると考えられる。本節では,まず,経営,生産現場における日本型経営資源の「適用」と「適応」の実態を分析しながら具体的に考察を進めていきたい。

①経営理念

経営理念は「経営と労働の仕組み」つまり経営システムを作ったり動かしたりする際の基本的な考え方である。BMCCはほとんどの国有企業が持たない経営理念を松下から導入し,またそれを中国の実情に合わせて「適応」させたのである。定期的に全従業員の合同朝礼会を行い,経営理念を全従業員に浸透させている。BMCCは松下の経営理念をモデルとして「人事方針」にポイントを置き,「人の育成」「綱領」「信条」「十カ条精神（Ten spirits）」の一部を松下から取り入れたのである。「人事方針」とも言われるBMCCの経営理念は5つの部分に分けられ,その内容は次のようである[16]。

第1に,取り上げられるのは「人の育成」である。人の育成は人事方針の基本であり,「事業の成敗は人による」のように企業の成功の鍵は人材にかかっているとするものである。

第2として,「綱領と信条」で,BMCCは松下のものをそのまま取り入れている。第3は,目標と「十カ条精神」である。その目標は「BMCCの全従業員は誠心誠意一致してCRT事業の国際競争に挑戦しよう」である。つまり,この意味は技術,経営面で国際競争力を持つことを目標として努力する

ことである。国際競争力としては国内の技術優位からさらに国際社会に進出できることである。このような経営目標はBMCCの技術導入の指導方針からも伺うことができる。BMCCは最初の製品から現在まで，国内の技術の優位性を形成するため，中国にない新技術を導入し，優れた技術力を持つ企業を目指して常に努力してきたのである。松下の7つの精神[17]に比べてBMCCは十カ条精神としたのである。それは「工業報国，実事求是，改革発展，友好合作，光明正大，団結一致，力闘向上，礼節謙譲，自覚守紀，服務奉献」である。つまり，これは「工業立国，事実尊重，改革発展，友好協力，光明正大，一致団結，努力向上，礼節謙譲，規紀遵守，サービス奉仕」のことである。1つの樹木に例えると，「十カ条精神」は樹木の根であり，「綱領」は幹であり，「BMCCの事業」は枝葉である。BMCCの事業は，「十カ条精神」を経営根本にしている。そして，第4は「従業員の福祉の向上」であり，第5は「組織，責任，権限，チームワーク」である。

　特に，第1の「人の育成」は松下の経営理念で人材の重要性を強調したものであると同時に，日本型経営資源の特徴の1つである「人的資源に大きく依存する」ことを充分反映している。

　さらに，それは松下グループの中国での合弁企業設立の経営方針の1つである「中国現地の企業経営者，技術人材を育成する」ことと完全に合致している。一方，十カ条精神の「実事求是」（事実尊重）は中国でもよく使われているスローガンで物事の真相を事実から求めること，「友好合作」（友好協力）とは，BMCCが中日友好合作の結晶であることを示し，中国と日本では文化，習慣などの風土と社会システムの違いがあるにもかかわらずこれを乗り越えてお互いに理解し，尊重し，協力すること，などを現状に合わせて取り入れたものである。4番目の「従業員の福祉の向上」は社会主義である中国で「従業員は企業の主人公」として国有企業で維持され続けた企業の伝統を考慮したもので，5番目の「責任，権限，チームワーク」は国有企業の問題点と指摘されている責任感の希薄化，権限の曖昧さに対応し，さらに個人主義が強い中国人に対してチームワークの必要性を強調したものと推測できる。

②経営方針

　企業は目的を達成するために，経営方針が決定され，その達成手段として経営戦略が策定される。経営方針は企業における1年間の経営指針であり，翌年度の経営の思想基礎でもある。経営方針は全従業員の積極性を引き出し，1年の企業の方向を明確にしながら全従業員の思考と行動を統一させる。BMCCは松下と同じように年に1回経営方針が公表される。毎年の経営方針の公表はまず社歌を歌い，そして会社の目標及び「十カ条精神」の朗読から始まる。これは松下とまったく同じやり方を踏襲するものである。

　2000〜2001年はBMCCの転換期であり，最も苦しい時期でもあった。「第1次創業」が一段落を終えた2000年の経営方針は「継承創業志，再鋳新輝煌」であった。つまり，「創業の志を受け継いで，再び輝かしい時代を築く」ということである。そして価格競争が激しい市場の中で，顧客を保つための必要性から2001年には「全員努力し，顧客からの選択の首位に立つ」という経営方針を打ち出した。これは，商品力の強化—新（新商品が支柱になる），性能，品質の強化—優（顧客が立派さを感じる），原価力の強化—廉（最低コストを追求する），サービスの強化—喜（顧客を喜ばせる），活力を構築する—強（強固なシステムを構築する）の5つの部分から構成されている。カラーブラウン管業界は生産ラインの数で販売収入を決める時代は既に終わり，顧客が販売収入を決める時代となっている。そのため，顧客からは首位に選ばれなければならない。顧客から首位に選ばれるためには，顧客のニーズに合わせ，商品の品質，構造，性能を強化し，商品のコストを下げることが大切である。このような背景を基に，BMCCの2001年の経営方針が打ち出されたのである。

　2001年は，中国国内CPT（color picture tube）在庫の過剰と価格の低下，LCD（Liquid Crystal Display）価格の暴落，CMT（Cathode Moniter Tube）販売低迷などにより，CRT（Cathode Ray Tube）業界は最も厳しい年であった。このような環境の下で，BMCCも創業以来最も厳しい経営状況に陥ったのである。「必ず競争に勝ち抜く」という強い信念の基で，「第2次創業」の3年目である2002年のBMCCの経営方針は2001年の経営方針を基

に,「首位で顧客に選ばれることを必ず実現する」としたのである。これは,顧客との信頼関係を高めることの必要性を意識したものであり,市場の変化に応じて,顧客の需要を満たすことを最優先としていることが読み取れる。

2003年,2004年の経営方針の内容は同じで「エクセレントカンパニーへ超越する」である。2002年の赤字経営から黒字経営への転換は,BMCC「第2次創業」の大きな第一歩であり,BMCCに自信を戻させた。そして「優秀な企業」から「エクセレントカンパニー」への目標を固めたのである。2003年のマクロ的経営方針から2004年には具体的に目に見える「ACTION88V」という8部門でそれぞれ8項目の目標を定めた。

8項目とは,① 安全第一(火災,SARS,休日災害ゼロの挑戦),② 総合返品率1000PPMに挑戦,③ 販売金額40億元突破に挑戦,④ コスト競争力をベースに技術差別化戦略を再構築する,⑤ 次世代幹部育成のための選抜・訓練体系を実施,⑥「人正品真」の理念に基づき,「BMCC人」のブランドを確立する,⑦ 目に見える透明な活動を継続推進し,環境保護,6S活動も一層の推進を図る,⑧ 新ラインの低コスト,短期立ち上げを実践する,である。

この8項目で各部門は市場変化に応じて,自己の明確な目標を持って,エクセレントカンパニーに向けて前進していることが伺える。

③経営組織

BMCCの経営組織は図5-1のように董事会(日本の取締役会に相当する。中国側3人,日本側3人),総経理(日本の社長に相当),副総経理の管理層の基に,8部門となっている。董事会は最高意思決定権を持っており,董事長(日本の会長に相当),総経理,副総経理を任命する。董事長は中国側(政府が派遣する),総経理は日本側となっている。BMCCでは班長,係長を監督職,科長,部長を経営幹部,副総経理,総経理をトップ・マネジャーと位置付けている。そして職務区分は部長―科長―係長―班長―作業員(リーダーとメンバー)という組織管理体制を採っている。

一方,中国の事情,市場の変化に応じて,BMCCは2002年から「内部応

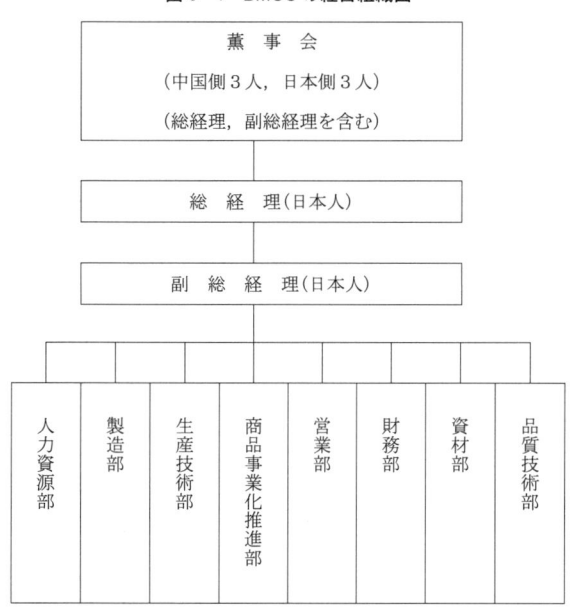

図 5-1　BMCC の経営組織図

```
				董　事　会
		（中国側3人，日本側3人）
		（総経理，副総経理を含む）
				│
			総　経　理（日本人）
				│
			副　総　経　理（日本人）
				│
┌──────┬──────┬──────┬──────┬──────┬──────┬──────┐
人力   製造   生産   商品   営業   財務   資材   品質
資源   部    技術   事業   部    部    部    技術
部          部    化推                        部
                進部
```

出所：BMCC の会社資料により作成。

募」という新しい選抜システムを導入した。つまり，2002年以前は，班長，係長は科長が推薦して，部長が審査し，副総経理が認可するシステムであったが，2004年時点では個人が自由に申し込み，筆記試験と各部門の部長，副総経理，総経理の面接を受け，その結果から任命するシステムを取り入れた（後述する）のである。このような「内部応募」選抜システムはBMCCが松下グループで最初に導入したシステムだと言われている[18]。

中国の合弁企業では所有権と経営権の分離が実現され，明確に「董事会による企業戦略的決定権」と「総経理をはじめとする経営陣による日常的な経営決定権」と分かれ，取締役会の指導の基で総経理責任制が実行されていると言われている[19]。BMCC も同様である。総経理が全ての責任を負っている。BMCC は松下の事業部の経営組織をモデルとして 8 つの部門[20] を設けている。しかし，BMCC の「事業部制度」は松下の特徴的な「事業部制度」ではなく，「職能部門別」管理組織，「ライン・スタッフ」管理組織であ

る[21]。

　設立当初，総経理と全ての部長は日本人で，長期滞在の日本人が8人，短期滞在の日本人も数多く滞在した。一連の改革，そして現地化推進の一環として2002年からは8部門の内，製造部，財務部を除いて6部門の部長は中国人に任せ，日本人は副部長に留まっている。これは現地人材の育成に力を入れている証明であり，経営理念である「人の育成」の実現である。BMCCが現地化を推進していることの表れでもある（この点については，後述する）。

　一方，財務部は日本人が部長を担当している。これはBMCCの合弁契約書によるものである。BMCCの合弁契約書には財務部の部長は日本人であると定められている。つまり，契約書の変更がない限り財務部の部長は日本人であることを意味している。製造部の部長も日本人である。これは次のような理由によるものと説明されている[22]。

　上述のように，BMCCの生産現場はⅠ期，Ⅱ期，Ⅲ期の3つの部門に分けられ，その管理範囲は広く，製造，品質面でも高い技術知識，ノウハウが必要とされる。現実において，1人の中国人部長では相当ハードな仕事である。このような背景で長い経験を持つ日本人部長が製造部の部長を現在まで担当しているのである。

　④現場システム

　ここでは，主に現場組織の編成，係長，班長及び職場環境について考察する。

　(i) 現場組織の編成

　BMCCには6つのCRT（Cathode Ray Tube）ラインと1つのPRT（Projection Ray Tube）ラインがある。各ラインの現場組織の編成は，生産ライン導入当時，松下電子工場をモデルとして作られた。後に現地状況に合わせて若干修正されたものである。現場組織の編成方法は基本的には松下の組織そのものを受け継いでいる（図5-2参照）。

　職場組織は【部→科→作業係→班】となって，4つの階層が存在する。これに応じて，職務区分は【部長→科長→係長→班長→作業員】に分けられ，

第5章 「北京・松下カラーブラウン管有限公司」(BMCC) の事例　135

図5-2　BMCC の製造部の組織図

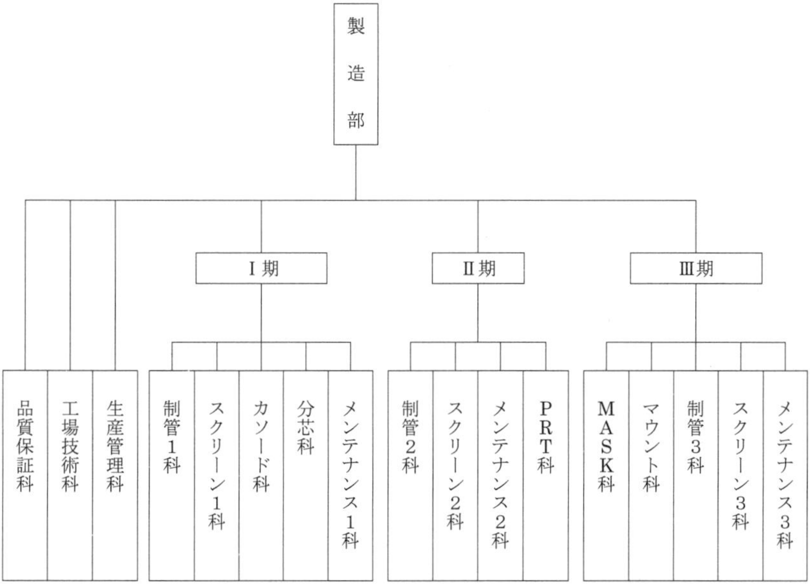

```
                          製造部
          ┌────────────────┼────────────────┐
         Ⅰ期              Ⅱ期              Ⅲ期
```

Ⅰ期	Ⅱ期	Ⅲ期
品質保証科／工場技術科／生産管理科／制管1科／スクリーン1科／カソード科／分芯科／メンテナンス1科	制管2科／スクリーン2科／メンテナンス2科／PRT科	MASK科／マウント科／制管3科／スクリーン3科／メンテナンス3科

出所：社内資料により筆者作成。

表5-7　BMCC 製造部の職務とその内容，特徴

職務	仕事の内容と責任	現場での作業	年齢	昇進システム	特徴・役割
部長	全工場の製造管理，運営	なし		日本から派遣	工場の製造最高責任者
副部長	製造部を1期，2期，3期に分け，3人が担当。各製造部門の管理，運営	なし	50歳前後（1人）40歳前後（2人）	内部昇進	各製造部門の最高責任者
科長	生産現場の製造管理運営に責任を負う。工場の管理層と現場の間の仲介役	なし	37～38歳（一般）	内部昇進	工場の中間管理者
係長	現場の一括管理（例えば，現場の生産，労務，操業，改善，考課など）	あり	34～35歳（一般）	内部応募	現場の最高責任者
班長	現場の労務，生産，教育訓練の組織者	あり	25～30歳（一般）	内部応募	ある工程の最高責任者
作業員	リーダー：メンバーの指導，日常業務 メンバー：日常業務	あり	18～24歳（一般）		生産の実施者

出所：社内インタビューなどにより作成。

作業員にはリーダーとメンバーという組織管理体制となっている。各職務の仕事，昇進ルート，役割は表5-7の通りである。表5-7に示すように生産現場に直接関わる従業員は係長，班長，作業員である。科長，副部長はすべて内部から昇進している。内部昇進は日本型経営資源の1つの特徴とも言われている。BMCCも積極的に内部昇進の方法を取り入れている。長時間の現場の生産技術，ノウハウを経験・習得し，組織能力などが認められると，企業内部で昇進するのである。

表5-8はBMCCの各部門の人員配置統計表である。この表からも分るように生産現場を離れた科長以上の管理職，事務職は，同工場従業員全体の1％強である。製造部の人員をみると，生産現場に直接配置されている人員が4,110名，さらに監督人員350名及び工程管理員，リーダーが606名で，生産現場に配属されている人員は合計5,066名で（全従業員数5,127名）ある。つまり，BMCCのほとんどの従業員は現場に配属されている。

BMCCの製造部には17科があり，その末端に生産工程がある。生産工程にはいくつかの班から構成され，各班には班長，指導員であるリーダー，及

表5-8 BMCC各部門人員配置統計表

部門	直接人員 男	直接人員 女	直接人員 合計	間接人員 男	間接人員 女	間接人員 合計	監督人員 男	監督人員 女	監督人員 合計	科長	係長	班長	工程管理員	リーダー	部門合計
製造部	3,348	762	4,110	263	31	294	350	0	350	17	83	260	140	473	4,746
生産技術部	0	0	0	89	6	95	19	0	19	3	5	4	1	0	114
営業部	0	0	0	16	5	21	6	1	7	3	0	0	0	0	28
資材部	0	0	0	20	14	34	8	0	8	3	0	0	1	0	42
計財部	0	0	0	6	7	13	2	1	3	2	0	0	0	0	15
品質部	0	0	0	28	8	36	6	0	6	3	5	0	0	0	42
商品化部	0	0	0	22	9	31	3	1	4	2	2	0	0	0	34
人力資源部	0	0	0	35	18	53	11	0	11	3	0	0	0	0	64
経営企画室	0	0	0	0	9	9	0	2	2	1	0	0	0	0	11
工会	0	0	0	2	2	4	2	1	3	1	1	0	0	0	7
安全管理センター	0	0	0	7	0	7	3	0	3	0	0	0	0	0	10
発展計画弁公室	0	0	0	0	0	0	1	0	1	1	0	0	0	0	1
高級管理職	0	0	0	0	0	0	13	0	13	0	0	0	0	0	13
合計	3,348	762	4,110	488	109	597	424	6	430	39	96	264	142	473	5,127

出所：社内資料による。

びそのメンバーが配置されている。班長の役割は主に生産と人員の2つの方面から管理を行う。リーダーは班長の助手として班長の仕事を協力する役割を果たし，違う現場に1人づつ配置されている。リーダーの選抜は班長が推薦して科長が決める。大きな班の場合，40名程度から成り，班内にはいくつかの工序グループがある。通常，1つの工序グループには10～20名が所属する。

(ⅱ) 係長と班長

係長は生産現場の最高責任者であり，現場の生産・労務・技術・考課などの一括管理者でもある。1人の係長の下には何人かの班長がいる（図5-3参照）。班長はある工程の最高責任者であり，作業班は組織の末端にある最小単位で「第一次集団」とも言われる。生産と保全の業務は作業班に組織され，計画設定等の任務は作業班を単位として割当てられる。係長や班長は生産現場の監督者であり，生産を正常に行う末端の責任者でもある。BMCCの係長に対する要求や班長の使命と基本任務については以下のとおりである。

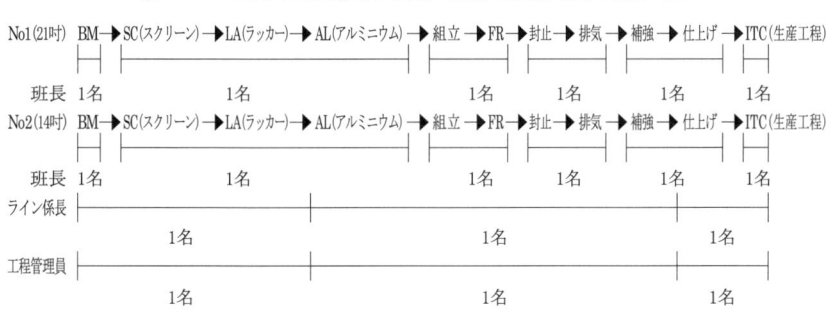

図5-3 BMCCの生産現場の班長，係長，工程管理員の配置（例）

No1(21吋)	BM	SC(スクリーン)	LA(ラッカー)	AL(アルミニウム)	組立	FR	封止	排気	補強	仕上げ	ITC(生産工程)
班長	1名	1名			1名	1名		1名			1名
No2(14吋)	BM	SC(スクリーン)	LA(ラッカー)	AL(アルミニウム)	組立	FR	封止	排気	補強	仕上げ	ITC(生産工程)
班長	1名	1名			1名	1名		1名			1名
ライン係長		1名				1名			1名		
工程管理員		1名				1名			1名		

（注）生産現場の組織によって係長の配置が多少異なる。平均で12名の班長に3名の係長が配置される。
出所：社内インタビューにより筆者作成。

まず，第一線の最高責任者である係長について考察する。係長とは「主管業務の専門家として，組織の目標を実現するため，作業員と協力して業務を

推進する人」である。係長と言えば，習慣的に生産現場の監督者として部下を命令して仕事を進むというイメージが強い。しかし，市場の変化，技術革新の早さにより，まず係長に求められるのは主管業務に関する専門家としての能力である。BMCCは係長に対して次の5つを責務として求めている。

①幹部としての責任者として認識し，組織の目標を実現するため努力する。

係長は生産現場の最高責任者である。これは係長として会社を代表し，本部門を代表する責任者としての自覚を持つことを求めている。この責任感は本部門の仕事の成績及び効率を高めるため最大限の努力を払うことで表される。さらに係長は，会社の方針や組織動向及び目前の会社の課題などを把握する必要がある。

②専門家能力を発揮し，仕事を推進する。

③問題意識を持ち，問題解決に努める。経営環境が急激に変化している現在，上司の指示や情報に頼らず，速やかに自ら顧客の動向，新技術開発と競争相手企業の動向を把握しなければならない。

④部下の積極性を引き出す。

⑤部下の能力を育成する。

つまり，準科長の立場であり，第一線の最高責任者である係長に対して，BMCCは上記のような生産技術と経営の両面から意欲ある対応を求めている。製造部長によると，BMCCの係長は生産技術と経営ノウハウについて50対50というバランスで仕事を推進する必要があると指摘した。

生産技術とは，専門技術知識，技術経験等を指している。経営ノウハウにおいては，仕事の調節，経営知識，つまり人間関係と人材育成等が含まれている。要するに，係長は主管業務の専門家であると共に，人的要素にも重点を置かなければならないのである。

次に，作業班の監督者であり，作業者でもある班長について説明する。

作業班は企業が生産経営活動を組織する基本単位であり，企業活動の源泉である。また，作業班は企業末端の行政管理組織で，製造部，係の構成部分で，従業員が生産活動に従事し，経営に参画する重要な場所でもある。企業

の全ての生産活動は作業班が行い，企業の絶対部分の資源は作業班が保管，使用し，企業の製品は作業班によって生産されている。従って，作業班の仕事の効率は直接企業経営の成敗を決定し，作業班に活気があることによって，企業全体の活気も上昇し，激しい市場競争の中で勝つことができるのである。このような作業班のまとめ役が班長の主な仕事である。

図5-4　BMCCの班長の使命

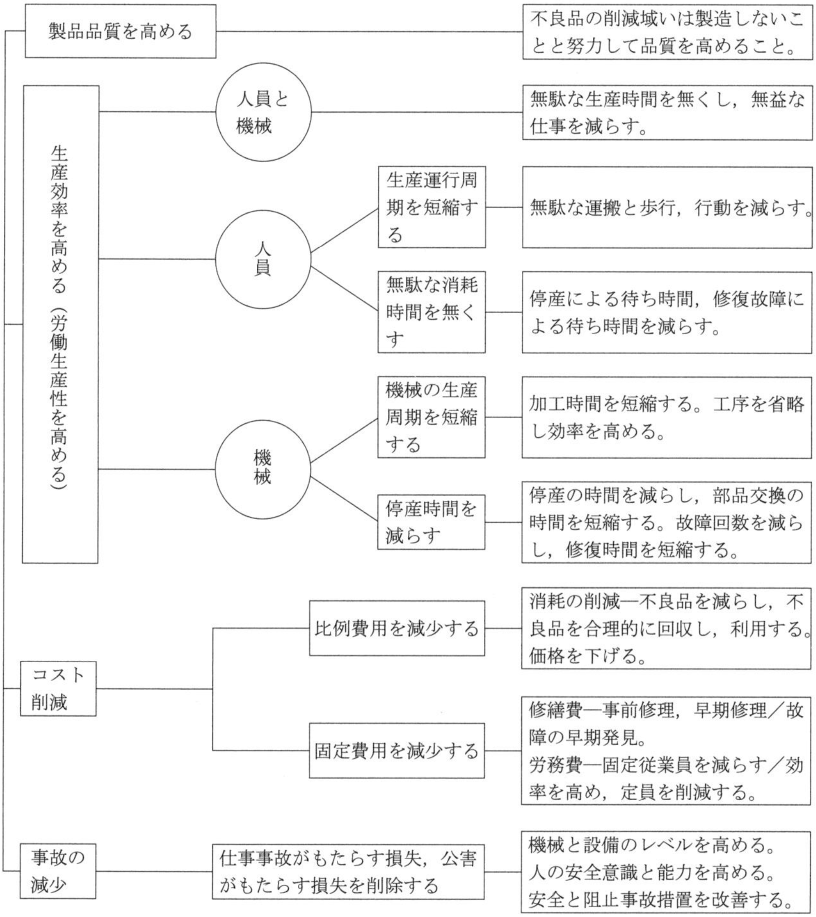

大分類	中分類	小分類	内容
	製品品質を高める		不良品の削減域いは製造しないことと努力して品質を高めること。
生産効率を高める（労働生産性を高める）	人員と機械		無駄な生産時間を無くし，無益な仕事を減らす。
	人員	生産運行周期を短縮する	無駄な運搬と歩行，行動を減らす。
		無駄な消耗時間を無くす	停産による待ち時間，修復故障による待ち時間を減らす。
	機械	機械の生産周期を短縮する	加工時間を短縮する。工程を省略し効率を高める。
		停産時間を減らす	停産の時間を減らし，部品交換の時間を短縮する。故障回数を減らし，修復時間を短縮する。
コスト削減		比例費用を減少する	消耗の削減—不良品を減らし，不良品を合理的に回収し，利用する。価格を下げる。
		固定費用を減少する	修繕費—事前修理，早期修理／故障の早期発見。労務費—固定従業員を減らす／効率を高め，定員を削減する。
事故の減少		仕事事故がもたらす損失，公害がもたらす損失を削除する	機械と設備のレベルを高める。人の安全意識と能力を高める。安全と阻止事故措置を改善する。

出所：社内資料による。

次に，BMCC の班長の使命，役割と権限について考察する。

作業班の管理は班の責任者である班長が生産作業指標（数量，品質，納期，コスト，安全作業方法，仕事態度）に基づき，仕事及び作業員を管理，監督することで班内の作業が進められる。さらに，班長は上司に対して責任を負うだけではなく，自分の部下に対しても責任を負うことが求められている。つまり，班長は生産現場で自ら作業員と接触し，作業員の苦情，願望，意見を一番よく理解し，関連する諸問題を速やかに上司に相談して解決する等，経営者と作業員の「パイプ」の役割を果たすことが求められている。

図 5-4 で示すように，BMCC の班長の任務は主に次の 4 つの面からなっている。

①製品の品質の向上に務めること。つまり，不良品の削減に努めること，或いは不良品を出さないことである。
②生産効率を高めること。ここでは人員と機械の両側面が含まれており，この両側面から労働生産性を高めることである。
③コストの削減。
④事故を阻止する為の措置，である。

BMCC の班長の役割，権限は，主に仕事の流れによる指揮監督，労務管理，生産管理の 3 点である。

まず，仕事の流れによる指揮監督から見ると，次のような内容が挙げられる。

①既定の方針，計画と標準に従って，人力，物力を利用して各種作業の準備を行い，正常な作業の実施を保証する。
②予定計画に従って，監督，コントロール，指導と調整を行う。
③上司，部下，同僚の間でコミュニケーションを促進する。
④製品品質の向上のため，生産現場で実際に操作訓練を行う。
⑤生産現場を整理，整頓し，「良い職場環境」を醸成し，安全な生産現場環境を保証する。
⑥積極的に提案を申請するよう部下を激励する。

次に労務管理においては，作業管理と安全管理の 2 点が行われる。

作業管理について，第1に設備運営状況，出勤人数によって，仕事内容を調節する。それに加えて，生産日程計画と作業員の熟練度を考慮しながら，作業配分を決定する。第2に人事考課と作業統計を行う。人事考課は，作業規律，作業態度，作業技能，作業貢献の4点を含む。人事考課は毎日行い，月末査定と年末査定の結果は奨励金制度に組み込まれている。

企業の事故事例分析によると[23]，90％以上の事故は班内で発生している。そして，その80％以上の事故は規則違反による管理，作業などの人為的な原因によるものである。安全管理をみると，その内容は，

①生産現場の安全責任制度の健全化を樹立し，作業員に自ら各自の安全責任と任務を明確にさせ，班長は生産現場の安全第一責任者の任務を担う。

②「一班三検」制度を取り入れ，班前，班中，班後，つまり，各班は仕事を始める前，仕事の途中，仕事が終わった後の安全検査を徹底して行う。

③班内の安全教育を強化する。特に新入社員の安全教育に力を入れる。

第3に，生産管理とは主に生産管理と品質管理の2点からなる。まず前者の生産管理とは，班長は生産日程計画に沿って，担当する班で必要な部品，資材の手配を行い，製品の納期を把握する。さらに，作業技術標準通り作業するかを監督し，作業中に発生した問題点などを係長などの上司に報告する。後者の品質管理には次の3つの内容が含まれている。① 班内の品質管理とは，班内での製品の生産，加工，保管，運輸などの全過程で，プロセスごとの品質管理を計画，組織，協調，コントロール，検査と監督を行うことである。市場と顧客の需要を満たし，良品を生産するため，班長は品質検査を強化し，班内作業員の品質意識を向上させる責任がある。班内に品質管理責任制を構築し，製品品質の管理を中心として，全過程の各プロセスの職能，及び班内作業員の品質管理，品質保証と品質コントロールの任務を定め，責任と権利を系統化，明瞭化した上で，定期的に考課を行う。② 班内の品質管理では，全面品質管理の基本プロセスであるPDCA（Plan.Do.Check.Action）循環を実施する。③ 班内の品質管理においては，品質管理活動（QC）グループ活動を展開する。

上記のように，班長は担当する班の「まとめ役」として生産知識，現場実務業務にポイントが置かれている。BMCC の班長の生産と管理上の割合はおよそ 80 対 20 である。班長の 1 日の仕事日程を見ると，2 時間程度の日報集計以外に，主に作業が生産計画通り進んでいるかどうかなど生産管理に費やされている。その他に，ブラウン管製造工程の安全の必要性，現場の安全責任者として，安全を第一とすることに力を入れている。これは中国企業における幅が狭い機能，限られた権限を持っている作業長とはかなり異なっている。中国企業では，基本的に工程管理，職務配置，生産現場の改善活動等は主管部門である技術管理部門が担当しており，作業長はごく一部の操業管理と作業員と規律維持，出勤状況の把握等の労務管理に力を入れている。

(ⅲ) 職務環境

松下の「ものを作る前に人を育てる」の理念の下で，BMCC は社員の教育訓練に力を入れている。集中的に仕事に取り組み，さらに効率と品質を確保するためには「良い生産環境作り」が必要である。「良い生産環境がなければ国際競争力を持つ世界一流の良い製品は造れない。環境がよければ従業員の労働意欲が高まる」のように工場の整理，整頓，清掃，清潔に力点を置き，職場の規律を向上させることは日本型経営資源を移転する上で最も重要なノウハウである[24]。

BMCC は創立以来「良い生産環境作り」を重視してきた。BMCC で「6 S」活動を本格的に実施したのは 1994 年 4 月頃である。当時，BMCC の第 2 代目の副総経理（中国人）が松下電子工業の宇都宮市清原工場を訪問し，そのクリーンな生産環境に深い印象を受けたのがきっかけとなった。BMCC の「6 S」とは「整理，整頓，清掃，清潔，躾，習慣」である。中国語では「躾」という漢字がないので，中国語の漢字にあてはめる「修養」と訳された。日本企業の「5 S」に比べると，BMCC では「6 S」である。つまり，日本企業に比べると「習慣」という内容が 1 つ加えられたのである。BMCC はこのような「6 S」活動でも日本方式をそのまま持ち込まず，中国の事情に合わせて「適応」させたのである。当時，大部分の中国国有企業では「整理，整頓」という習慣がなく，「良い生産環境作り」という意識が希薄で

あった．部品，製品，そして作業員の私物が生産現場のあちこちに置かれていることをよく見かける．このような状況下で，「良い生産環境作り」という習慣を身に付ける必要から「習慣」を取り入れたものと考えられる．

「6S」の目的と効果は次の3点に要約できる．

第1に，安全，クリーンな環境作りに有利である．

第2に，効率，品質のアップ，コストの削減，故障の減少に有効である．

第3に，班長の先頭で，生産現場の全員が参加し，作業員一人一人のモチベーションを引き出し，仕事の効率をさらにアップさせる．

BMCCの各部門は「6S」の内容を広く宣伝し，積極的に促進した．

例えば，1994年4月頃，BMCCがISO-9000認証を取得した際，この「6S」活動の展開がISO-9000認証の準備作業に大きく寄与したのである[25]．

興味深いのは「100日6S活動」というキャンペーンを行ったことである[26]．

その実施期間は1995年9月21日から12月31日までであり，総経理をはじめとする全従業員が参加した．会社は総経理をはじめとする「6S推進委員会」，各部門は各部門内の「6S推進委員会」の臨時組織体制を作り，その実施を2段階に分けて行った．

まず，第1段階の宣伝段階では，社内報に「6S」の詳細な内容と達成目標，キャンペーンの全体計画と具体的な要求を説明し，各部門の責任者がそれを部下に伝達，教育する．

第2段階は実施段階で，社内だけではなく社宅まで「6S」活動を展開する．

このように「6S」活動はBMCCの生産現場の環境，事務室，社宅などあらゆる側面で広く展開され，大きな成果をあげている．

2003年，経営環境，従業員の意識等の変化によって，ブラウン管製造工場としての安全（Safety）の必要性からBMCCの「6S」の内容も「整理，整頓，清掃，清潔，躾，習慣」から「整理，整頓，清掃，清潔，躾，安全」に変化した．つまり，習慣の代わりに安全を取り入れたのである．整理，整頓

及び清掃も,より快適で効率的かつ安全なる生産環境を作るためである。

BMCCの綱領には「社会に貢献する」という内容がある。その内容とは,「人々に幸福を与える」と解釈できる。安全は,従業員家族の幸福のために重要な保証を意味する。さらに安全は,社会安定の土台であり,企業発展の基盤でもある。作業事故の発生は,当事者とその家族に不幸を与えるだけでなく,社会に経済的損失をもたらし,会社のイメージにも影響する。「安全でない職場」は「良い職場環境」とは言えない。

BMCCは「安全第一」という理念の基で,「企業安全文化」を構築し,新人に対して3段階の安全教育を徹底的に行っている。3段階の安全教育とは,工場レベルの教育,現場における車間安全教育,班内安全教育である。そして,安全試験に合格できない場合,現場での仕事が厳しく禁止されている。

2000年,日本松下清原工場で発生した重大事故の教訓からBMCCは「安全大検査」と「安全月」キャンペーンを積極的に行い,作業員には3つの仕事中に触れた不安全要素を提出することを働きかけた。「安全月」キャンペーンについては,2001年5月に行われた「第11回安全月」キャンペーン[27]を取り上げながら説明する。

「第11回安全月」キャンペーンのテーマは「安全規則制度を実行に移し,安全防備措置を強化する。事故発生原因を探し,予防に力を入れる。職業安全衛生管理システム実施を加速化し,システムを会社の経営管理の中に取り入れる。」である。その内容は研修,宣伝,その他の3つの部分から構成されている。

まず,研修においては,監督者に対する研修と一般従業員に対する研修がある。生産現場の第1監督者である班長,係長には専門的な研修―「職業安全衛生管理システム講座」を開講し,生産現場と連携し事故発生原因の識別等具体的な研修を行う。研修後には班長,係長は自分が担当する部門の事故発生可能な原因を分析し,その対策を講じる等現場の管理監督者としての識別能力を高めている。安全管理は班長,係長の責任範囲における重要な仕事の1つである。「安全月」キャンペーン期間中,全工場の360名の班長,係

長の内，研修に参加した人数は356名で，その内，実際の研修現場出席率は83％に達している。他方，790名の一般従業員に対しては工場レベルの研修を行い，研修合格カードを発給した。

次に，宣伝においては，全従業員に安全教育を受けさせるため，製造部各科は積極的に宣伝教育を行い，生産現場のⅠ期，Ⅱ期，Ⅲ期の通路の両側に「安全」というテーマの宣伝欄，各科も科内の「安全宣伝」掲示版を作った。技術安全部門では3回の安全展覧会を行い，宣伝に使ったスローガンは80枚以上，写真と絵は150枚以上に上っている。このような宣伝活動を通じて従業員は，安全生産の認識，規則に沿って生産を行う自覚などを一層高めるようになったのである。

更に，製造部科長レベルでは定期的に会議を開き，発生事故と不安全要素を分析し，事故の再発生を防ぐこと，班長，係長は毎日「3－3」安全パトロールを堅持すること，現場の「6S」活動をさらに展開すること，等を確認している。

総じて，BMCCの「安全大検査」，「安全月」キャンペーンは従業員に安全意識を高めることに重点をおいていることは間違いない。このような「安全月」キャンペーンを通じて，従業員は安全の重要性を意識すると同時に，安全管理システムの理解と認識を高めた。さらに，監督者である班長，係長の事故発生原因の識別能力を向上させ，「安全で良い職場作り」に大きな役割を果たすようになった。

一方，BMCCでは2002年からBMCC独特の「腕章反省」制度を取り入れた。「腕章反省」制度とは，生産現場で事故が発生した時は「赤腕章」，事故が発生していなかった時は「黄腕章」を付けることである。詳述すれば，事故が発生した時は，事故発生日から1カ月，事故発生所属部門の監督者，責任者である班長，係長，科長，副部長，部長が「赤腕章」を付けることである。しかし，事故を起こした当事者には「赤腕章」を付けさせない。

筆者が2004年6月23日に，BMCCを訪れた時，製造部部長は「赤腕章」を付けていた。製造部部長の話によると2週間前，作業員1人が軽い人為的な事故を起こしたということであった。この事故は監督責任を持つ班長が充

分防止できた事故である。部長との会話や部長の表情からも事故に対する深い反省を読み取ることができる。このことからも部長だけでなく，上司である班長，係長，科長，副部長の深い反省の意識が伝えられているような感じがする。

このBMCC独特の「腕章制度」は，主に3つの意味を持っている。
① 目印になる。BMCCには360名の班長，係長がいる。360名の顔を全て覚えることは容易ではない。「腕章」を付けることにより，上司が班長，係長を一目で認識することができる。そして現場で何か発生した時，何か指示を出したい時，速やかに直接伝えることができる。
② 意識と自覚を持たせる。監督者，上司として責任を自覚させ，如何なる部下の間違いも上司である自分の責任であることを意識させ，責任感を持たせる。
③ 間接的に事故当事者の反省をもたらす。事故当事者は自分の間違い，原因で上司に「赤腕章」を付けさせたことで申し訳ない気持ちを持ち，反省することになる。

このような安全重視は「6S」活動の具体的な実現で，「良い職場環境作り」の重要な部分でもある。「現場主義」は日本型経営資源の1特徴だと言える。「6S」活動はその「現場主義」の前提条件でもある。国有企業でも「安全第一」というスローガンがよく掲げられている。しかし，ほとんどの国有企業はスローガンに留まり，具体的な対策は欠けている。しかも，BMCCのように上司の責任を自覚させるような「腕章反省」制度は想像することができない。日本企業では上司が部下の責任を負うのが一般的である。「腕章反省」制度は中国人の責任感の希薄化に対応する等中国の事情に適応しながら，日本企業の責任感制度を学んで一層進めたものである。

(2) 標準化管理

従業員が勝手に自分の判断や都合で作業を行うことを規制するために，また，高品質を維持するために，BMCCは松下電子工業の貴重な経験である「4つの技術文書」を導入し，中国の生産条件（水，空気，湿度）に合わせ

ながら徹底した規則を実施した。

　「4つの技術文書」とは「基本仕様書」,「製造仕様書」,「検査仕様書」,「操作仕様書」である。管理者から現場の作業員に至る全員に対して「4つの技術文書」を学び,厳格に遵守するよう求めたのである。「カラーブラウン管の精度要求は厳しく,迅速に生産現場状況を知るため,毎時間管理を行う。製造部の各係は時間毎に共同事務室の黒板に生産進度と主要不良発生数量を書く。そのほか,各係は毎日,所属科,製造部に人員時間表を報告する」[28]。このような標準化管理は会社に定着し,製品の「国産化」や技術者の養成に対しても大きな役割を果たしている。

　「4つの技術文書」以外に,BMCCは松下から「事業計画」制度も導入した[29]。

　「事業計画」の内容とは,経営状況,市場調査,分析によって,1年の生産日数,生産能力,人数,設備の潜在力などを設定し,「事業計画」の3つの基礎構成要因である生産計画,販売計画,在庫計画を設定する。その上に,年度末最後の1カ月を利用して,各部門は具体的な計画を作成し,次年度の「事業計画」にまとめるものである。BMCCの「事業計画」はかなり詳細である。各部門,各科,各係,作業班までの各組織単位で各自の年度計画を設定し,従業員個人も自分の目標を設定する。そして,予算計画も節約,合理化,進歩の原則によって必要な支出金額が算出され,各部門に分けられる。最後に会社の経営会議で採択される。特別な事情がない限り,決定された「事業計画」は修正できない。どうしても修正が必要な場合は,係,科,部と,各部長の審査,許可を経て,総経理が最終的に判断する。「事業計画」の執行状況を検査するため,各部は毎月「決算検討会」を開き,進展状況,問題点,経営管理の目標の実現状況などを確認する。

　他方,管理の効率化を高め,コミュニケーションをスムーズに行うため,BMCCは国有企業のような課別に別個の事務所を置くことをせず,日本企業の「大部屋制」を導入した。部長,中間管理者,事務員は5つの大きな事務所で仕事を行なっている。生産現場と直接関わりがある製造部,生産技術部,品質技術部,商品事業化推進部は2階にあり,製造部と品質技術部

表 5 - 9　BMCC の各部門職務分掌図

部門別	科別	職務内容	人数
人力資源開発部	人力資源科 総務科 研修企画科	人材採用，人材育成 人事移動，賃金，労務，福利関係など	計 64 名
生産技術部	生産技術科 原動科 設備施設保全科など	新設備の改造，組立 水，電，気，エアコンの管理，保全 固定資産，部品管理設備の輸入	計 114 名
資材部	購買科 購買企画科 材料検収科	部品・材料購入，保管 検査など	計 42 名
品質技術部	標準化管理科 品質検査分析科 CS 技術科 華南 CS センター	製品品質管理，安全規格検査，部品検査，技術指導	計 42 名
営業部		営業販売，輸出	計 28 名
財務部		決算，経理全面管理	計 15 名
商品事業化推進部		商品企画，商品の宣伝など	計 34 名
製造部		製品生産	計 4,746 名

出所：社内資料により作成。

が 1 つの部屋，生産技術部，商品事業化推進部がそれぞれ 1 つの部屋である。生産現場と間接的に関わる部門は 1 階と 3 階に配置され，人力資源部と安全管理センターが 1 つの部屋に，そして財務部，営業部，資材部が 1 階の 1 つの部屋を占めている。各部門別の職務内容と人数は表 5 - 9 の通りである。

　このように，BMCC は問題が生じた場合，情報の伝達をいち早く，効率よく解決できるような体制を取っているのである。これは国有企業の各部門間の交流が少なく，情報の伝達が滞りがちである体制と全く異なっている。

　また，BMCC では管理員，事務員及び全作業員は会社のユニフォームを着用し名札を付け企業社員として会社の一体感を高めている。名札には会社名，名前，部門，マンナンバー（Man Number）が記入されている。これは松下のものをそのまま導入したものである。

(3) 品質管理と提案制度の導入

BMCCは，日本国内の松下と同じように，品質管理を非常に重要視している。BMCCでは，「品質は会社の命である」というスローガンの下で，「1000PPM」，つまり，「不良品率1000分の1」を目標としている。BMCCの品質管理の最高管理者は総経理と品質技術部の部長である。このことからもBMCCが品質に関する厳格な体制，品質管理を重視している姿勢を知ることができる。

中国の多くの国有企業の品質管理体制は旧ソ連から導入した「結果型」に属し，生産現場に専門の検査員を配置するものである。これに対して，BMCCは，品質管理は品質管理部門だけの仕事ではなく，全従業員がやるべきことであって，作業員による「工程中での品質の作り込み」という体制を築き上げた。総経理（日本人）は「品質は，製造によって作られるもので，検査によるものではない」と繰り返し強調し，品質管理の新しい考え方，品質管理の大事さを従業員に意識させた。

BMCCの品質管理は品質技術部の責任で，品質技術部が担当している。品質技術部は42名の体制で，大きく標準化管理科，CS技術科，品質検査分析科に分けられている（表5-10参照）。

表5-10から分るように，標準化管理科は，主に品質の計量，各種規格の獲得，技術文書の作成，標準化を担当し，品質検査分析科は品質問題の分析，解決と新製品品質認定などを行っている。CS技術科はCustomerサービスにポイントを置いて，テレビ工場で不良が発生した場合，工場に行って

表5-10　品質技術部の部門別職務内容

部門別	職務内容
標準化管理科	技術文書作成，標準化，品質の計量，品質・安全規格の獲得など
品質検査分析科	品質問題の分析，解決，新製品品質認定，新部品材料の評価など
CS技術科 （華南CSセンターCS技術科の2つ部門）	Customerサービス，Afterサービス，ユーザーと協力して不良原因の分析を行うなど

出所：品質技術部標準化管理科科長のインタビューにより作成。

工場と協力して原因の調査,分析等を行っている。

　市場の需要と供給の変化に伴って,カラーブラウン管工場とテレビ工場の関係も根本的な変化が生じた。激しい競争の中で,顧客を確保するためには,迅速に顧客に満足を与えなければならない。つまり,意識レベルを「顧客を中心とするサービス」システムに変化させる必要がある。このような市場環境で,BMCC も最大限顧客のサービスに力を入れている。

　次に,BMCC の品質管理手法である全員管理,全面管理,全過程管理,QC サークル活動等の側面を取り上げて,その内容を検討する。

　(i)　全員管理

　中国では,1979 年に TQC（Total Quality Control）が導入され,北京ディーゼル工場から全国に広がった。BMCC は生産ラインの導入の際,生産技術,品質管理技術を松下グループから学び,多くの品質管理手法は松下グループから継承したものである。全員管理もその中の1つである。BMCC の全員管理とは,会社の全従業員が品質管理に参加することで,特別な TQC 活動を行わず,TQC 活動の内容が全従業員の仕事と会社のすべての業務の中に適応させることである。

　(ii)　全面管理

　全面品質管理には次の3つの要素が含まれている [30]。(a) 対象の全面的管理である。つまり,原材料,設備,工具等の物の品質から人間の仕事の質までを対象とする。(b) 範囲の全面管理で,経営,管理の各側面に及ぶ。(c) 方法の全面管理である。多種多様な管理技術と方法を適宜使用する。

　BMCC の班レベルで行われる全面管理は PDCA サイクル方法を採用している。つまり,PDCA とは全面品質管理の計画（Plan）,実施（Do）,検査（Check）,処理（Action）の4段階を指している。この4段階を繰り返し行い,毎回新しい内容と目標を定めるものである。PDCA のサイクルの内容を具体的に見ると,次のようなプロセスで行われている。

　①現状分析,即ち情報とデータの収集,問題探しを基礎として,品質管理
　　上の課題を明確にする。
　②原因分析を行う。

③主要な原因を見つける。
④品質に影響を与える主な原因に対して，措置と対策を制定する。
⑤措置と対策を実施する。
⑥実施結果をチェックする。
⑦チェック結果をまとめ，成功した方法，経験，ノウハウをマニュアル化，標準化する。
⑧未解決の問題，つまり，残された問題は次のサイクルに移し，解決を図る。

　班レベルの品質管理は企業内品質管理システムの確立と運営の末端部分である。このように，BMCCは企業の生産経営活動の基本単位である班レベルを中心として積極的に全面品質管理を展開し，品質を常に新しいレベルに引上げるための努力を果たしている。「技術要求に符合する種類は合格品である1種類しかない。不合格品は全て壊し，合格品以外の出荷は絶対許さない。」この言葉からもBMCCの品質管理に対する厳格な体制が分かる。

　㈢　全工程管理[31]

　材料入荷検査，加工製造工程管理，出荷管理，アフターサービスの4段階に及ぶ過程の品質管理をBMCCは徹底的に実施している。これがいわば全過程管理と呼ばれているものである。

　「材料入荷検査」とは，材料入荷後，物理的，化学的テストを行うことである。そして最も重視しているのは加工製造工程管理である。「加工製造工程管理」では二重の品質管理体制を取っている。つまり，作業者の自己検査と工程管理員が検査を行うことである。各製造工程には生産プロセスの調整と製品品質管理を担当する工程管理員を設けている。7つの生産工程のラインに142名の工程管理員が配置され，それぞれ自己の分担範囲の品質に対して検査を行い，作業員と一緒に不良品を見つけ，その品質の問題を工程内で解決するように努めている。「出荷管理」では，すべての製品は出荷前に30項目以上のテストを受け，ロット検査も行う。「アフターサービス」面では，営業マン，技術者は頻繁にユーザーを訪問し，ユーザーが満足するような品質，サービスを提供するように常に努力している。

この点については，さらに品質技術部標準化管理科の科長に対して筆者が行ったインタビューを取り上げ[32]，BMCC の品質管理をより具体的に検討する。

BMCC では「品質は，製造過程で作り込まれるもので，検査によるものではない。」という品質管理理念の下で，製造部の現場作業員一人一人の検査，管理により品質保証することによって品質管理が行われている。しかし，このような品質管理理念の基でも，検査は必要不可欠なものである。

図5-5で示されているように，BMCC の品質管理システムは原材料から始まる。ブラウン管の製造は比較的多くの原材料を必要としている。原材料の品質管理は部品図面，材料規格，認定基準などの指標を用いて，一部分の原材料をチェックするものの，基本的には部品調達先工場の保証に頼る「部

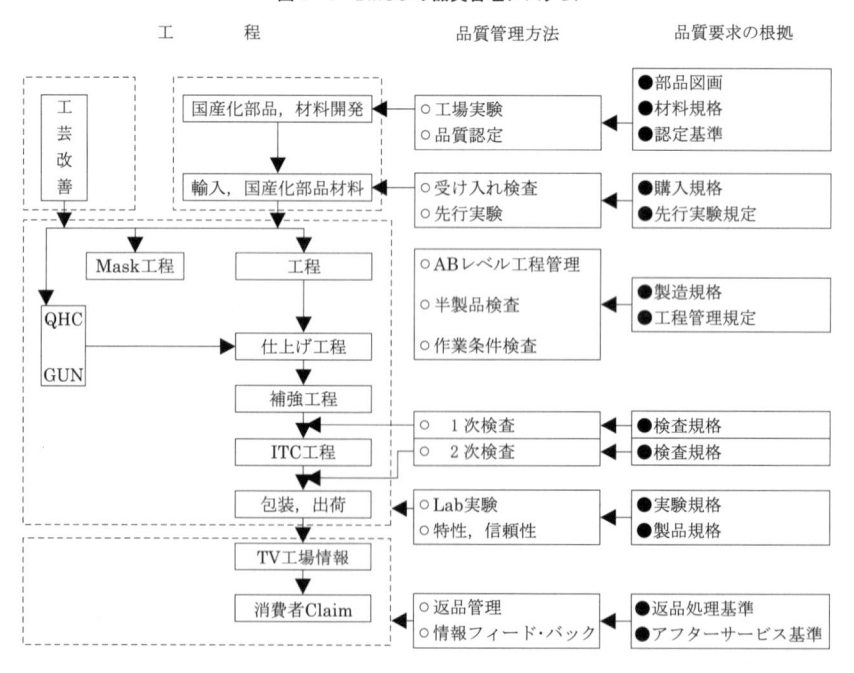

図5-5　BMCC の品質管理システム

工　程	品質管理方法	品質要求の根拠
国産化部品，材料開発	○工場実験 ○品質認定	●部品図画 ●材料規格 ●認定基準
輸入，国産化部品材料	○受け入れ検査 ○先行実験	●購入規格 ●先行実験規定
Mask工程／工程／仕上げ工程	○ABレベル工程管理 ○半製品検査 ○作業条件検査	●製造規格 ●工程管理規定
補強工程／ITC工程	○1次検査 ○2次検査	●検査規格 ●検査規格
包装，出荷	○Lab実験 ○特性，信頼性	●実験規格 ●製品規格
TV工場情報／消費者Claim	○返品管理 ○情報フィード・バック	●返品処理基準 ●アフターサービス基準

（工芸改善，QHC，GUN）

出所：社内資料による。

品調達先工場の品質保証システム」を採用している。例えばA工場がB部品を提供する場合，A工場が全面的にB部品の品質を保証し，BMCCに品質保証書を提出するのである。倉庫から生産現場に材料が入荷する場合には，重要な指標によって，重要部品だけ抜き取り検査を行う。最も大事で，力を入れるところは生産現場の品質管理である。生産現場の品質管理は「1検」と「2検」に分けて実施されている。現場作業員は生産を行うと同時に，品質検査もしなければならない。つまり，BMCCでは現場作業員には100％の品質管理を行うことを義務付けているのである。これは「1検」と呼ばれている。そして，「2検」では，製造部門がユーザーの立場で，抜き取り検査を行い，合格率判断など品質状況の把握等を行っている。

「1検」と「2検」を経た半製品はさらに，工程管理員による精密検査を受けるのである。精密検査とは1つの班内で5本を抜き取って，専門管理項目によって精密な検査を行うことである。

上述した図5-5はBMCCのCRT品質管理システムの全体を示している。

このように，「1検」と「2検」，そして現場作業員，工程管理員による「多重」検査は，「品質は，製造過程で作り込まれるものである。」という品質管理理念の具体的な体現であり，全員による品質管理として，特に製造現場と製造プロセスにポイントが置かれているのである。品質は単に品質管理部門のみの仕事ではなく，全従業員がやるべきことで，品質を作り込むという考え方の具体的な現われでもある。

カラーブラウン管製造の1つのラインには1200項目に及ぶ工程管理が存在する。1200項目の工程管理は大きく作業条件と半製品品質指標に分けられる。品質を確保するためには，その作業条件（湿度，温度，圧力，空気流量など）をチェックする必要がある。作業条件のチェックは主に班長，リーダーの仕事である。それ以外に，BMCCには「半製品品質検査表」というい くつかの工程管理項目を示す管理表がある。「半製品品質検査表」は生産ラインの中に点在している142名の工程管理員によって管理されている。工程管理員は一定の時間毎に収集したデータを「半製品品質検査表」に記入し

なければならない。項目によって，その記入時間も1時間毎，2時間毎，機械運転開始前，等まちまちである。現場作業員，工程管理員はこの表によって，現場の品質を管理している。これも品質技術部と製造部が品質状況を把握する根拠となっており，検査表によって，後で述べる6Sigma管理図を描き，品質傾向を推測する。

　他方，完成品に対しても，BMCCは「1検」と「2検」制度を徹底的に実施している。「1検」では，半製品の「1検」と同じように，製造部門が30項目に上る指標によって，100％の検査を行うのである。ユーザーの立場から行われている「2検」は，製造部の品質保証科が担当している。検査方式は抜き取り検査で，完成品によって抜き取り数量は違うが（小さいブラウン管は多く，大きいブラウン管は少ない）1時間毎に平均で10本程度である。もし，不良品が出た場合，直ちにこの時間内に生産した全ての製品に対して再検査を行う。そして再びユーザーの立場から「2検」の抜き取り検査を行う。「1検」と「2検」で問題がなければ初めて出荷出来るのである。

　上記のように，BMCCは原材料から完成品まで品質を厳格な体制でチェックし，全過程品質管理体制を作り上げたのである。

　以上のように現場作業員などによる全員による品質管理，全過程管理方法は，松下が日本的品質管理手法を中国の会社に適用したものである。日本型経営資源は，第3章で既に述べたように，「現場主義」に重点を置き，人的資源に大きく依存するところにある。BMCCの品質管理体制からも品質管理過程で，現場作業員一人一人の人的資源に大きく依存していることが明らかである。従業員一人一人は自覚と責任感を持って，担当工程内の品質を確保している。このような人的資源に依存しているBMCCの品質管理体制は中国に定着していて，かなり大きな成果を上げているのである。

　次に，その成果としてQCサークルと提案制度を検討する。

　⒤　QCサークル

　QCという品質管理手法は，元々アメリカのSQC（Statistical Quality Control）として知られ，日本には1948～9年に導入されたと言われている。QCは日本でZD（Zero Defect）を含め，労働者の「自主的活動」とし

て推進され，さらに TQC（Total Quality Control）レベルまで発展した。日本で全国的に QC サークル活動が開始されたのは 1962 〜 3 年ごろである[33]。

　BMCC ではこのような日本型経営資源の品質改善の一環である QC サークル活動がどのように「適用」されているのであろうか。一言で言えば，BMCC では，QC サークル活動が非常に活発に行われており，また著しい成果を上げている。

　BMCC の QC サークル活動は「合理化，省力化」等のスローガンの基で，従業員の経営管理の「自主参加」として 1997 年 9 月に組織化されている。全公司の QC サークル活動は「現場型」，「管理型」，「公関型」（中国語）等に分類され，その目的として従業員の積極性と創造性を発揮させることで，現場の問題を解決している。そのことで製品の品質を高め，コストを削減するためである。2001 年までに 383 の QC サークルが作られ，参加人数は 2757 名で，114 の QC サークルがその成果を発表している。そして，QC サークル活動は会社に 2,000 万元余りの節約をもたらし，会社の発展に大きく貢献した[34]。

　品質意識，QC に関する知識及び QC 手段の使用等技術レベルを高めるため，BMCC は積極的に教育を行っている。これは「人の育成」という松下経営理念の具体的な現われでもある。教育対象はトップ・マネジャー層（総経理，副総経理），管理層（部長，科長），現場実務層（班長，係長，工程管理員，リーダー，作業員）の 3 層に分けられている。

　トップ・マネジャー層と管理層は主に全面品質管理の基本理論，現場実務層には知識の普及に焦点を置いている。会社では毎年定期的に係長，班長，工程管理員，リーダー，作業員を組織して品質管理の講座を開き，品質管理，ISO9000，ISO14000 に関する知識だけでなく，外国語，コンピューターの基礎知識等の教育も行っている。例えば 2001 年 4 月〜 7 月に，北京品質協会の協力の基で，BMCC は 200 名以上の班長，係長に「QC 基本知識」の研修を行うことなどで中堅幹部を育成し，従業員の品質意識を高めることが出来た。1999 年からは優秀な管理幹部を有名な大学に派遣し，MBA 課程の

勉強を受けさせた。これらの管理幹部は学習後，会社内で初級 MBA 課程の講義を開き，中間管理者の育成に力を注いでいる。このような理論と実践を結合した指導は BMCC の品質管理のレベルを一層アップさせ，生産効率を高めるだけでなく，不良品率を削減し，集団意識を強化させた。このことからも「中国人は個性が強い。自分が知っていることは他人に教えない。」という常識と異なって，BMCC の情報共有化政策の一体性が感じられる。

統計によると[35]，時間外に自主的に学習に参加した人数は全従業員の 10％にも及んでいる。

一方，BMCC の QC サークル活動は生産現場を基にして，きめ細かいデータの収集，熱心な議論を交えると共に，更に厳格な分析を行い，実施後の効果確認等の方法を用いて，係長，班長，作業員を区別せず，従業員は平等な雰囲気のなかで，P（Plan），D（Do），C（Check），A（Action）のサイクルを回転する。

上述の一連の方法を用いるほか，優秀な QC サークルにはインセンティブを与える措置も導入されている。また，成果を上げた QC サークルには奨励

表 5-11　BMCC の QC サークルの実績

年　月	部　門	成　　　績
1999,5	スクリーン 3 科	北京市第 35 回 QC 成果発表会で優秀 QC 成果賞
1999,9	制管 3 科	CMC（中国における松下グループ企業）第 1 回 QC 成果発表会で金賞
1999,11	制管 3 科	松下グループ全世界 QC 成果発表会で銀賞
2000,6	スクリーン 1 科	北京市第 36 回 QC 成果発表会で銀賞
2000,6	スクリーン 2 科	北京市第 36 回 QC 成果発表会で「優秀 QC グループ」称号
2000,10	スクリーン 3 科	全国第 22 回 QC 成果発表会で「全国信用できるグループ」称号
2000,12	マスク科	北京市 37 回 QC 成果発表会で一等賞
2001,10	マスク科	全国第 23 回 QC 成果発表会で「全国優秀 QC グループ」称号
2001,10	設備管理 3 科	全国第 23 回 QC 成果発表会で「全国優秀 QC グループ」称号
2001	BMCC	「全国品質活動優秀企業」
2002,8	－	北京市第 41 回 QC 成果発表会で「北京市優秀 QC グループ」称号
2002	BMCC	「北京市 QC グループ活動優秀企業」
2003	BMCC	「北京市品質先進企業―業界優秀賞」
2003,7	スクリーン 1 科	北京市第 42 回 QC 成果発表会で「北京市優秀 QC グループ」称号
2003,7	カソード科	北京市第 42 回 QC 成果発表会で 2 等賞
2003,11	カソード科	松下グループ全世界第 11 回 QC 発表大会で銅賞

出所：社内資料などにより筆者作成。

品を授与するほかに，毎年定期的に2回のQCサークルの「成果発表会」を開催し，相互の交流を通じて，共に向上の機会を提供している。さらに，優秀なQCサークルには北京市及び松下グループが催すQCサークル発表会で発表する機会も与える。

表5-11はBMCCのQCサークル活動の成果である。

1999年からは松下グループ全中国QC大会が実施された。700～800に上るQCサークルのなかで，優秀なトップ3チームは日本の松下グループによる世界大会にも参加している。BMCCは1999年9月に開かれた第1回松下グループ全中国QC大会で金賞を獲得し，11月の松下グループ世界大会では銀賞，2003年には銅賞を受賞している。

上記の表からもQCサークル活動はBMCCの各部門で活発に行っており，高いレベルで成果を上げていることが分かる。

QCサークル活動の発展の1例を挙げる。マスク科のQCサークル活動は最初の認識方法，工具使用の意義など基本的なところから，現場管理の1つの重要な構成部分である高度なところまで発展してきた[36]。1999年に始めての1つのグループが作られ，2000年の第1回発表会では発表に参加したのが僅か3グループに過ぎなかった。2001年になって，3回の科内の発表会が行なわれ，20以上のグループが成果を発表し，会社内で3等，4等の成績，さらに北京市のQC成果発表会で1等賞を獲得するまでに発展した。

マスク科科内の活動改善テーマも各分野に及んでいる。科内では経営管理上の必要性と現段階で迅速に解決策が必要である課題を各グループに与える。その事例としては，部品の数量が不足する問題を扱い，QCグループの活動から有効な解決策を得て，毎月数千枚以上の不足を数十枚までの不足に削減させ，会社の明確な部品数量管理に有効な基礎を作り上げた。マスク科の3係で組立生産方式の変革もQCサークル活動の大きな成果である。余分のベーキング棚を利用して改善を行い，組立在庫品箱に替えることである。このことで，空いている物品の利用率を高めるだけでなく，組立作業の効率を上げ，生産現場を整然とさせた。さらに，在庫品箱の占用地を節約し，現場で合理的な物流を図った。

BMCCにおけるQCサークル活動の意義は次の3つがある。

第1は，経営管理の「自主参加」である。

QCサークル活動は経営管理の「自主参加」の有効な手段である。市場競争が益々激しくなっているなか，経営者だけでなく，従業員全員が担当する職場で経営者になり，経営管理の真の「自主参加」を求められている。QCサークル活動の展開は，このような需要に適応している。即ち，QCサークル活動は，現場の作業員一人一人が積極的に自分の所属班，担当する生産現場に関心を持ち，現場管理改善の制定と実施に参加することができる。

第2は，現場における活力と凝集力を強化する。

QCサークル活動は現場の活力と凝集力を強化する有効な手段である。従業員の生産改善への積極的な参加，改善成果の発表，そしてインセンティブを与えることにより，従業員は自分の成績を実感し，従って帰属意識と達成感を高めることができる。

第3は，現場における総合力を強化する。

QCサークル活動は現場総合力を強化する。即ち，業務能力を向上させる有効な手段である。QCサークル活動は良質な製品を生産する為の1つの手段であり，方法でもある。QCサークル活動を通して，班長，係長，工程管理員しか使用できない品質管理ツールを個々の従業員が利用，学習して，問題分析，解決方法及びプロセスを掌握するようになる。このことにより，全員の現場での問題発見能力，問題解決能力を高め，現場競争力をつける。

2003年4月の東芝と松下の合弁[37]により，BMCCは品質管理手段の1つとして，東芝が長年の経験を持つ6Sigma（小集団活動など参加型現場管理のマニュアル・システム化）を導入し，2004年から実施するようになっている。

6Sigma管理は全面品質管理から進展し，変化したもので，顧客を中心とし，データを基礎とする持続的な改善方法である。

伝統的な全面品質管理（TQM）方法に比べ，6Sigmaは益々激しい市場競争と顧客の厳しい要求に対して飛躍的な進展をもたらす経営理念である（表5-12参照）。その中心となる点は，1系列の統計技術を根拠としたデータを

第5章 「北京・松下カラーブラウン管有限公司」(BMCC) の事例　159

表5-12　TQMと6Sigmaの特徴

項目 \ 区別	TQM(全面品質管理)	6Sigma
システム方法	実施方法がはっきりしない	段階毎に全て具体的な実施方法と改善道具がある
財務フィード・バックの計算	かなり採算が難しい	改善項目毎に必ず具体的な財務フィード・バックを採算する
必要とする技術専門人材	特殊な専門人材をあまり必要としない	多くの特殊な専門人材の育成を必要とする
認証	品質大会の評委員会が判定する	企業内部が主導し，顧客の認可を得る
企業文化	宣伝の方法で普及させる	Black Beltで項目を改善し，全体の企業文化を導く
改善幅度	次第に改善	突破的に改善

出所：社内資料により作成。

分析することや，測量方法を通じて，不良品の原因分析を行うなど，企業としての経営運営に最大の成果を上げることである。要するに，6Sigmaは定量的に数字でデータを解析し，不良原因に関係があるものとないもの，人為的なものなどを区別することであり，経営のミスや間違い及び不良品の割合を「100万分の3.4」に収めることを目標とし，持続的な改善を行ってコストを削減することを目的に置いた活動である。

1987年に6Sigmaはモトローラ（MOTOROLA）で最初に導入され大きな成果をあげた。90年代半ばからは世界トップ企業であるGE，DELL，東芝，HP，SONYなどの多国籍企業は次々に6Sigma経営戦略を導入し，経営レベルの向上，コストの削減，売上業績の増加，顧客忠誠度やコア競争力の向上などに大きな成果を上げた。これらの企業は6Sigmaの優れた経営理念を企業経営に浸透させ，さらに，組織はグローバル化，情報化の競争の環境で強固な基礎を築き上げたのである。

BMCCもこのように優れた経営理念である6Sigmaを導入した。6Sigma担当の課長6名を含む12名を（2004年6月当時）6チームに分け，元東芝の海外工場に半年以上派遣させ，研修を行っている。さらに12チームに増員して6Sigmaを推進する予定である。

BMCCが6Sigmaを導入した目的の1つは，従業員が企業の競争優位の基本であることを認識し，従業員一人一人に種々の品質問題解決方法を与えることにポイントを置いたことである。従業員は研修を通して知識を学習するだけではなく，その知識を現場で実践する。実践を通じて問題解決方法を覚え，企業に利益をもたらすと同時に，従業員自身の能力を向上させることができる。また，個人の行動の変化により，企業全体が学習の雰囲気に変化し，従って企業は学習型組織になりつつある。

以上のように，松下グループの合弁企業であるBMCCの品質体制からも松下グループの品質を重視する姿勢が伺える。この姿勢は2004年度有力製造業を対象とした「品質経営度調査」のランキングの首位である松下電器の「品質により強くこだわる企業」の成績[38]にも直接つながるものである。

更に，次にBMCCの提案制度を考察する。

提案制度は改善活動の1つの内容で，従業員が会社の意思決定に部分的参加するものでもある。日本の提案制度もQCと同様に戦後間もない時期にアメリカから持ち込まれたと言われている[39]。しかし，日本式の提案制度はアメリカ式の経済効果，インセンティブ重視の制度とは異なり，活発な従業員の参加に伴う職場のモラルの向上を重視したものである。

日本HR（Human Resource）協会によると，日本企業の主な提案テーマは次の8項目にて示される。

(i) 自分自身の仕事の改善
(ii) エネルギー・原材料・その他資源の節約
(iii) 作業環境の改善
(iv) 冶具及び工具の改善
(v) 製品品質の改善
(vi) 新製品の考案
(vii) 顧客サービスおよび顧客関係の改善
(viii) その他

このように，日本の提案制度は日常の仕事の改善を重要なポイントに置いている。

それらは単に作業手順，作業環境，品質管理など直接的に経済効果につながる問題だけではなく，企業戦略・意思決定の面でも重要な影響を与える可能性があるのである[40]。

BMCCにおいてもQCサークル活動のように提案活動が盛んに行われている。会社では提案委員会を設置し，毎年，優秀な提案を提出した個人，グループを表彰している。自主的に審査委員会を設置し，係長が責任者となり優秀な提案を引き出そうとする科も少なくない。優秀且つ創造性がある提案は公布，展覧を行い，従業員が啓発を受けるようにしている。

下記の表5-13と表5-14は2002～2003年度に提案表彰を受けたグループと個人である。

表5-13　2002～2003年度提案表彰（グループ）

順位	部門	1人当たり提案件数	奨金
第1位	制管1科	29.6件／人	6,850元
第2位	制管2科	10.86件／人	5,100元
第3位	制管3科	9.8件／人	3,800元

出所：会社資料により筆者作成。

表5-14　2002～2003年度提案表彰（個人）

順位	所属部門	名前	提案件数	奨金
第1位	制管2科	江　涛	212件	300元
第2位	制管2科	李　明奎	181件	250元
第3位	制管2科	候　建輝	176件	200元

出所：会社資料により筆者作成。

制管1科は2002～2003年度の提案活動で最優秀グループになっている。1人当たりの提案件数は29.6件で，奨金は6850元が授与された。個人の第1位は1年間で212件の提案を提出している。以上のように，BMCCの提案制度は日本企業と同じように積極的に推進され，企業の凝集力を高めている。

(4) 多能工制度に関する対応

多能工の養成により，人員合理化を図るのが多くの日本企業の経営戦略の

1つの特徴である。中国の国有企業の多くでは多能工の養成を実施していない。作業員はそれぞれ特定の作業工程に固定され，作業を操業している。その理由は国有企業の経営者は多能工化のメリットを認識できず，多能工化が逆に作業効率を下げるのではないかと考えられるからである。

　日本企業の作業員は必ずしも特定作業工程に固定されず，複数の仕事を担当している。ジョブ・ローテーションを通して多能工を養成しているのは日本型経営資源の1つの特徴である。では，BMCCの多能工についての経営戦略はどのようになっているのだろうか。

　BMCCでは多能工養成が基本的に実施されていない。つまり，現場作業者は各種の職務の仕事があまりできないのである。それはBMCCが多能工のメリットを認識していないことでもなく，中国の作業者がジョブ・ローテーションを受け入れないことでもない。

　BMCCの現場作業者の多くは北京以外の地方から募集・採用された出稼ぎ労働者である。

　現場作業者は1年間ラインの中で，OJTを通じて見習い，3年間働くというシステムを原則として採用されている。毎年，1年毎契約の更新を行い，4年ごとに約7割の作業者が帰郷又は転職をしている。つまり，4年ごとに作業員が大半変わっていくのである。このような人の入り替えは「新陳代謝」[41]とも呼ばれている。一部の優秀な作業者は再契約を結び，4年以上働くことが可能であるが，それも最大8年である。中国の「労働法」では1つの企業で連続10年以上働いた場合，都市戸籍を与えると同時に，長期契約を結ばなければならない。本人の希望で10年以上働く場合には，一旦地方に戻り再度BMCCに復帰する方法を採用している。そして，新たに契約する。給料も多少下がってくる。このような作業者は数多くないが，班長などの内，3〜4名程度存在すると言われている。

　このような「新陳代謝」の方法は多能工制度の採用に難しいことは言うまでもない。つまり，多能工が実施されてないのは社会システムのあり方によるものである。しかし，「新陳代謝」はBMCCに次の2つの効果をもたらしている。

第1に，日本の終身雇用制と違って，BMCCでは毎年雇用契約を結び，また優秀な作業者のみ契約を継続することで，従業員に刺激と危機感を与えているのである。

第2に，人件費を抑えている。既に上述したように中国では激しい「価格競争」が繰り広がっているので「新陳代謝」は，人件費コストを一定の金額から上昇させない為の方策である。「新陳代謝」は「価格競争」に勝つためのコストダウンに大きく貢献しているのである。日本の場合，人件費はコストの20～30％を占めているが，BMCCでは5％にも達していない[42]。

(5) 労働組合との連携

中国の国有企業には100％に近い企業内労働組合が組織されている。国または企業の「主人公」である労働者を代表する労働組合（中国語では「工会」と呼ぶ）の役割は，労働者の権益を守り，社会秩序の安定を保証し生産の正常な発展を維持していくことにある。要するに，労働組合は従業員の不満や提案などを経営陣に伝達すると共に，経営陣からは適切な解決策を求めること，また従業員を動員することで，経営目標を目指して努力することにある。

中国の労働組合の組織体制をみると，頂点に，「中華全国総工会」という最高上部機関があり，その下に，省・自治区・直轄市レベルの労働組合，さらに，市（地区），県レベルの労働組合，末端に企業内労働組合の存在がある（図5-6）。

中国に進出している外資系企業の労働組合も中国の国有企業の労働組合とその権限，役割，責任はほとんど同じである。外資系企業の労働組合は，労働契約を企業と締結する。また福祉・報奨金の分配，従業員の教育，組織的な娯楽の実施などを行っている。董事会が従業員に関する罰金，賃金，労働保護，保険などの問題を検討・決定する場合には，董事会に出席し，従業員側の意見を表明・要求を提案する。また，企業内に留保された福利厚生費と税引き利益により積み立てられた従業員福利厚生基金の使用を監督する[43]。中国進出の多くの外資系企業は労働組合の設立をできるだけ回避す

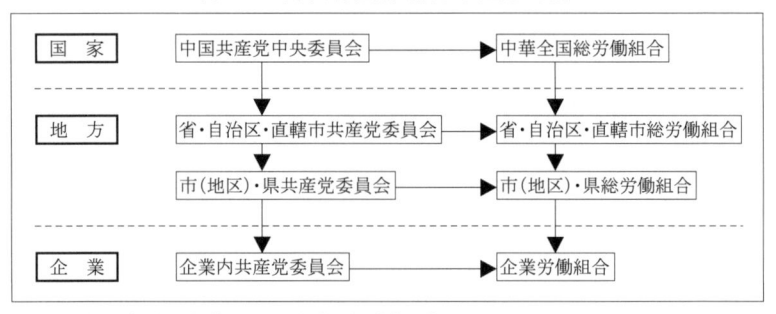

図5-6 中国労働組合組織及び共産党の関係

国家	中国共産党中央委員会 → 中華全国総労働組合
地方	省・自治区・直轄市共産党委員会 → 省・自治区・直轄市総労働組合
	市(地区)・県共産党委員会 → 市(地区)・県総労働組合
企業	企業内共産党委員会 → 企業労働組合

出所：金山権（2000）『現代中国企業の経営管理』p.149。

ることを望んでいる。

それには次の2点の理由が考えられる。

第1に，中国共産党の指導を受けている労働組合が企業経営に対する干渉を強めることを警戒していること。

第2に，労働組合とのトラブルを回避したいこと，等である。

アメリカやヨーロッパに進出している日本企業にとって，労働組合は苦しい存在だとよく言われている。そこでは，重要な方針として基本的には労働組合を組織しないことであるが，組織を要するならば，(i) 企業内での組合機能を持たせず企業の外に設置すること，(ii)「日本型経営」への協力を取り付けるように労働組合を選択し誘導する，などに施策を置いている[44]。

BMCCは設立してから最初の5年間は企業の経営戦略として「松下型の経営資源」の導入に熱心で，企業内労働組合の組織化には注意を払わなかった[45]。

当時，BMCCの労働組合は準備段階の組織の形式であり，正式な労働組合の組織化に至っておらず，責任者は人事部長で，その活動も簡単な娯楽活動の促進に留まっていた。本来の労働組合の役割である従業員と経営者側の調整役としての役割は果たされず，いわば有名無実で形骸化された存在であった。その結果，従業員の不満，苦情，提案，要求は速やかに経営者側に伝達することが出来ず，下部の苦情，不満が係，科，部で次々に隠蔽され，経営者側までの伝達が難しく，経営者側も従業員の事情を把握出来ずに現状にお

ける改善は成されなかった。そして，時間の経過と共に，従業員の苦情，不満は経営者側との対立関係にまで発展した。1例をあげると，1992年夏に起こったストライキである。当時，生産計画を完成するため，日本人部長はB班に休日である土曜日の出勤を命じた。これに不満を持ったB班の従業員は係長をはじめ，部長などに交渉を行ったが受諾されず，最後にストライキにまで発展したのである。もし，労働組合が整備され，正常なる機能と役割を果たし，情報を早急に経営者側に伝え，経営者側も当該事項に関する解決策を検討し，労働組合を動員して極端な行動を取らないように説得し，且つ従業員の協力を求めて非公式組織に対処しておれば，ストライキに至るような事態は免れたと考えられる。

このような問題の打開策としてBMCCは国有企業の経験を活かし，共産党，共青団[46]，労働組合の組織を強化する経営方針を打ち出した。国有企業ではこれらの組織が従業員と経営層の間にコミュニケーションがスムーズに行うことを強化し，さらに従業員を動員して会社が制定した目標を順調に達成するよう働きかけを行うなど中核的な役割を果たしている。BMCCは更に共産党，共青団，労働組合の一体化を図り（表5-15），1993年1月に労働組合は正式に組織された。BMCCの労働組合の組合長，副組合長は北京市政府，北京市労働組合から派遣され，労働組合の専任職員は6名で，その組織図は図5-7の通りである。従業員権益の代表者，及び従業員の保護者であるBMCCの労働組合の会員数は2003年6月時点で，5,200名に発展しており，同労働組合傘下では20の部労働組合，及び20の部労働組合の傘下に88の労働組合グループが存在している[47]。

表5-15　BMCCの共産党委員会の構成

党内職務	兼任
党委書記	副総経理
党委副書記	労働組合組合長
委員	部長
委員	部長
委員	部長

出所：社内インタビューにより筆者作成。

図 5-7 BMCC 労働組合の組織図

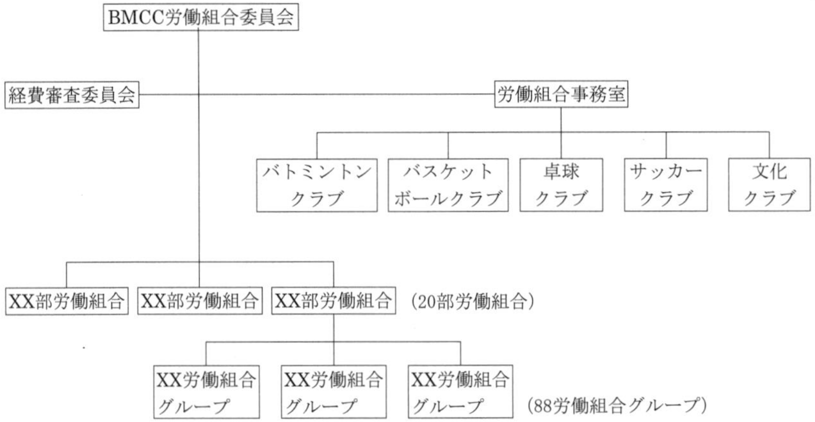

```
                    ┌─────────────────────┐
                    │ BMCC労働組合委員会  │
                    └──────────┬──────────┘
         ┌────────────────────┼────────────────────┐
┌────────────────┐                        ┌──────────────────┐
│ 経費審査委員会 │                        │ 労働組合事務室   │
└────────────────┘                        └────────┬─────────┘
         ┌──────────┬──────────┬──────────┬──────────┐
    ┌────────┐ ┌────────┐ ┌────────┐ ┌────────┐ ┌────────┐
    │バトミン│ │バスケッ│ │ 卓球  │ │サッカー│ │ 文化  │
    │トンクラ│ │トボール│ │ クラブ│ │ クラブ │ │ クラブ│
    │ ブ     │ │ クラブ │ │       │ │        │ │       │
    └────────┘ └────────┘ └────────┘ └────────┘ └────────┘
```

| XX部労働組合 | XX部労働組合 | XX部労働組合 | （20部労働組合） |

| XX労働組合グループ | XX労働組合グループ | XX労働組合グループ | （88労働組合グループ） |

出所：社内資料による。

結成された BMCC の労働組合は，主に次の3つの役割と機能を持っている。

(1) 従業員の合法的な権益を保証することである。

従業員の正当な利益を保証し，従業員を代弁し奉仕することが BMCC の労働組合の重要な役割である。BMCC の労働組合は成立以来，組合長は毎月，定例の董事会に列席し，会社の政策研討会に出席する。同時に，労働組合幹部は会社安全委員会の毎月の例会活動と食事管理委員会の諸活動にも出席している。そして，会社が重大な政策を検討する際，特に従業員の権益に関わる問題がある場合には，従業員の意見と要求を十分反映させると共に，企業との労使関係を協調する。

労働組合は，従業員を代表して会社と労働契約を結びその実行に関して検査・監督する役割を果たしている。2003年3月には，労働組合は従業員を代表して会社側と集団労働契約を締結した。これは国家労働部門が許可し，審査したものである。個人は集団労働契約の下に置かれており，集団労働契約は従業員の基本的な権益を保守している。

労働争議の解決に参加することは「労働法」が労働組合に与えた重要な権利である。1994年以来，BMCC 労働組合は労働争議の予防と調停，下部組

織を主とする方針を堅持し，解決した労働争議，民事調停などは50件余りに至っている。これらの解決は法律による従業員の合法的な権益を守り，多くの労働争議は下部組織と萌芽状態で即時に且つ適切な解決を得た。

　2001年には，党組織，労働組合，共青団は連合で情報員チームを成立させ，毎月情報例会を開催し，従業員の意見と要求を集め整理している。これらの意見と要求はまとめて社内報の専門欄に掲載されている。重要な問題については，毎月1回，会社の経営者側に状況を反映させている。また，各部門と関わる問題については，各部門に「問題連絡書」を送り，期間内に改善案の提出を求め，それらの実施を検査・監督する。

　(II)　労働組合は企業の生産経営に参加し，経営目標の実現を支持することである。

　企業は生産を行う組織である。労働組合の仕事は企業の生産経営展開を中心として行うべきである。企業の経営目標の実現は，労働組合員の基本的な利益を保つ要求でもある。従って，BMCC労働組合も「品質を高め，コストを削減する」というテーマで優秀作業員選抜など諸活動を積極的に展開している。活動に参加した従業員は4,600名余りで，2002年3～10月間だけで，1,266名が優秀な作業員として選ばれている。このような活動はBMCCが2002年，赤字から黒字に転換した際に重要な役割を果たしたと考えられる。

　(III)　従業員の福利厚生と娯楽活動を担当することである。

　従業員の生活面の細部まで配慮し，生活の困難な従業員への配慮は労働組合の重要な役割である。BMCC労働組合は従業員を悩ませる生活の細部まで対処している。例えば，1994年以来，従業員の子供を対象に傷害保険と重病入院保険を2,612人に加入させた。1998年以来，生活困難な従業員36人を慰問し，困窮補助金を支給した。また2000年以来，1,863名の従業員を健康保険に加入させた。

　BMCC労働組合は娯楽活動にも積極的に取り込んでいる。1993年労働組合が成立以来，四半期ごとに1回，会社全体でスポーツ大会等を行っている。例えば，水泳，カラオケ，バスケット試合などである。その他，卓球，

バトミントン，縄跳びなどの試合もある。1995年にはスポーツセンターを作り，毎月3,000人余りの従業員が利用している。このような活動を通じて，BMCC労働組合は従業員の支持と信頼を得ている。

以上のことから，BMCCの労働組合は従業員の組織として従業員の権益を保つだけではなく，会社の生産が正常に行われ，また会社の目標実現に積極的に協力していることがわかる。労働組合の存在は，経営者側と従業員側を連結させる架け橋であり，経営者側と従業員側とのコミュニケーションがスムーズに行われるための「パイプ」の役割を果たしているのである。特に，従業員の意見，要求，不満を速やかに経営者側に伝達し，その解決策を求めることで，従業員が会社側と対立関係が生まれず会社と一体となって会社の発展のために努力しているのである。このように，協調的な労使関係が中国におけるこの日系企業でも形成されているのである。つまり，BMCCの労働組合は日本的な協調に力点を置いた性格を持っていると言える。

2003年，中国で発生したSARS問題でも労働組合の協調性は充分反映されたといえる。SARS感染者4名が出たなかで，BMCCの労働組合，党組織は会社側と協力して農村から来た3,000人以上の寮生に薬を配り，注射を打ち，即日に引越しさせるなど迅速に且つ有効な寮生管理措置を取った。その結果，BMCCでは感染者は1人も増えず，正常な生産が2週間生産停止後に再開されたのである。

BMCCのある日本人幹部の話を引用すると「SARSのように突然なことが起こった時，私達日本人はどうしても対応ができない。現地人の対応，特に労働組合，党組織の効果的な対応，積極的な活動と模範的な貢献がなかったならBMCCは混乱に陥り，予想以上の災難に遭っていたであろう。」この話からも労働組合の存在が日系企業にとって必要且つ不可欠な存在であることが実証される。

第3節　人材育成と「中間管理者選抜」システムの構築

「もの作りの前に人作り」，「人材育成を通じて社会に貢献する」など松下

の経営理念の下で，BMCCは人材育成を積極的に行っている。人材は企業発展のカギであり，企業経営成功を左右する大きな要素でもある。人材育成は現地化政策を推進する前提条件であり，人材育成により「日本型経営資源」が順調に移転することが可能である。その人材育成を考察する前に，まず，人材形成の前提条件であり，「人事・労使関係」の重要な部分である新入社員の採用制度・雇用管理と人事考課，賃金体系を検討する。

(1) 新入社員の採用制度のあり方

BMCCの雇用形態別従業員は固定工・契約工・臨時工という3種類に分かれている（表5-16参照）。さらに，契約工は都市部から応募した契約工と農村部から応募した契約工からなる。つまり，BMCCは中国の諸事情により，戸籍によって契約を締結していることになる。

日本企業は毎年定期的に新入社員を採用しているが，BMCCでは基本的に毎月新入社員の採用が行われている。それは，生産規模の拡大，既存従業員の離職状況，生産計画の完成度などの理由によるものである。また，一般に日本企業は人事部門が新入社員の採用を担当しているが，BMCCでは採用対象によって担当する部門が違っている。例えば，専門技術員の採用は専門技術部門が責任を持って実施し，一般従業員の採用は人力資源部が責任を持って実施している。

BMCCにはおよそ1,500名の固定工がいる。彼らは長期雇用制である。BMCC設立当時，中国政府は技術力を高め，国際競争力を持つ企業を作るた

表5-16 BMCCの従業員雇用形態

分類	固定工	契約工	臨時工
雇用形態	正社員 長期雇用	契約雇用	臨時雇用
形成	政府及び国有企業から派遣された幹部，技術者 最初公開応募で採用された大学・専門学校卒業生	北京市都市戸籍で専門技術，高学歴を持っている人 北京市周辺の地方から一般作業員として採用	退職者 他企業のレイオフ者など
人数	1,500名程度	3,500名程度	100名程度

出所：社内インタビューにより筆者作成。

め，政府及び国有企業から豊富な経験と高度な専門技術を持つ幹部，技術者，熟練工をBMCCに派遣して，技術陣の中核層を形成した。これらの幹部は固定工として採用され，長期雇用となっている。それ以外に，最初の公開募集で採用された経験が豊富で学歴が高い250名の従業員が固定工として雇用されている。当時，設備管理科にて26名，設備技術科にて14名が採用されたが，其の内35名以上が大学卒業者で，40名の中，90％以上が10年以上の経験を持ち，平均年齢も33歳で比較的若い層であったことが特徴であった[48]。

設立当時に公開募集で採用された固定工以外に，新入社員は全て契約工として採用されている。BMCCの契約工の募集は主に2つに分かれている。

1つは，北京市都市戸籍を持っている人を対象として公募するものである。このような契約工は会社の事情によって年に2,3回募集を行っている。その採用の条件としては専門的技術を持っていること，短期大学以上の学歴を持っていること等である。

もう1つは，BMCCの従業員の大半を占めている北京周辺地域からの募集でほぼ毎月に行われている。このような直接作業者である契約工は北京周辺の山東省，河北省，河南省，山西省，陝西省，黒龍江省から募集される。長年のいろいろな検討を通じて，労働力の質と適性を比較した結果，山東省と河北省で募集された労働力が契約工として「BMCC企業にふさわしい」「ブラウン管の生産に適性がいい」労働力と認定され，山東省と河北省が従業員の集中的な募集地となっている。特に，山東省出身の従業員は理解力が高く手先が器用で，誠実でよく働き，苦労に耐えて，定着が良い等ブラウン管の作業に向いていること，また労働力を送り出す現地政府の労働部門も積極的に協力してくれるなど，いくつかの有利な条件を持つことが分かった。

募集方法についてみると，日本企業は新大卒の卒業時期に合わせて，就職企業説明会，会社の募集広告などを通じて，従業員を募集することが一般的な方法である。しかし，BMCCの場合は，会社の大半を占める直接作業者を特別な地域から集団的に募集する方法をとっている。会社側は山東省，河北省の職業仲介業界或いは労働輸出部門など労働部門に依頼して，現地で労

働者を募集して，会社側が現地に行って採用試験を行う。まず，会社側は募集人数，募集条件について各地域の労働部門に通達を出す。各地域の労働部門は募集条件，募集人数によって労働者の募集を行う。労働部門の募集人数は会社希望人数の3倍の人数である。つまり，BMCCは応募率3倍の好条件の下で，従業員を採用するのである。最初は労働者の仲介費用としてBMCCは各地域の労働部門に手数料を払っていたが，2004年現在では地方政府にとって継続的に労働者を送り込むことができ，現地の就職先を広げるメリットがあったとして，BMCCに直接に費用を要求することはなく，労働者個人がその費用を負担している。

BMCCは各地域の労働部門で募集された労働者に日本企業の新入社員の採用制度と同じように，筆記試験と面接を行う。筆記試験は文字表現能力を確かめるための作文と常識である高校の物理，化学，数学から構成される試験問題である。その試験内容は，基本知識である物理原理，化学反応などである。そして，筆記試験の合格者のみに面接を行う。こうした多段階で厳格な試験と競争を経た後に，30％余りの労働者が合格して企業に採用される。

固定工，契約工以外に，BMCCは約100名の臨時工を採用している。彼らは退職者及び他企業のレイオフ者から形成され，会社の補助的な仕事，例えば，荷物を運ぶ運搬工，車の運転手などで，契約は1回限りで半年，1年の契約を結んでいる。

以上で明らかなように，BMCCの固定工，契約工，臨時工は現在の日本企業の正社員，契約社員，パートやアルバイトと性格的に似ている。景気が悪くなった際には，契約工の契約を延長しないことで企業の経営状況を改善するなど，これらの従業員雇用形態の3種類は日本企業の採用システムが適用された結果であると考えられる。また，BMCCは多くの外資系企業と同じように，中国で優秀かつ安定的な労働力の供給源が確保されるだけではなく，無制限に近い労働力の供給によって賃金の上昇を抑制し，中国の激しい「価格競争」に挑んでいる。

(2) 雇用管理と人事考課の特徴

「長期雇用」は日本型経営の特徴としてよく挙げられている。しかし，長期雇用は企業が「適切な人材」を条件として，労働力を確保する手段であり，無条件の長期雇用とは言えない。そして，日本型経営の特徴の1つである長期雇用も変化しつつある。

上述したように，BMCCの雇用形態別従業員は固定工・契約工・臨時工という3種類に分かれている。契約工は中国の事情により戸籍によって都市契約工と農村契約工からなり，臨時工は社外工と協力工からなる。固定工は，日本企業の正社員と似た形態で，「終身雇用」である。彼らは，BMCC設立当時，政府及び国有企業から派遣された幹部，技術者と最初の公開募集で採用された専門学校卒，大卒の従業員である。契約工は，日本企業の契約社員と大体同じ雇用形態で，都市契約工は契約終了後延長可能であるが，農村契約工は4年の契約が終了後，基本的に延長は不可能である。そして，社外工は，日本の社内外注と似たもので，会社との契約により他の会社から派遣された出向員である。協力工は，日本の定年後の再就職と同じ雇用形態で，BMCCが有用な人材を定年後再就職の形態で，個人と契約を結んでいる。それでは，次に従業員全体に占める割合が比較的高い農村契約工にポイントをおいて論述する。

BMCCの農村契約工は主に山東省，河北省から募集している。上述したように，このような農村契約工は厳格な選抜を得て，BMCCに採用されている。雇用面において，農村契約工は基本的に3カ月から1年のOJTを経て，4年間企業で働くことができる。しかし，その前提として勤務態度がよく，大きなミスがないことがある。4年目からはその契約更新は難しくなり，更にその条件も厳しくなっている。その契約更新可能な割合は，契約期間が4年目で20〜30％，5年目以上になると10％となっている。つまり，会社に貢献がある，あるいは熟練技術を持っている，あるいは一定の業績を持っている，など他人より優秀な農村契約工のみ契約更新が可能であり，それにしても8年が最長である。このような雇用管理でBMCCは従業員にインセンティブを与えると同時に，人件費削減の効果をあげている[49]。

以上でみたように，BMCCの雇用形態は日本企業と似た固定工，契約工，臨時工に分けられている。しかし，BMCCは日本企業で固定工が大多数を占める雇用形態と違って，農村から募集した契約工が大多数を占めている。BMCCは設立当時，政府及び国有企業から派遣された幹部，技術者と最初の公開募集で採用された専門学校卒，大卒の従業員を固定工として長期雇用するほか，全ての従業員を契約工として採用している。つまり，BMCCでは最初の募集以外に契約採用制度を採っている。このような契約工は景気が悪くなった場合，会社が負担を強いられることなく契約を延長しなくても良いのである。この制度に関しては，日本企業と大きく違っている。つまり，日本企業では長期雇用制が変わりつつあっても全て契約工として採用することは考えられず，景気が悪くなった場合に，その対応策として従業員を安易に解雇することは難しいのである。

　ほとんどの日系企業では，人事考課が職務評価の手段として行われ，昇進，昇給，ボーナスを決定する方法として利用されている。人事考課のあり方において，海外に進出した日系企業は本社のやり方を参考にする場合が多い。次に，BMCCの人事考課がどのように従来の国有企業の査定方法と違い，日本型査定方法を導入したかを検討したい。

　中国の国有企業では「平等」を原則として人事考課を行うことが一般的である。その査定方法をみると，班単位で全員の議論・相互評価を経て，作業長が書面の形式でその内容をまとめ，成績を決めるいわゆる「全員による考課」が通常である。また，査定結果が賃金，ボーナスにはあまり反映されないのも特徴の1つである。このような方法では，全員が同じ査定結果になったり，順番にその査定結果が入れ替わったりなど人事考課が形骸化される傾向がある[50]。そのような状況の結果，従業員はモチベーションと労働意欲が持てず，積極性を引き出せないなど重大な問題をもたらしている。

　BMCCは，国有企業が従来採用していた「悪平等主義」の人事考課をやめ，現場での班長権限を中心として係長，科長順に人事考課を行う日本型の人事考課を採用した。さらに，査定結果を昇給，奨励金に反映されるようにした。

BMCC の人事考課は大きく 2 つの対象に分けて行われている。

　1 つは，生産現場の直接作業者を対象とする人事考課であり，もう 1 つは，もっぱら技術者，事務職員及び幹部を対象とする人事考課である。職種によって，5 段階評価式の細かいチェックを厳密に行っている。これは昇進に伴わない業績評価を主に奨励金決定に反映させるために採用されたものである。

　生産現場の直接作業者の査定方法を見ると，直接作業者には月毎に人事考課が行われている。その人事考課は「二重評価」であって，班長➡係長の順に行われ，まず，班長が全責任を負って，決められた考課基準によって班内の従業員を一人一人評価する。班長の 1 次査定に基づいて，係長の 2 次査定が行われ，科長は直接に人事考課に関与せず，班長，係長の査定を審査し最終的に査定結果を作成する。人事考課の結果は，記入帳に記載されると同時に本人に通知される。この記入帳は本人と常に付随になっている。例えば，違う部門に移動された場合，記入帳もその部門に移管される。内部応募で任命された班長，係長は任期期間である 2 年に 1 回人力資源部の主導で人事考課を行う。この評価は次の内部応募の際の重要な参考資料にもなる。技術者と科長以上の幹部は年 1 回の評価が行われており，技術者と非生産部門の評価は「三重」評価になっている。つまり，所属の直接の上司とその上の上司，さらにその上の上司により評価される。例えば，科長の場合は，本人所属の部長，副経理，総経理の順序により評価される。査定結果は 5 つの等級である AA，A，B，C，D に分かれ，最両端の AA 等級と D 等級にはごく一部分を，A，B，C に多数取る方式を採用している。この 5 等級の評価により，奨励金額は違うが，すべての等級に奨励金が支給されている。しかし，従業員のインセンティブをさらに高めるために，2000 年からは E という等級が追加された。E の評価は奨励金が支給されず，その人員の枠も定められてない。2000 年からの 6 段階からなる評価方式の奨励金の割合を比較してみると，AA の評価は給料の 120％，A は 110％，B は 100％，C は 90％，D は 80％，E はゼロである。各段階の評価には 10％の差が出てくる。

表5-17は，BMCCの従業員人事考課方法表である。一般従業員の評価内容をみると，大きく仕事能力，協調性，規律遵守など3つに分かれている。仕事能力には，業務知識，技能，仕事効率，仕事意欲，責任感，作業態度などの内容がある。協調性には，グループ意識，関連部門との協調性，先輩・後輩との関係，協力などが含まれる。規律遵守は，会社規律の遵守，出勤率，安全性などの内容が含まれる。特に注目することは，「6S」に対する認識と実績も人事考課の内容に入っていることである。班長以上の人事考課の項目には，知識・計画力，指導力，協調性，技能指導，組織の整合力と創造力，「6S」に対する認識とリーダーシップ発揮など6つがある。知識・計画力には，業務知識，技能，計画力が含まれ，指導力には，業務推進能力，リーダーシップの発揮などの内容が含まれる。協調性には，関連部門との協

表5-17 BMCCの従業員人事考課方法表

1. 評価時間
    Ⅰ. 生産部門
       毎月ごとに1回人事考課を行う
    Ⅱ. 非生産部門
       半年ごとに1回人事考課を行う
    Ⅲ. 科長以上の幹部
       1年ごとに1回人事考課を行う
2. 評価内容
       主に仕事業績の評価について
    Ⅰ. 一般従業員評価内容
       ①業務，仕事能力（知識，技能，仕事意欲，責任感を含む）
       ②仕事業績（仕事の業績，効率，仕事の質）
       ③協調性，グループ意識
       ④会社規律の遵守
       ⑤「6S」に対する認識と実績
    Ⅱ. 班長以上の従業員（特種の従業員も含む）
       ①知識，計画力
       ②実践，リーダーシップの発揮
       ③協調性
       ④指導力，部下の育成能力
       ⑤組織の整合力，創業力
       ⑥「6S」に対する認識，「6S」活動のリーダーシップの発揮
    Ⅲ. 科長以上の幹部
       年俸制規定によって実行する

出所：社内資料により作成。

力，上司・部下との関係，説得力，調整力などがある。技能指導には，部下の仕事意欲の促進，OJTの指導と部下の教育などが含まれる。組織の整合力と創造力には，グループ意識，事業の展開と創造力などが含まれる。班長以上の従業員人事考課にも，「6S」に対する態度とリーダーシップ発揮の内容が入っている。この点は，日本企業と大きく異なるところである。

非生産部門の人事考課は業績考課，態度考課，能力考課から構成されている。業績考課には個人及び部門の仕事の量と質，仕事の効率，目標の達成度などがあり，態度考課は責任感，協調性，規律性の3つの方面から行われ，能力考課には知識技能，計画力，問題意識がある。

以上検討してきたように，BMCCの人事考課内容は日本企業で行われている成績考課，意識による考課，能力考課とほぼ同じ内容である。このような査定を通じて，BMCCは国有企業が残した「悪平等主義」をなくし，従業員に対して公正な競争システムを構築している。一般従業員には，知識，仕事に対する意欲と責任感，仕事への協調性，組織への関心度などを要求する。そして，班長以上の従業員に対しては，リーダーシップの発揮，職場間の調整，部下に対しての指導力，人材育成を重視している。

(3) 賃金体系の改革

BMCCの賃金体系は松下の賃金体系を参考モデルにしながら中国の事情に合わせて取り入れたものと考えられる。賃金体系は人事考課の結果とリンクされており，従業員の労働意欲を高める1つの手段として捉えられている。BMCCの賃金体系は，「基本給＋諸手当＋奨励金＋職位給」からなる。基本給は日本型年功序列賃金体系を強く反映しており，3つの部分から成り立っている。その3つの部分とは，基本給の20％である年齢給，基本給の40％を占める勤続，学歴を含む能力貢献給，そして職場によって違う職場階級給である（図5-8参照）。諸手当には，主に特殊作業手当，特殊勤務手当，残業手当，夜勤手当などがある。カラーブラウン管製造工場にはいくつかの高温，危険，有害，強度な肉体労働職場などが存在する。特殊作業手当は，このような現場で働いている従業員を対象として設けたものである。特殊勤務

手当は，運転手，受付係などの職場を対象としたものである。奨励金は，人事考課の結果とリンクさせ，直接作業者は月毎に，非生産部門及び幹部は1年毎に支給されている。職位給は，日本の職能等級と似て，各個人の職位，例えば，班長，係長，科長，部長などのランクによって決められている。

BMCCの賃金体系は等級賃金制でもある。等級賃金制は人力資源部の「崗位評估（職場評価）」によって持ち場の基本賃金が決められ，持ち場が変われば基本賃金も変わるという体系である（表5-18参照）。

生産現場で従業員職務配置，仕事の質と量，職務の責任の大きさ，労働強度，技術水準などを基準として一般従業員は4等級16ランク，監督者以上

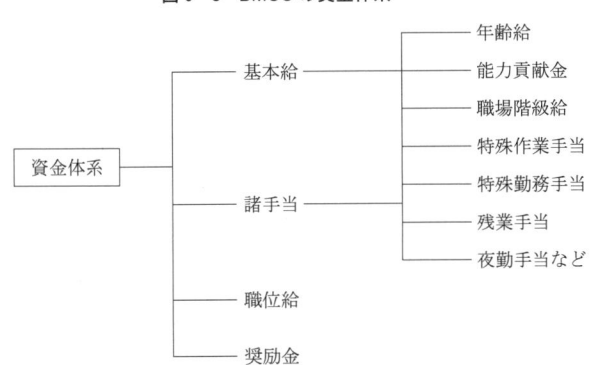

図5-8　BMCCの賃金体系

```
資金体系 ─┬─ 基本給 ──┬─ 年齢給
          │           ├─ 能力貢献金
          │           └─ 職場階級給
          ├─ 諸手当 ──┬─ 特殊作業手当
          │           ├─ 特殊勤務手当
          │           ├─ 残業手当
          │           └─ 夜勤手当など
          ├─ 職位給
          └─ 奨励金
```

出所：社内インタビューにより筆者作成。

表5-18　「崗位評估」の7つの要素と占める割合

要素	内　　　　容	割合
I	企業に対する影響（影響，規模）	40%
II	監督管理（部下人数，部下の類別）	9%
III	責任範囲（仕事独立性，仕事の広さ，営業知識に対する要求）	13%
IV	交流手法（交流頻率，交流手法，交流の内外役割）	8%
V	任職資格（学歴，経験）	16%
VI	問題解決の難しさ（問題解決に必要な創造性，問題解決の複雑性）	11%
VII	環境条件（環境，リスク）	3%

出所：社内資料により筆者作成。

は5等級9ランクに分けられている。

　一方，中国の市場経済の発展により，外資系企業の中国への積極的な進出，近年の中国国有企業，民営企業の発展など様々な要因により，人材の流動化が激しく，日系企業の年功序列型賃金システムは改革の必要性に迫られている。年功序列は，以前中国の悪平等に近いものと捉えられていると同時に，中国特有の文化や習慣の影響で中国人は業績・成果主義を強く求めている。日本企業の年功序列型賃金システムは，日本企業の特徴である長期雇用を前提とし，遅い昇進，企業内でのキャリア形成などが他の要素とともに企業の雇用慣行として形成されてきたが，契約制を実施している中国では年功制に大きな不満を持っている従業員が少なくないようである[51]。近年，日本国内でも経営環境の大きな変化により，従業員の評価・報酬システムは長期雇用にもとづいたものから業績・成果を反映するシステムへ変わりつつある。また，欧米系企業，一部の中国企業において，成果・業績主義を重視する賃金システムが導入され有能な人材が確保されている。これに対して，ここ4，5年間にわたり，BMCCにおいては人材流失が増える一方である。その原因の1つとしては年功序列型に近い賃金システムが挙げられている。つまり，BMCCでは，平均化した待遇を中心として仕事の内容が違っても，同期入社したら学歴が違っても給料にはあまり大きな差がないなど能力の差を認めない不合理的な賃金システムを改革する必要性があると思われる。これによって社員の定着率向上にもつながるのである[52]。

　このような状況の中で，2000年度にBMCCは大きな人事改革を行った。科長以上の経営幹部には会社の業績とリンクさせる年俸制，技術人員の給料は技術成果にリンクさせ，技術専門職制度を強化した。さらに，生産現場の直接作業者のボーナスは製品品質，材料消耗とリンクさせるなど一連のシステムを導入した。これらの人事制度の改革は，理念の改革ではなく，理念に基づくさらなる発展を図るものである。特に，日本型年功序列型賃金システムはBMCCの後段階になって従業員の積極性と創造性を障害する大きな要因として取り上げられた。BMCCは日本型年功序列システムの優れた部分を取り入れた上で，従業員の積極性と創造性を妨げる不合理な部分を改善しな

がら，優秀な従業員には20歳代でも30歳代でも，年齢と関係なく技術力，能力，熟練度を持っていれば40歳代と同じ職場で，同じ給料が支払われるようになった。

　科長以上の経営幹部に対しては，毎月決められた基本給料と諸手当だけ支払われる。そして，半年毎に予備人事考課を行い，年度末には業績によって最終の人事考課を行う。経営幹部の業績には，仕事に対する目標の達成度，会社の利益，仕事の効率などの側面がある。科長レベルの年俸の割合をみると，基本給料の金額は年俸金額の約50％を占めている。職務のポストが高くなればなるほど，年俸における基本給料の割合が低くなり，逆に業績による給料が高くなっている。このような賃金システムの改革は，幹部と従業員の意識・観念を変えることができ，観念の転換こそ，制度変革の基本であり成果だと思われる。賃金システムの改革により，BMCCの経営業績が大きく成長したとも言われている。

　賃金システム改革はBMCCの幹部と従業員の仕事に対する積極性を大きく刺激し，創造性を引き出し，企業に対して積極的なる活力を与えている。BMCCは松下の賃金体系をそのまま導入したのでなく，中国の文化，習慣など国内の経営環境の変化に合わせて独自の賃金体系を形成したのである。

(4) 教育訓練と人材育成の徹底

　松下グループの社是・経営理念として，「もの作りの前に人作りあり」，「人材育成を通じて社会に貢献する」がある。教育訓練は人材育成の1つの重要な手段である。優秀な人材を育成・確保し，彼らの能力を最大限に発揮させることは企業発展の最前提でもある。そして，それによって社会の発展を促進させる。経済，企業の国際化が進むにつれて，松下は海外事業展開においても，このような経営理念の普及と浸透を徹底的に推進するために努めている。また，企業内教育に重点を置く教育・訓練方式は最も典型的な日本型経営資源の特徴といえる。

　表5-19に示したようにBMCCの人材育成の教育訓練は全ての従業員に対して行い，OFF-JT，OJT，日本での研修など様々なプログラムを取り入

表 5-19 BMCC の教育訓練体制

実施対象	新入社員	幹部，一般従業員
実施部門	人力資源部＋生産技術部などの各職能部門	生産技術部などの各職能部門＋日本での研修（中国松下人材育成センターの研修も含む）
実施内容	人力資源部：経営理念，労働規律など 各職能部門：生産プロセス品質管理，保全，製品知識など	各職能部門：生産工程内容，製品知識など 日本での研修：経営管理，専門知識など 有名大学での学習：MBA 課程などでの訓育養成
実施方式	主に OJT	OJT（主に）＋研修
実施期間	人力資源部：1週間程度 OJT：3カ月程度	不定期

出所：社内インタビューにより作成。

れて実施されている。実施部門は人力資源部，生産技術部などの各職能部門，日本での研修である。日本での研修の一環として中国松下人材育成センター（CMC）の研修がある。

BMCC では一般的に，新入社員に対しては，2段階に分けて教育訓練を実施している。まず，人力資源部が新入社員に対して普通の社員教育を行っている。さらに，松下の経営理念，労働規律，会社の内容，生産する商品などを中心として一週間程度の教育を実施している。これは OFF-JT の形式で行われている。その主な狙いは新入社員の組織の一員としての心構えと態度の育成である。次に，OJT 教育として，各部門への配属先教育が3カ月間行われている。その教育訓練内容として，生産プロセス，品質管理，保全などがある。この訓練はリーダー，班長，係長など経験がある熟練者が担当し，工程作業に関する知識，経験を教えている。生産技術部門は主に生産工程内容と製品知識について訓練を行う。専門性が強く，複雑で且つ難しい生産技術部門では OJT 教育が1年間行われる場合もある。3カ月間の研修期間中は基本的に奨励金は支払われず，基本給料と諸手当だけが支給されている。大卒の新入社員は6カ月〜1年間程度，現場でジョブ・ローテーションを行い，カラーブラウン管の生産工程の知識を習得し，その後に，正式な職場が決められる。しかし，入社当時から部門部署が決まった場合，現場での仕事は行われず，所属する部門で研修を受ける。

OJT は企業内キャリアの形成に役立つ職務訓練である。新入社員は上司，熟練工の指導・育成の下で，実際の仕事を通じて職務遂行に必要な知識・技能・ノウハウを習得させている。このような OJT は新入社員に職場の実務能力及び担当部門の技術を習得させるだけでなく，日常的な接触を通じて新入社員と上司，先輩との人間関係を円滑にすることで，労働意欲の喚起にも効果的である。

　その他に補助的な教育訓練の手段として，BMCC では専門的知識と経営知識の教育訓練も実施されている。2001 年，中堅管理者の経営知識水準が不統一であったため，60 名の係長を対象に「MBA 初級課程」講座を開き，「経営学」「人的資源管理」「マーケティング」など 13 科目の経営知識の教育を行い，中間管理者の企業経営の認識を向上させた。カラーブラウン管市場競争の激化により従業員の素質向上の必要性から，一部の従業員には仕事外の時間を利用して職業大学・専門大学で短期大学以上の教育を受講させている。また，班長，係長，エンジニアが参加した「BMCC 有効管理者研修班」を設け，大学の有名な経営学者，成功した企業家を招いて「管理者に対する要求」「業界競争と個人発展」「有効な生産管理」などをテーマとした教育を行った。他方，「有効管理者研修班」の優秀な学生には他の企業を見学させるプログラムも取り入れた。このような企業見学を通じて従業員に刺激を与え，学習意欲を引き出すためである。さらに，優秀な幹部は著名な大学に派遣し MBA 課程を受講させている。筆者がインタビューした品質技術部標準化管理科の科長も派遣され，清華大学の MBA 課程を修了したのである。

　特に，欧米系企業に比べ，日系企業は日本を含む外国での研修が少ない[53]という指摘と対照的に，BMCC は積極的に日本での研修を実施している。1988 年，BMCC の生産準備段階で，最初に幹部，従業員を合わせ 250 人に上る研修生を松下電子工業に派遣した。外貨が非常に不足していた当時，このようなことは容易ではない。研修範囲は現場の生産から管理部門まで広範囲に及び，研修期間は 3 〜 10 カ月で，現場生産者は 3 カ月程度，技術者は 8 カ月，そして科長，部長は 10 カ月であった。これに続いて，第 3

ラインの試生産前（1993年2月）に従業員50名の派遣，1994年2月には，第2ライン改造後のディスプレイ管生産準備のため13名の派遣など，ラインの改造，増設に伴って日本での研修が行われている。このような多人数による長期間の日本研修を通して，各研修生は松下の経営理念，経営管理，製造・製品技術，設備の修理と保全など多くの先進的なノウハウを確実に習得したに違いない。

　最初の250名をはじめとする研修経験者は現在BMCCの中堅的役割を果たし，日本企業の一般的な経営資源の特徴を反映している「松下的経営」の中国への移転の推進者となっている。松下の経営理念の内容であるチームワーク重視，絶えず改善を図るという問題意識，責任を共有する精神はこのような250名をはじめとする日本での研修経験者を通じて従業員の間に定着することができたといえる。これらの研修経験者は情熱と努力を通じて全従業員に松下の経営理念を浸透させ，その経営資源の移転に大きく寄与したことは明らかである。

　このような日本での研修は，松下の経営戦略の判断に基づいたものであり，人材育成を重視する松下の経営理念の反映でもある。さらに，会社全体の資質の向上を図り，現地化を推進する第一歩でもある。

　注目すべき点は，1995年7月の松下電器（中国）有限公司（CMC）の人材育成センターの設立である。CMCは人が基本という松下の経営理念の下で，中国における松下グループの一般社員から幹部社員までの中国松下グループ全体の水準を高める共通項の教育を行っている。主な教育内容は松下の経営理念の教育・浸透であり，その研修内容は大きく2つのタイプに分けられる。

　1つは，一般管理者を対象とした生産管理，経営管理，翻訳業務，QC小集団活動，財務，製造現場の指導員研修などである。1つのQC小集団活動の例を挙げると，品質管理の責任者，リーダー研修が行われ，これらの研修者をメインとして各職制の中で品質管理の組織が作られ，ISO9000，ISO14000などに取り込んでいる。

　もう1つは，階層別研修で，係長，科長，部長などそれぞれの階層に合わ

表5-20　松下電器（中国）有限会社人材育成センター教育システム

階級別	日本への研修	階級別研修	職能研修	基礎研修
董　事	常任董事	常任董事経営理念	人事	技術教育
部　長	経営戦略実践	常任董事経営研究会	財務	技能育成
課　長	部長経営戦略実践	部長経営理念研修	購買	新入社員教育
係　長		課長経営理念研修	製造	
技術者		課長経営実践研修	品質管理	
工員・事務		班長基礎経営実践	生産技術 情報システム 販売 サービス	
研修管理部門	教育育成海外研修センター	松下電器（中国）有限会社	（略称 CMC）	中国松下個々合弁・独資会社

出所：古田秋太郎・中垣昇・吉田康秀（2001）『日本企業の新アジア経営戦略』p.29。

せた研修である。最も重要なのは，松下グループ各企業の新任常任董事（董事会のメンバー）の定期研修である。彼らの研修には松下の経営理念の研修が不可欠な1つの内容になっている（表5-20参照）。新任常任董事への松下の経営理念の教育は，董事会の円滑な運営を可能とすると同時に，将来の現地人総経理の下での中国事業と松下の世界経営戦略との整合性の実現を図る布石と考えられる[54]。

このように，松下グループは企業全体の資質向上のため，様々な人材育成体制を確立し，これを通じて松下グループ全体の発展を促進し，さらに，中国経済発展にも貢献している。

(5) 「中間管理者選抜」システムの構築

中間管理者は会社の発展を支える重要な要因であり，将来会社の技術開発，経営戦略を担う有力な候補者でもある。

BMCCの主な従業員は部長，科長で構成される管理者，係長，班長で構成される監督者，現場で働く直接作業者，事務，経理，警備などから構成される間接作業者の4つに分けられる。中間管理者とは科長，監督者を指している。

BMCCの中間管理者は基本的に内部から昇進した社員である。企業内熟練の形成と内部昇進システムなどいわゆる内部労働市場構造は日本企業の労務管理の特徴として挙げられる。従業員は内部昇進システムを通じて，お互いに競争し合い，優秀かつ経験がある人が選ばれ，昇進するのである。

管理者に対して評価を行う際には，専門知識，問題の対応能力，部下を指導，教育する能力，チームワーク能力，問題意識と計画策定，実施能力の4つの側面を基準としている。

BMCCでは，班長，係長への昇進は科長の推薦を受け部長が審査し副総経理から承認を受ける。新入社員が班長に昇進するには早い人で4～5年，一般的に8～9年を要する。係長は1年以上の班長経験が必要である。単純に計算すると，係長までは早くとも5～6年，基本的には9～10年の期間が必要である。これは勤続年数の要素を重視する日本企業における班長，係長での内部昇進に要する期間と大体同じである。

BMCCは内部昇進によるいわゆる「幹部任命制」を実施してきた。「幹部任命制」は生産初期では従業員を安定させてきたが，生産ラインが急激に拡張する時期にはその固有の弊害が現れた。特に幹部の予備資源が大きく制限を受けた。したがって，2002年からBMCCは班長，係長に対する新しい中間管理者選抜システム「管理職の社内公募」制を導入して幹部任命終身制を廃止した。この選抜システムはBMCCが松下グループ内で最初に導入した新しいシステムでもある。その特徴は従来の科長の推薦による「任命制」から個人の意志，やりがい，実力（専門知識など）を重視した「個人の自主制」による申し込みを採用したことである。「管理職の社内公募」は職場や学歴，戸籍，年齢などは関係しない。そのプロセスは以下のとおりである[55]。

①応募する職務内容，仕事説明書によって，「社内公募」ポスターを貼る。

職務内容，仕事説明書の要求に合致する会社従業員は自由に申込書を手に入れることができる。締切り期間内に，所属部門の科長，部長の推薦認可の署名を受けて，「社内公募」申込書を人力資源部に提出する。

②人力資源部は仕事説明書によって，応募者の資格を審査した後，筆記試験を行う。

　筆記試験は経営に関する試験と専門に関する試験に分かれている。経営に関する試験は人力資源部が出題し，専門に関する試験は所属部門の科長が出題している。筆記試験（全体に占める割合は30～40％）と応募者の前年度の人事評価（占める割合は60～70％）を加えた点数が総得点となる。総得点で1位と2位に入った応募者は最終段階の面接を受ける。面接は審査委員会が行い，各部門の部長と総経理，副総経理が出席する。部門が違っても所属する科長と部長は必ず出席（審査委員は少なくても3人以上）しなければならない。

③面接に参加する応募候補者は「如何に公募された職務を担当するか」という内容の応募報告書を準備する。面接時間は30分で，自らの主張を5分間発表し，残余の25分は審査委員会の質問を受ける。

④面接は創造意識，管理知識，問題意識，言語表現能力の4つの方面から評価される。面接についての総合評価成績が第一で，しかも平均点数が7点（10点満点）以上の応募者が最後に選考される。

⑤次に，人力資源部研修企画科によって，選ばれた応募者に対して在職研修が実施される。

⑥選ばれた応募者は応募職務先の所属部門の部長が確認し，人力資源部部長が審査し，副総経理，総経理の承認を得て，副総経理と総経理が職務証書を発行する。任期期間は2年となる。

　班長，係長の「管理職の社内公募」は公開，公平，公正の基準で，応募者を判断する。公募条件，公募人数，公募プロセス，公募結果等は公開される。そして，厳密かつ公平な競争を通じて，優秀な人材を選び，人材選抜の透明度を高めるのである。

　初期のBMCCの「管理職の社内公募」は2002年4月に実施された6名の班長の選抜であった。応募者は65名で，その内58名が科長，部長の推薦を受けた。そのなかで，49名が筆記試験である経営知識，専門知識の試験に参加した。筆記試験の成績と仕事業績（1年間の仕事の考課）により，1つ

のポスト毎に総合成績が1位と2位の応募者が面接に参加し，最後に6名が選ばれた。選ばれた班長には地方出身の農民契約工や，1年前に過失で更迭された班長もおり，更に他の部門の優秀な従業員など様々であった。

　企業が優秀な人材を早く見つけ，管理職に登用させその才能を発揮させることができるかどうかは企業内に良好なHR（人力資源）メカニズムが形成されているかによる。「管理職の社内公募」はBMCCの多くの従業員の支持を得ている。このような公平，透明な方法は，一般従業員に能力と才能を発揮させる良好な機会を提供しており，従業員に学習意欲とプレッシャーを増強させる。

　「管理職の内部公募」の競争倍率は数倍或いは十数倍になっている。このようなBMCCの「社内公募」には次の利点がある。

　①選ばれる範囲が広く，優秀な人材を選ぶ基礎が構築できる。

　②選抜方法は共通のルールの下，公平，公開で行われ，選ばれた応募者に対する偏見がなくなる。

　③応募時，筆記試験があって，応募者に学習意欲を促し，知識意欲を持たせる。

　④応募時，面接があって，応募者に論理的な思考能力を促し，スピーチレベルを高める。

　⑤応募に対する要求が明確で，筆記試験の結果状況が掲示されるなど選抜システムが一目瞭然であり，人力資源業務の透明度を高める。

　⑥透明，公平な選抜方法は，従業員に自らの仕事への積極性，向上心と責任感を引き出す。

　公募して選出された班長，係長は淘汰制を前提としている。淘汰制によって必要な管理職は再び公募される。継続的再任選抜は選抜された班長，係長の任期期間中の日常評価と前年度の業績考課を加えて実施される。表5-21は継続的再任選抜の内容である。

　選抜された班長，係長は任命期間中，評価がA以上の場合，継続的再任が可能で基本給料，手当が1つの上のランクに昇進する。評価がBの場合，待遇は変わらず，継続的再任は可能である。そして，評価がCの場合には

表 5-21　継続的再任選抜の内容

考課評価	人員割合	継続任命待遇
AA	5%	継続任命，基本給料，手当が一段階上に昇進
A	15%	
B	70%	継続任命，基本給料，手当は変わらない
C	5%	継続任命不可能，同レベルの別の職務への公募参加は可能
D	5%	継続任命不可能，同レベルの別の職務への公募参加は不可能

出所：社内資料による。

もう一度公募に参加して挑戦を受けなければならない。最低のDの場合では下級の管理職にしか応募できない。例えば，係長の任期中，考課評価がDだった場合，班長の監督職に対してのみ応募できる。「企業の競争は実際に人材の競争である」など経営環境に適応するため，このような「優秀な人材は生き残り，劣る人材は淘汰される」このシステムは従業員にモチベーションと危機感を与えている。

「管理職の社内公募」選抜システムは年功序列を作らず，従業員の学習ブームや社内人材の活性化などに大きな成果を収めた。1つの例を挙げると，休憩室に応募するため仕様書，作業指導書の学習に励んでいる従業員が次第に多くなっており，作業中にも質問したり，問題を発見したりする従業員が増えている。彼らは自らの学習と努力を通して応募準備をするのである。個人の自主的な申し込みにより，従業員の積極性，さらに選抜された彼らのリーダーシップを引き出すことができる。これは日本企業の労務管理の特徴である内部労働市場構造の企業内部人材市場を有効に活用した事例である。これらの新しい導入こそが中国での日系企業の特徴として理解できるものである。

第4節　「日本型経営資源」の移転と経営現地化の実態

多国籍企業の積極的な中国への進出，日本，欧米など先進国の優れた生産システム・経営システムなどの経営資源の移転により競争力を身に付けた現地企業の台頭など中国での企業間競争はますます激化し，熾烈な価格競争・

品質競争・販売競争が行われている。特に，電子・電機産業において競争力を失いつつある日本企業にとって，従来の日本企業において日本人を中心とした経営政策から経営現地化への必要性が迫られている。

次に，BMCC の現地化はどのようになっているのか。どのような動きを見せ始めたのかなどについて考察する。

(1) 設備，部品の現地調達化の促進

アジア諸国に進出している日系企業は，主要な生産設備，部品を日本に強く依存している実態が数多くの調査報告に示されている。中国に進出した日系企業の国産化率の実態調査からみても，日本からの調達率が現地調達率を上回り，特に，電機，電子部品産業において日本からの調達率が高いことが明らかになった[56]。BMCC の設備，部品の国産化はどのようになっているのか。次に，BMCC の設備，部品の国産化について考察を進める。

BMCC は設立当初から設備の国産化に積極的に努力し，着実に次のような方針[57]で設備国産化を進めてきた（表5-22参照）。まず，積極的に国産化に挑戦すること，次に，厳格に国産化設備のメーカーを選択し，技術指導を行うこと，3番目は，選ばれた設備メーカーと緊密な連携を保ち，協力し，品質を厳しく検査すること，などである。

最初の第1ラインの国産化率は20％であったが，現在の第6ラインの34

表5-22　BMCCの設備の国産化

設備	国産化率	国産化の対象
第1ライン	20%	台車，物置台，配線など附帯品
第2ライン	35%	
第3ライン	41%	パネル，マスク，ファンネル三大掃除設備など
第4ライン	50%	アルミ蒸着機，封止機低融点溶着炉，排気炉など
第5ライン	80%以上	本体中国製
第6ライン	50%以下	中国で国産化が不可能な大型設備を日本から輸入したため国産化比率が低い
PRTライン	90%	駆動部，減速機だけ日本から輸入。本体などその他は中国製

（注）：設備の点数で計算した国産化率。
出所：李越和（1996）p.190 及び BMCC の製造部部長のインタビューにより筆者作成。

型ピュアーフラット型は設計段階まで中国人技術者が深く携わっている。つまり，最初の簡単なモノの国産化から 2003 年時点では複雑な設計まで国産化を進めている。これは，BMCC の製品自主開発の第一歩であり，全面的に国産化を実施するための大きな第一歩でもある。中国技術者研修も，1999年前までは機械の操作，メンテナンス，組立などがメインであったが，2003年ではこのような実習だけではなく，課題を棲み分けて独自に部分設計を担う段階に達している[58]。

　一方，BMCC の部品国産率も，着実に上昇し，最初の完全な輸入部品から 2003 年時点では大部分の部品が国産化を図るなど高いレベルまでに達していた。BMCC の部品国産化率がこれほど高くなった理由には円高，中国政府の要請，BMCC の部品材料の国産化経営方針，などの要素が挙げられる。その中でも，BMCC の積極的な国産化の推進経営方針が最も大きな役割を果たしたと考えられる。ある時期には，副総経理の指導の下で，国産化推進室を設置し，積極的に国産化の推進を計画，管理していた。生産に必要な部品，原材料を現地で調達することは企業のコストダウン，裾野産業の育成，「ジャスト・イン・タイム（JIT）」などに極めて合理的な経営行動である。

　BMCC の部品調達業務は資材部が担当している。資材部は 3 人の科長，8人の係長，60 名の従業員から構成され，部内は購買企画科，購買科，材料検収科の 3 科に分けられ，それぞれの役割分担と部品調達との関連は次の通りである。購買企画科の仕事は主に 2 つに分けられる。1 つは，部品調達の計画・管理，部品メーカーの選別を担当する。新しい部品，新しい部品メーカーの開発，部品価格情報の収集，価格交渉などは購買企画科の主な仕事である。つまり，海外部品調達メーカーから国内部品メーカーへ転換する「第一代国産化」，及び国内では「第二部品メーカーの開発」などを推進することである。2 つは，物流管理であり，倉庫での部品の受け入れ，運搬，発注などを担当する。購買科は，主に部品の購買を行う。まず，営業計画の下で生産計画を算出し，「基準量」表を作成して部品メーカーに部品発注を行う。そして，部品メーカーに発注した部品を指定した時間内に指定した場所へ納入するように求める。材料検収科は，調達される部品の品質の検査，管

理，認定を行う。材料に不良品があった場合，技術部門と協力しながら窓口として対外連絡の役割を果たし，企業内調整を行う。購買企画科，購買科，材料検収科は協力し，関連部品メーカーでの技術資料の提供，指導を行い，品質を徹底的に追究している。

次に，具体的に部品メーカーの選択から品質の検査，認定までのシステムについて検討する。

部品メーカーの選択は，最初は松下グループの合弁企業がメインだったが，2003年には日系合弁企業，国有企業，民営企業にまで広がった。BMCCの主な海外取引先はNEG，日伸工業があり，化学部品では日本日立粉末，大日本印刷やアメリカ系企業がある。部品調達の海外，国内の金額での割合をみると，国内：海外＝2.5：1である。つまり，国内の部品調達の金額は海外の3倍近いのである。国内の部品の種類の大体の調達割合をみると，民営企業：株式企業（元国有企業を含む）：合弁企業＝25：45：30である。特に，90年代後半以降急速に競争力を付けてきた国有企業，民営企業は低価格を維持しながら高品質を保障するようになり，熾烈な競争の中でBMCCのコストダウンを実現させている。BMCCだけではなく，大部分の欧米系企業，日系企業は国産化を拡大している[59]。しかし，大型新型材料などは国産化率が低く，重要で高額の部品は大企業から調達することに留意している。これは大企業の方が技術力，資金力を持っていると思われるからである。

国内の部品メーカーを選ぶ際に，BMCCは部品メーカー工場の一般的な状況から製造工程まで詳しく検討した上で，少量の部品発注から量を徐々に増大し，品質の保障ができると，大量の発注に移行するシステムを採用している。BMCCでは1つの部品の調達先を2社以上の部品メーカー工場から選ぶのが原則である。その理由として調達先の経営リスクを考慮したものと部品メーカーの間に相互の技術力と価格の競争を促し，技術力の向上，コストダウンを有利にするためである。これは安定した品質の部品供給を求め，子会社或いは固定した1社ないし2社に絞る日本企業の部品調達体制とは多少異なっている。BMCCは熾烈な価格競争のなかで，中国の事情に合わせ，調

達先の経営リスクを考えながらより品質が良いものをより安い価格で購買するために工夫しなければならないのである。部品メーカーの選別条件としてBMCCは企業規模，品質状況，資金能力，価格，従業員の素質，納期サービス，交通運輸などを挙げている。つまり，企業の技術能力，資金能力，長期経営能力を主要な要素としている[60]。

部品の検査，認定は2つの段階に分けている。

まず，「静態検査」を行う。供給された部品は部品の図表の基に抜き取り検査で品質認定を行う。

次に，「静態検査」に合格した部品に使用特性を図るため「動態検査」を実施する。「動態検査」は実際使用するなかで，効率が向上するか，BMCCの生産ライン，生産設備に適合しているかなど便利さにポイントが置かれている。生産過程で不良品が発生した場合，それが部品の原因であれば生産部門は直ちに資材部にフィード・バックする。資材部は部品メーカーに不良品報告を出し，同時に不良品サンプルを部品メーカーに送る。その場合に部品メーカーから技術者が派遣される。部品メーカーは原因を見つけ，改善方法を講じて「品質改善報告書」を提出する。これによって，BMCCは直接部品の調達を開始する。その他に，技術者を部品メーカーに派遣して品質検査を行う場合もある。

上述したように，BMCCは最初大部分の部品を海外へ依存したが，2004年時点では基本的には中国国内から調達している。これは民営企業，株式企業など中国系企業が高品質で安定した部品を提供するようになったことが主たる要因である。また，厳しい経営環境で製造コストの更なる低減を進めるためでもある。

(2) 経営現地化の段階的進行

中国に進出している日系企業は，欧米系企業と比べて，経営現地化の遅れが多々指摘されている。欧米系企業の場合，地理的要因などで進出当初から中国の広大な市場を重視した現地生産・現地販売の経営戦略を確固たる方針により遂行したことに対して，日系企業は低コスト生産と加工貿易を目的と

し進出当初から経営現地化を充分に戦略化して遂行しなかったことが指摘されている[61]。

古田（2004）は経営現地化の主要内容として次の3つを挙げている[62]。第1は中国人を経営幹部に積極的に登用する。第2は中国人の職業観に合わせた能力給・業績給の導入を図る。第3はコミュニケーションによる信頼関係の樹立を図る，ことである。そして，経営現地化により，優秀な人材確保・定着を促し，従業員のモチベーションを引き出し，企業の競争力をアップさせ，企業は長期的な発展を実現することができると指摘している[63]。

欧米系企業は，経営幹部さらに総経理に至るまで海外在住の華僑や欧米からの留学生を含め，多様なる欧米系企業文化を理解している中国人を積極的に登用して，従業員との信頼関係を深めると共に，モチベーションをも高揚している。且つ，優秀な人材確保と転職防止のため，成果主義賃金制度を積極的に導入している。

古田（2001）は中国における日系企業[64]の変化の事例調査を行い，人材育成と経営現地化発展のプロセスを3段階に分けている（表5-23）。

表5-23に示されているように，中国における日系企業の経営現地化の一般的発展段階は［守］，［破］，［離］の3段階に分けられる。

最初の［守］の段階では，本社の経営理念浸透の下に人材育成と日本型経営資源の移転を行う。2番目に［破］として，人材育成などにより現地管理者を養成し，これらの現地人管理者の仕事及び会社への愛着心を通じて，他の従業員に本社の経営理念を浸透させる。また，管理者の日本型経営資源

表5-23　中国における経営現地化の発展段階

発展段階			各段階の特徴
1990	守	設立	経営理念の浸透　機械設備・部品を日本から輸入　派遣社員多数　日本的生産移植　生産技術者育成
1995	破	拡大	幹部社員育成　現地文化との融合　派遣社員減少
2000	離	成熟	現地人社長　部品・資材の現地調達　技術自主開発　現地開発技術・製品の本社への逆輸入

（注）［守］：日本的手法を守る，［破］：その修正，［離］：そこから離れる。
出所：古田秋太郎（2001）「中国人総経理を増やすべし」『中京経営研究』2001年9月，p.68。

に対するモチベーションを通じて，競争優位性を持つ日本型経営資源を伝播し，中国に「適用」させる。さらに中国の文化，習慣，風土への「適応」を図る。そして，最後の［離］の段階では，日本型経営資源の移転が基本的に終了し，トップ中国人経営者の下で現地技術・製品の自主開発を進めることとなる[65]。

BMCCもこのような3段階で経営現地化が着実に進展していると考えられる。10年程前には現地人は科長クラスまでのみ昇進できなかったが，2002年からは，8部門のうち，財務部，製造部以外の6部門の部長クラスには既に現地人を登用し，日本人は副部長に留まっている。

BMCCの日本人幹部は中国人による部長の登用にメリットとして次の3点を指摘している。① 中国人こそ中国の事情を熟知している。中国人部長の登用により中国社会に深く浸透できる。② 中国人幹部に自らの責任感を自覚させる。③ 現地人の部長への登用は従業員の動機づけとなり，従業員にやる気を喚起させる。他方，研究開発面でも，中国人技術者は設計，開発まで深く携わっている。つまり，BMCCの経営現地化の発展段階は上述した3段階のなかで，最終段階である［離］の初期段階にあると考えられる。近い将来，BMCCは中国人主導の経営体制になると予測できる[66]。このようなBMCCの経営現地化の進展は松下経営理念の下での経営戦略—人材育成に深く関わることは言うまでもない。つまり，「物を作る前に人を作る」という松下経営理念の下で，「松下型経営資源」が中国へ積極的な移転を経営戦略とした上で，現地の企業管理者，技術者の日本への派遣，松下グループでの研修などで現地管理者を育成した結果でもある。操業開始当時の［守］の段階で松下はBMCCの250人の中国人従業員を日本に派遣し，松下の経営理念や優れた日本型生産システム・経営システムを習得させた。帰国後，彼らの多くは管理者に成長し，従業員に松下経営理念を浸透させ，優れた日本型経営資源の移転を推進した。さらに，彼らは日本型経営資源を中国の文化，習慣に融合させながらBMCCの発展を支えてきた。これらの管理者は中間管理者から2004年時点では，既に部長に昇進し，BMCCの経営の重役を担っており，大部分の部長，総経理，中堅幹部は最初の250人研修生のメンバー

から昇進したものである。近い将来，彼らは経営現地化の進展に大きな役割を果たすと期待する。

補表1　BMCCの従業員教育訓練一覧表

人員区分	知識, 能力, 人柄	OJT(現場部門実施) 品質管理教育訓練	経営理念道徳教養教育訓練	CPT製造原理仕事仕様書教育	ISOシステム教育訓練	安全教育訓練	職務部門実施 安全教育訓練	材料検査員教育訓練	工程管理員教育訓練	検査員教育訓練	高低圧電気技術工教育訓練	研修企画科主導で実施 QC知識教育訓練	MBA教育研修	CMC特別な題目研修	CPT製造技術及び関連技術教育	管理道具教育訓練	有効交流教育訓練	財務管理教育訓練(資材)	物流管理教育訓練(財務)	マーケティング管理教育訓練	人力資源開発教育訓練	法律法規教育訓練	就任前研修教育訓練	外国語仕事外教育(英,日)	コンピュータ知識応用ソフト仕事外教育	仕事外文化教育	国家技術職名評定教育
科長	・豊富な専門知識経験 ・相当な管理知識経験 ・独立経営能力 ・正直, 大胆な創造	◎	◎	◎	◎	◎						○	○	○	○	○	○							○	○		○
班, 係長	・CPT製造技術原理 ・管理の知識, 道具 ・現場の日常管理の能力 ・公正, 責任感, 管理に挑戦する	◎	◎	◎	◎	◎						○	○	○	○	○	○							○	○		
技術専門職	・CPT製造, 設計知識或いは専門知識 ・創造, 開発能力	◎	◎		◎	◎								○										○	○		
間接部門一般従業員	・業務関連専門知識 ・基本的な管理知識 ・法律, 法規知識 ・独立に業務を推進する能力 ・責任感	◎	◎	◎	◎	◎						○												○	○		
製造部門工程管理員, リーダー	・CPT製造技術, 原理 ・管理の基本道具 ・現場で管理を推進する能力 ・きめ細かい, 責任感強い	◎	◎	◎	◎	◎								○										○	○		
製造部門作業員	・CPT製造原理, 仕事仕様書 ・持ち場での仕事能力 ・勤勉, 規則を守る	◎	◎	◎	◎	◎																			○	○	
新入社員導入教育		◎	◎	◎	◎	◎	注：研修企画課主導で実施される。																				

(注)「◎」は全従業員必須参加の教育訓練,「○」は一部分従業員, 条件に合致或いは個人申し込みで参加する教育訓練。
出所：社内資料による。

196　第Ⅱ部　日本型経営資源の移転の動向と事例分析

補図 1　BMCC の教育訓練システム

人員区分		OJT	職務部門主催	研修企画科主催(外部委託を含む)
総経理				
副総経理				
管理職	部長	品質管理教育訓練	経営理念・道路道徳教養教育訓練	育MBA教 / 教育道道具 / 教育訓練 / 有効交流 / 就任前研修 / 教育訓練 / 外国語仕事外教育(日本語、英語) / 仕事外文化教育 / コンピュータ知識、応用ソフト / 仕事外教育 / 国家技術職名評定教育
	副部長・科長		製造原理、仕事仕様書教育訓練	QC知識教
監督職	係長・班長	安全教育訓練	CRT	材料検査員訓練 / フォークリフト運転教育訓練 / 高低圧電気技術工教育訓練 / CPT製造技術及び関連技術教育訓練 / 財務管理教育訓練＊ / 物流管理教育訓練＊ / マーケティング管理訓練＊ / 人力資源開発教育 / 法律法規教育訓練
	技術専門職		ISO教育訓練	
一般従業員	非生産部門一般従業員		工管員教育 / 検査員教育	
	製造部門一般従業員			
新人社員		新人社員導入教育		

(注)(1) ＊は職務部門が職務内容に基づいて設定した研修内容である。
　　(2) OJT内容は現場の責任者が企画、実施する研修である。
　　(3) 職務部門主催は専門部門が特定対象に対して行う資格確認の研修を指す。
出所：社内資料による。

注
1) 北京・松下カラーブラウン管有限会社に関する先行研究として，既に李越和（1994），（1995），（1996）の研究がある。
2) 「人材培育与合理使用」『北京・松下彩管新聞』第102期，2001年1月15日。
3) 関満博・範建亭（2003）『現地化する中国進出日本企業』新評論，p.231。
4) 青木俊一郎（2002）「中国における日系進出企業の軌跡—松下グループを事例として—」『東亜』No.423，2002年9月号，p.31。
5) 『中国経済年鑑』1982，p.V-79，166。
6) 荘昇栄（1991）「中国の民生用電子工業の振興対策」『日中協力研究シンポジウム報告書・日中産業協力』総合研究開発機構，1991.7，p.493。
7) 青木俊一郎（2002）前掲書，p.35。
8) 中川涼司（2000）『国際経営戦略—日中電子企業のグローバルベース化—』ミネルヴァ書房，pp.99-100。
9) その以後，第2ラインは14インチカラーディスプレイ管兼用生産に改造された。
10) 第3ラインは2000年1月から改造してピュアーフラット型を生産している。
11) 李越和（1996）「中国ブラウン管製造業の技術導入と成長—北京・松下カラーブラウン管有限会社の事例研究—」『立命館経営学』立命館大学経営学会，1996年7月，pp.177-178，参照。
12) 2004年6月23日，筆者のインタビューによるもの。
13) 『北京・松下彩管報』2001年6月15日。
14) 2004年6月22日，人力資源部人力資源科 科長のインタビューによるもの。

15) 山一證券経済研究所編（1981）『松下電器の研究―変貌する巨人』東洋経済新報社，参照。
16) 李越和（1994）「北京・松下カラーブラウン管有限公社の企業経営―中国国営企業の経営との比較―」『立命館経営学』立命館大学経営学会，1994年7月，pp.106-107，参照。
17) 松下電器の7つの精神とは，産業報国，公明正大，和親一致，力闘向上，礼儀謙譲，順応同化，感謝報恩である。
18) 2003年2月，人力資源部の管理係長のインタビューによる。
19) 李兆熙（1992）「中外合資企業的経営管理机制」『管理世界』1992.1。
20) 当時，製造部，技術部，計画財務部，設備動力部，物資供給部，人事部，市場経営部，総務部の部門であったが，2003年現在は図5-1のようになっている。
21) 李越和（1994）前掲書，p.102。
22) 2004年6月23日，総経理秘書兼翻訳さんのインタビューによる。
23) 社内資料によるもの。
24) 郝燕書（1999）『中国の経済発展と日本的生産システム―テレビ産業における技術移転と形成―』，ミネルヴァ書房，p.181。
25) 李越和（1996）「中国ブラウン管製造業の技術導入と成長―北京・松下カラーブラウン管有限会社の事例研究―」『立命館経営学』立命館大学経営学会，1996年7月，p.187。
26) 以下，李越和（1996）前掲書，p.187，参照。
27) 「BMCC"第十一次安全月"活動回顧」『北京・松下彩管報』第107期，2001年6月15日。
28) 張仲文（1991）「運用現代化管理全面提高企業素質」中国企業管理協会研究部編『中外合資企業管理』企業管理出版社，1991.10，p.179。
29) 以下，李越和（1994）前掲書，pp.109-112，参照。
30) 張仲文（1991）前掲書，pp.180-181，参照。
31) 同上。
32) 2004年6月23日，品質技術部標準化管理科 科長とのインタビューに基づいたもの。
33) 劉永鴿（1997）『日本企業の中国戦略』税務経理協会，p.56。
34) 『北京・松下彩管報』2001年10月15日。
35) 社内資料による。
36) 『北京・松下彩管報』2001年9月15日。
37) 2003年4月1日，資本金100億円（松下64.5%，東芝35.5%）で松下東芝映像顕示株式会社（Matsushita Toshiba Picture Display Co. Ltd : MTPD）を設立。BMCCの50%の株を2003年4月1日から松下東芝映像顕示株式会社が所有。
38) 2004年7月23日，日本経済新聞によるもの。日本経済新聞社と日本技術連盟は共同で有力製造業を対象として「品質経営度」アンケート調査を行った。「品質経営度調査」の内容にはクレーム情報の管理や検査体制，現場の改善活動，人材教育の程度などが含まれており，514社の中で208社から有効な回答を得た。調査の結果，首位が松下電器，2位はコニカミノルタホールディングスである。
39) 今井正明（1988）『KAIZEN―日本企業が国際競争で成功した経営ノウハウ』講談社，p.221。
40) 劉永鴿（1997）『日本企業の中国戦略』税務経理協会，pp.59-60，参照。
41) 2004年6月23日，製造部部長のインタビューによるもの。
42) 2004年6月23日，製造部部長のインタビューによるもの。
43) 金山権（2000）『現代中国企業の経営管理』同友館，p.171。
44) 郝燕書（1999）前掲書，p.200。
45) 以下，李越和（1995）「北京・松下カラーブラウン管有限会社（BMCC）の労使関係に直面し

た問題とその対策―中国の国営企業との比較―」『立命館経営学』立命館大学経営学会，1995年5月，参照。
46) 共産党の指導の下で，青年を団結させ，青年に共産主義道徳教育を行う青年の組織である。
47) 社内資料による。
48) 李越和（1996）前掲書，p.181。
49) 2004年6月24日，人力資源部人力資源科 科長のインタビューによるもの。
50) 郝燕書（1999）前掲書，p.193。
51) 趙暁霞（2002）『中国における日系企業の人的資源管理についての分析』白桃書房，p.168。
52) 古田秋太郎・胡桂蘭（2001）「松下電器の中国における人材育成―インタビュー調査―」『中京経営研究』中京大学経営学部，2001年2月，pp.25-26，参照。
53) 薛文肇（2004）「中国での企業経営における人材資源管理」『日中経協ジャーナル』2004年5月，p.6，参照。
54) 古田秋太郎（2004）『中国における日系企業の経営現地化』税務経理協会，p.80。
55) 社内資料と人力資源部人力資源科 科長のインタビューによるもの。
56) 日本貿易振興会編（1999）『進出企業実態調査アジア編：日系製造業の活動状況』参照。
57) 李越和（1996）前掲書，p.189-190，参照。
58) 古田秋太郎・胡桂蘭（2001）前掲書，p.25。
59) 2004年6月23日，資材部Cさんのインタビューによる。
60) 同上。
61) 古田秋太郎・胡桂蘭（2001）「在中日系企業の経営現地化―上海地区で活動する日系企業インタビュー調査―」，『中京経営研究』中京大学経営学部，2001年9月，p.90。
62) 古田秋太郎（2004）『中国における日系企業の経営現地化』税務経理協会，p.78。
63) 古田秋太郎（2004）前掲書，p.78。
64) 古田は，空気圧縮機器メーカー・SMC（中国）有限公司（従業員900人）の経営政策に対して事例調査を行った。この会社は世界40カ国に進出しており，アメリカ以外にすべて現地人社長を採用している。中国では1997年設立最初から中国人留学生を総経理に任命した。古田秋太郎（2001）「中国人総経理を増やすべし―在中日系企業政策転換の時代―」『中京経営研究』中京大学経営学部，2001年9月，参照。
65) 古田秋太郎（2001）「中国人総経理を増やすべし―在中日系企業政策転換の時代―」『中京経営研究』中京大学経営学部，2001年9月，p.68，参照。
66) BMCCの合弁契約書には，董事長は中国側で副董事長は日本側，総経理は日本側で副総経理は中国側であると定められてある。つまり，総経理は日本人になっている。

第6章
「上海日立家用電器有限公司」(SHHA) の事例

　前章で外資系企業の「モデル会社」として，北京・松下カラーブラウン管有限公司（BMCC）の日本型経営資源の移転を分析してきた。本章で取り上げるのは，日立製作所（以下，日立と称す。）の合弁企業である上海日立家用電器有限公司の経営資源の移転に関する事例である。日立と言えば，早期に中国に進出した外資系企業の1つであり，日本企業としては始めて中国に合弁企業（ブラウン管テレビ工場）を立ち上げるなどいずれの分野でもパイオニアとしての実績を残し注目を集めてきた。中国における日立の長年にわたる経営ノウハウとその優れた日本型経営資源の移転から本章では1994年に設立された上海日立家用電器有限公司を取り上げることにする。
　まず，最初に上海日立家用電器有限公司の発展のプロセスを振り返り，次に日立からの経営資源移転の背景と実態を考察する。

第1節　SHHA発展の歩み

(1) 合弁企業設立の背景と経緯

　上海日立家用電器有限公司（Shanghai Hitachi Household Appliances Co., Ltd. 以下 SHHA）は旧エアコン製造・販売会社「上海日立家用電器有限公司」と旧洗濯機製造・販売会社「上海日立電化機器有限公司」が2002年4月1日に合併した新会社[1]である。会社の投資総額は7,580万ドルで，資本金は4,867万ドル，出資比率は日立グループ60％（日立 H&L 56.8％，台湾日立 3.2％），上海電器股份有限公司40％になっている。
　旧上海日立家用電器有限公司は1994年に4月4日に設立され，資本金は

3,067万ドルである。その構成を見ると，日立グループが60%（日立製作所55%，台湾日立5%），上海電器股份有限公司が40%になっている（表6-1参照）。

旧上海日立電化機器有限公司（Shanghai Hitachi Electric Home Appliances Co., Ltd. 以下SHEA）の資本金は1,800万ドルで，日立製作所60%，上海電器股份有限公司40%で，1995年11月30日設立されたものである。

この2つの会社を合併したのは次の3つの理由によるものである[2]。

①中国の家電市場は中国国内メーカーの急成長に加えて，日本，韓国，欧州メーカーなどの参入に伴い競争が激化し，コスト競争力及び販売体制の強化が必要となっていた。こうした背景で，各メーカーは吸収・合併を通じて生産・販売面での合理化を図り始めた。

②中国における日立の家電製造・販売は，SHHAがエアコン，SHEAが洗濯機と別々の会社で製造及び販売を展開してきたが，この2社を合併することにより，営業インフラや情報ネットワークの共有化でさらなる売上げの拡大を目指した。

表6-1 上海日立家用電器有限公司の合弁項目の主要内容

項目名称	上海日立家用電器有限公司（SHHA） Shanghai Hitachi Household Appliances Co.,Ltd.
設立年月	1994年4月4日設立
業務内容	空調機，家庭用電器及び関連部品の生産販売
合弁期間	期間を定めない
工場所在地	上海市丹巴路150号
投資総額	3,000万ドル
資本金	2,000万ドル 中国側：上海家用空調器総工場　40%（資本金の割合，以下同じ） 日本側：日立製作所　45.005% 　　　　日立家電　　10% 　　　　台湾日立　　4.995%
商品販売	合弁企業自主販売，逐次に輸出40%に達する
合弁企業の 従業員構成	合弁当時の従業員定員650名，550名は2,400名の上海家用空調器総工場の従業員の中で採用。残り100名は社外公募
生産規模	最初の生産規模：年産27.5万台空調器

出所：社内資料による。

第 6 章　「上海日立家用電器有限公司」(SHHA) の事例　201

③資材の共同購買，季節変動によって生じる製造ラインの人的資源の有効活用や，物流・倉庫の相互活用，サービスシステムの一元化などにより，高効率化，競争力の強化を図った。

3つの合併の理由からも分かるように，中国の経済発展に伴い，家電事業をめぐる環境は大きく変化している。競争に勝ち，家電事業を継続的に発展させるために，事業運営のスピードアップ，購入・製造・物流・販売・サービスにわたる大胆な運営体制が必要となっていたことが伺える。

旧上海日立家用電器有限公司の前身は国有企業である上海家用空調器総工場である。この工場は上海市第2軽工業局に属し，専門的に家庭用空調機を生産する軽工業部の重点企業であった。上海家用空調器総工場は1976年から1994年日立と合弁する前の17年間専門的に空調機を生産した歴史を擁しており，全国で家庭用空調機を生産した先駆者の1つであった。1994年に合弁企業として設立されるまでに，既に日立，シャープと技術合作を結び，生産技術もこれらの技術合作により大きく進歩した。一方，1991年には上海市政府から1億4,500万元の投資を受け生産設備と検測設備の輸入と改造を行い，1つ生産班の年生産能力25万台を達成した。当時に，上海家用空調器総工場で生産した「愛特」ブランドは中国国内の家電業界でトップレベルに達していた。上海家用空調器総工場は多くの国有企業と違って，かなり好条件を持つ国有企業であった。

他方，90年代に入ってバブル経済が崩壊し，日本は長期にわたる経済低迷状態に陥った。各大手企業は内部から組織システムと経営環境に対して大幅な改革を行うと同時に，経営戦略を海外市場に移した。特に，海外に新しい生産拠点を設立し，海外の廉価な労働力と巨大な消費市場及び市場購買力を利用して，生産経営コストの削減，製品輸出の拡大，経済利益の向上などを図った。日立製作所も例外ではなかった。バブル経済が崩壊後，市場競争の激化により，日立も輸出額の減少，商品価格の下降，多くの在庫を抱えるなど諸経営要因の影響で，会社の売上額は急激に減少し，1992年下期の決算では巨額の赤字が出るようになった。

会社の輸出入バランスを改善するため，日立グループ家電部門では海外に

表6-2 1992年まで日立製作所の中国での合弁企業

順番	会社名	設立年	設立場所	主要商品
1	福建日立電視機有限公司	1980年	福建	テレビ
2	深圳日立顕像管有限公司	1980年	深圳	カラーブラウン管
3	上海日立電器有限公司	1992年	上海	空調圧縮機
4	上海日立家用電器有限公司	設立準備	上海	家庭用空調器
5	上海日立上菱電化機器有限公司	設立準備	上海	家庭用洗濯機

出所:社内資料による。

　相次いで生産基地を設立し，海外生産を拡大した。アジアには台湾日立，タイ日立，マレーシア日立の3大海外家電基地を設立した。1980年には，日本の大手企業として中国で初めての合弁企業—福建日立テレビ有限公司を設立して，カラーテレビを生産し，続いて深圳では合弁でカラーブラウン管を生産した（表6-2参照）。また，中国の20社余りの国有企業と技術合作を結び，技術援助も行った。このような早い時期での中国での積極的な進出，技術援助により，日立の家庭用電化製品はいち早く中国の消費者に受け入れられただけではなく，多くの中国の家庭に深く浸透し，「日立」というブランドは良いイメージを持たれるようになった。

　一方，1990年代は中国の経済が著しく発展を遂げた時期である。

　特に，1990年，上海浦東新区の開放・開発の決定，1992年鄧小平の「南巡講話」を契機に，上海は外資導入の積極化を含む開放加速政策，投資環境の改善などの政策を取った。浦東陸家嘴金融開発区，金橋輸出加工区などの設立はその典型的なものである。そして，多くの多国籍企業が上海に進出した。

　このような環境の中で，世界的な先進技術と現代的な経営管理経験を持っている日立は上海にある上海家用空調器総工場の一部分である西敷地区と合弁することになった。つまり，日立は国有企業である上海家用空調器総工場の一部分と中日合弁企業を設立したのである。

　合弁企業の設立によって，日立側からみると，上海家用空調器総工場の既存の設備を利用することでいち早く技術改造を行い，商品を早く市場に売り出すことができる。他方，上海家用空調器総工場にとっては，日立の先進技

術と最新の経営管理理念の移転を図って，管理レベルと商品レベルをアップさせることで，効率と品質を高め，激しい市場競争の需要に適応し，企業に経済利益をもたらしたのである。

(2) 企業の発展段階

SHHAは1994年に設立され，すでに10年以上の歴史がある。この10年間SHHAは激しい変化の中で発展を図り，飛躍的な発展の中で大きな変化が生じた。技術は上海日立の企業発展の柱（中国語：立家之本）である。「日立の技術で技術の日立を作り出す」という目標で，ハード面では，設備の輸入と設備改造に多くの資金を投入し，先進的な生産ラインと測定機材を作り上げる。ソフト面では，従業員に全面的な技術管理研修を行ない，従業員の専門知識と技能を向上させる。「一流の技術，一流の人材こそ，一流の商品を作り出す」という信念の基で，SHHAは着実な発展を図った。設立当初の2品種から2004年度には200余りの種類に，年間生産能力も3万台から50万台に達するようになった[3]。

SHHAの発展段階については，次の3つの時期に区分することができる。

第1段階—草創期（1994～1996年）

SHHAが設立された1994年から1996年まで中国の家電市場は激しい競争が繰り広げられた。特に空調機業界は高い利益をもたらすということで，400～500社の生産企業が全国各地に相次いで設立され，しかも一定の生産規模を持つ国有企業も25社近くあった[4]。

海外の大手企業である松下，三洋，シャープも広東省，瀋陽，上海に続々と空調機生産工場を立ち上げ，短期間内に中国に各種のブランドの空調機が集中し，熾烈は競争が始まった。日立はこのようなプレッシャーと挑戦を中国家電市場に進出する最大の原動力とし，「技術第一」，「品質第一」，「顧客の満足度を高める」のスローガンの基で，先進技術と経営管理経験，つまり，日本型経営資源の移転を積極的に図ると同時に，「挑戦」という開拓精神と「常に戦場にいる」という緊迫感を持って新しい企業の運営に挑んだ。

204　第Ⅱ部　日本型経営資源の移転の動向と事例分析

表6-3　SHHAの出資会社と2期増資比率

年度	投資額（万ドル）	資本金（万ドル）	出資会社状況
1994	3,000	2,000	上海家用空調器総工場　40% 日立製作所　40.005% 日立家電　10% 台湾日立株式会社　4.995%
1995	3,000	2,000	日立家電が日立製作所に合併 日立製作所　55.005%
1996	4,600	3,067	（二期増資） 上海家用空調器総工場　40% 日立製作所　55% 台湾株式会社　1% 台湾日立（BVI）会社　4%

出所：社内資料による。

　SHHAは1994年4月に設立されたのち，1カ月余りの短期間内に第1台目の空調機が出荷され，競争相手より早く市場に進出したのである。
　一方，1995年，日本はアメリカに変わって上海の第2の投資国となり，日本企業の中国投資の中心は次第に大連から上海に移り始めた。
　このような環境の中で，市場発展と需要に適応し，市場拡大を図るため，表6-3で示されるように1996年に2期増資を行ない，年間生産能力が50万台に達するようになった。
　1994年～1996年，SHHAは激しい競争の中で着実な発展を遂げた。設立当時に従業員は608名で，売上額は8,000万人民元，一人当たりの売上額は13万2900元，品種は2種類だけだったが，すでに1996年には従業員は1,213名，売上額は11億2万元となった。1人当たり売上額は92万9,700元，品種は15種までに増加した。1996年，日立空調機の全国市場のシェアは5.05%，上海市場のシェアは16%に達した[5]。
　第2段階—低迷期（1997～1998年）
　1997年の中国国内の「ソフト・ランディング」経済政策と1998年のアジア金融危機の影響で，消費者の購買力が下降し，SHHAの業績も大きな打撃を受けた。しかも，貸し倒れも多く発生し，経営業績は低迷した。これに対し，SHHAは1998年に全国統一価格，支払の厳格な要求など一連の経営戦

第6章 「上海日立家用電器有限公司」(SHHA) の事例　205

図6-1　SHHAの売上額状況（1994〜1998年）

出所：社内資料により作成。

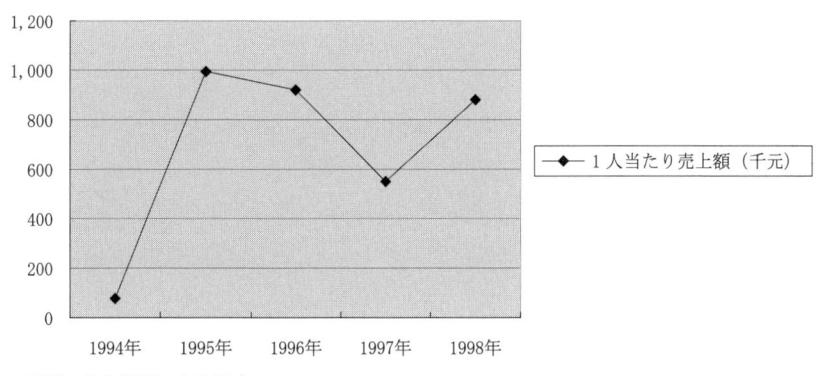

図6-2　SHHAの1人当たり売上額状況（1994〜1998年）

出所：社内資料により作成。

略を打ち出し，市場価格を安定させ，低価格販売による無秩序競争を抑制すると同時に，価格下降の幅をも緩めた（図6-1，6-2参照）。

　一方，会社内部では効率の向上とコストの低減を積極的に図った。

　これは主に次のような2つの側面から着手したのである[6]。① 人事考課を重視した。営業部門では営業目標の考課比率を80％にまで引き上げ，営業マンの積極性とやる気の向上を促進する役割を果たした。また，出勤状況や仕事業績など人事考課で評価が低い100名程度の従業員を大胆に解雇してコストの削減を図ると同時に，従業員に危機感を与えた。② 製造部と生産

技術部などを合併し、組織の簡素化と組織の運営効率を図った。

このように、外部と内部にわたる一連の改革を通して、SHHA は価格の確保に成功し、有効的に利益の実現を保障すると同時に、業績の下落傾向を阻止したのである。3 年間の厳しい努力の結果、1999 年、SHHA の経営状況も好転を見せ始めた。

第 3 段階―成熟期（1999 ～ 2003 年）

1996 ～ 1998 年の 3 年間、一連の経営戦略の改善、従業員の努力により、1999 年 SHHA の経営状況は好転し始めた。

1999 年から 2003 年の 5 年間中国の家電市場は次第に細分化され、市場の競争も益々激しくなった。しかし、SHHA は"Be the first to do, and be the first to win"のスローガンの下で市場の需要と変化に速やかに対応し、先進技術の積極的な導入、厳格な品質管理、人材育成など日本型経営資源の移転を図ることで、生産、売上面でも安定的な上昇期を迎え、1999 年の経営状況は大幅な改善が達成された（表 6 - 4 参照）。特に、先端の PAM の技術で研究開発した新商品の誕生によって SHHA の税引利益は会社設立以来絶好調に達するようになった。

日立は 1980 年に中国に進出して、日立ブランドのテレビを大量に販売した。しかし、中国市場の成熟に伴い、多くの国内外の企業がテレビ産業に参入して激しい競争が繰り広げられ、日立の競争力も次第に低下した。

中国市場の変化は比較的早い。中国消費者は新商品を追求し、新商品が市場に出るとその普及もかなり早い。一旦、新商品が出ると、旧商品は淘汰され、しかも新商品が普及すればその需要も驚くほど大きい。このような中国

表 6 - 4　SHHA の主要業績（1998 ～ 2001 年）

項目　年次	資本金（万ドル）	売上額（億元）	1 人当たり売上額（千元）	主要商品（種）
1998 年	3,067	9.666	869.2	20
1999 年	3,067	11.222	955.1	66
2000 年	3,067	9.997	868.6	83
2001 年	3,067	11.402	913.7	117

出所：社内資料により作成。

の市場に日立は適応する必要がある。これらの経験と「技術第一」というスローガンの下で，SHHA は「最先端高級消費品市場を開拓する」という経営戦略を打ち出した。つまり，今後の市場目標を明確に「販売量小，高価格」の高級市場戦略に絞ったのである。

中国の白色家電市場は既に両極分化が現れている。1つは，大都市での不動産市場繁栄と家庭の電器機器更新買い替えの需要であり，もう1つは，農村市場の需要拡大である。これは白色家電市場も次第に分流されることを意味し，高技術は都市部に進出し，低技術は農村に向かうことである。日立は高技術を図り，高技術力で高利益を上げる戦略を選択したのである。SHHA のこのような経営戦略は，日立の"HITACHI Inspire the next"の企業理念と日立技術先駆のイメージの具体的な現れでもある。このような経営戦略の下で，SHHA は先進的な技術の導入と研究開発に積極的に取り込み，そのためには人材育成が必要であり，人材育成により優れた日本型経営資源が順調に移転するのを確保しているのである。

第2節　従来の品質管理方法と新「日立」式品質管理の方法

第2章で無限に存在しうる経営資源の具体的な内容のなかで，無形資産が重要な存在であると指摘した。特に，無形資産の中でも，「組織・管理関係」，「人事・労務関係」などに注目すべきであることを上述した。さらに，第3章では日本型経営資源を「組織・管理関係」と「人事・労務関係」に求めることを提起した。

本節では日本型経営資源の内容として「組織・管理関係」の一環である品質管理に焦点をおいて検討する。品質管理の目的は品質向上による顧客満足の獲得であり，市場競争に勝つ基本要素でもある。優れた品質管理は，日本企業の優位性を示し，これは日本型経営によって実現されたものと言える。

品質管理の品質については次の2つの解釈がある[7]。① 狭義では「製品の品質」であり，② 広義では「製品だけではなく，それを生み出す仕事，サービス，情報，工程，さらには人，会社の質を含めたすべての質」であ

る。日本的経営における品質管理の意味は，一般に後者の広義の意味において捉えられる。日本的品質管理活動は，日本製品に対する世界的な高評価をもたらしている。日本企業の優位性を示す品質管理を SHHA ではいかに確保しているのか。そのために日立は蓄積された品質管理方法をいかに現地へ移転しているのか。これについて，国有企業と SHHA を比較しながら，まず国有企業の品質管理を検討・究明した上で，具体的に SHHA での多段階にわたる品質管理の検討を試みる。

(1) 国有企業の品質管理体制

中国国有企業の現場の品質管理体制は基本的に「結果型」である。日本企業のように，加工製品の品質は製造工程でのいわゆる作業員による「工程での品質の作りこみ」の体制ではなく，完成品を専門の品質管理員が品質検査を行うのである。このような品質管理体制を含む中国の近代的な工場管理の理念は 1950 年代にアメリカ型大量生産システムのソ連版を導入したことによって確立された[8]。第3章で伝統的なアメリカ企業の生産管理の特徴として，職務が極めて具体的に，明確に細分化されていることを指摘した。国有企業の生産管理をみると，生産現場の直接作業者は専ら生産という役割のみを果たし，各技術管理部門は生産現場と独立して担当分野を管理する。この面では，アメリカの企業と非常に似ているのである。生産現場で働く直接作業者の学歴は高卒が一般的で「労働者」として採用されている。これに対して品質管理部門などの技術管理部門の専門人員は「管理者」として採用される場合が多い。このようにして，技術と現場との関係は分断されている[9]。現場と品質管理部門の情報交換や意思疎通が比較的少なく，生産現場で品質問題が起こった場合，生産現場は品質管理部門に報告し，品質管理部門の主導で対処する。

近年，中国市場での競争の激化及び消費者の品質に対する厳しい要求に伴って，中国国有企業も品質意識が極めて高まり，品質管理は厳格に実施されるようになった[10]。苑（2001）の研究調査でも明らかなように[11]，一部半導体の国有企業で「互検」（相互検査）と「罰金制度」との組み合わせ事

例がその1例である。「互検」とは，各工程の作業員が相互に検査する体制である。つまり，後工程で前工程の製品を検査し，品質問題を発見した場合，前工程にフィードバックすることである。「罰金制度」とは，各工程で目標とする合格率に達していない場合，作業員に一定金額の罰金が課せられるものである。しかし，これらの品質管理体制は日本企業の「工程中で品質を作り込み」という品質管理理念と違って，従業員一人一人が自覚して自発的に品質管理に参加することではなく，強制的な手段にてせいぜい各作業班の責任を追及するに過ぎないのである。それでは，日立合弁企業であるSHHAの品質管理体制はどのようになっているのであろうか。次に，SHHAの品質管理体制を考察することにする。

(2) SHHAの多段階の品質管理体制

SHHAの「品質第一」はスローガンのみに終わるものではない。品質は企業が存在，発展する基礎として従業員一人一人の心に深く刻まされている。SHHAの名札には一般日系企業と同じように会社名，部門，名前が記入されている以外に，品質第一を常に認識させるように「品質第一」という赤い文字が整然と書かれ，従業員の胸に付けられている。長年にわたる厳しい品質管理と従業員の努力により，SHHAは「全国顧客満足企業」，「全国顧客満足商品」，「全国優秀アフターサービス企業」に選ばれるなど現在に至るまで優秀なブランドイメージを築き上げてきている。

SHHAの品質管理は「全面提高顧客満足度」（全面的に顧客の満足度を高める）というスローガンの基で実施されている。このスローガンには3つの要素が含まれている。つまり，「顧客を中心とする」，「全員参加する」，「持続的に改善を行う」である。このような品質管理原則でSHHAでは品質管理は最終工程の検査に依存するだけではなく，部品品質システム，工程内における品質管理，完成品に対する品質システムの多段階の品質管理方法で「工程中での品質の作り込み」という日本型の品質管理体制を作り出したのである。

SHHAの品質管理は品質部門を中心として全従業員，全過程管理で行って

210　第Ⅱ部　日本型経営資源の移転の動向と事例分析

図6-3　SHHAの品質管理組織図

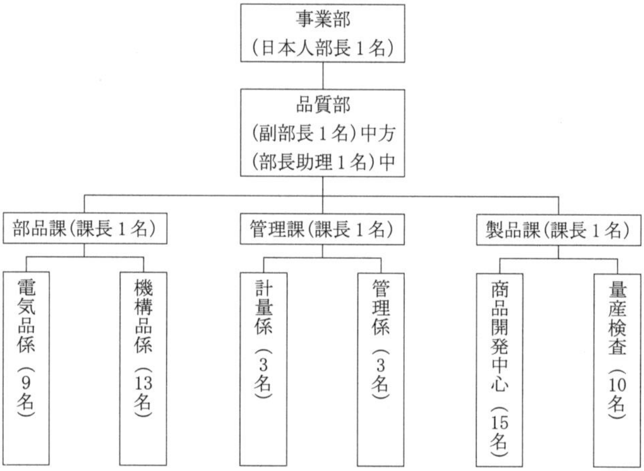

```
                    事業部
               （日本人部長1名）
                     │
                    品質部
             （副部長1名）中方
             （部長助理1名）中
        ┌────────────┼────────────┐
   部品課（課長1名）  管理課（課長1名）  製品課（課長1名）
    ┌────┴────┐    ┌────┴────┐    ┌────┴────┐
  電気品係  機構品係  計量係   管理係   商品開発   量産検査
  （9名） （13名） （3名）  （3名）  中心     （10名）
                                   （15名）
```

出所：社内インタビューにより作成。

いる。品質部門は日本人が責任者として55名の体制で管理課, 部品課, 製品課の3課に分かれている（図6-3参照）。

　管理課は設備の管理, 保全, 修理と品質管理システムの実施を維持する。部品課の仕事と責任には次の3つがある。まず, 部品の調達と検査, 部品サンプルの認定である。次に, 品質保証システム, 生産製造システム, 品質コントロールなどの工場の品質と関わりがある各種の認定を行う。最後に, 品質問題を発見し, その解決を図る。製造課は製造過程での品質を中心として製造過程の品質コントロール, 抜き取り方法による出荷検査, 新製品の開発業務を担当している。また,「全面的に顧客の満足度を高める」という品質管理の原則の現われとして顧客の品質に対する要求と品質に対する不満などを収集, 分析し, その原因と対応策を講じる。2004年からは部品課の下に「外協部品指導小組」（外部協力企業への品質管理指導）を新しく設置し, 部品調達先の中国国内部品メーカーの品質サポートを行うようになった。「外協部品指導小組」の設置は, 日系企業が中国の経営環境に「適応」したものと考えられる。市場競争が益々激しくなっている中で, 納期の短縮, コスト削減などを目的として現地部品の調達を増加させる必要が生じたが, 中国

部品メーカーの部品自体が品質の確保において不安定であることも現実である。そのため，事前にメーカーに行って，設計図の確認など具体的な技術指導を行う必要があったのである。

①「自検・互検」品質検査制度

全員参加の品質管理において，SHHA の生産工程における「自検・互検」[12]制度を挙げることができる。「自検・互検」品質管理は日立工場の伝統的な品質管理手法を中国へ移転した結果の産物である。「自検」は，直接作業員一人一人が生産ラインの担当分野で自己検査によって，品質管理を行うことである。このような「自検」によって全員参加の工程内での品質の作りこみを実現し，検査活動を促進するのである。「互検」では，生産工程の作業員が前の工程から流れてきた半製品を検査し，品質問題を発見した場合，前の工程へ戻すのである。このような「自検・互検」制度を通じて，従業員自身は生産現場で自覚して品質に気を配り，お互いに監督し合う。さらに，一定人数の品質検査員が各現場に配置され，各作業班によって生産された製品の品質を把握・検査する。こうした多重による品質管理体制により工程での品質づくりが保証されるのである。

品質管理面での「自検・互検」制度を最もよく表わしているのは，2004年3月から実施されている「ゼロ欠陥管理」制度である。その内容とは，製品品質を核として，製品製造過程でプロセス毎に「ゼロ欠陥」を目標として努力することである。「ゼロ欠陥管理」制度とは品質管理に対する思想革命であり，意識の変革であり，品質管理の新しい考え方を示したものでもある。国有企業で一般的に実施されている「検査による品質管理」は品質問題が発生することを前提とした品質管理体系であると言えるのに対して，「ゼロ欠陥管理」は，開発や製造のプロセスで「品質を作り込む」ことによって，全品良品を目指す品質管理活動の具体的な仕組みである。従業員に対して「不良品を生産することはできない。不良品を生産することを許さない。1回で良品を生産する」という「ゼロ欠陥」の目標意識と思想を植え付けることで，以前の「ある程度不良品率を抱えるから自分が一定の不良品を出しても構わないなど」不良品に対する粗末で甘い考え方を変革するようになっ

たのである。製造部現場では,「不良品は受け入れない,不良品を作らない,不良品を送らない」のスローガンを作り,さらに看板の方式で,工程毎,従業員一人一人の品質状況を反映し,班長はグループ内の従業員の品質状況を確認・コントロールする。そして考課を行い,品質状況が優秀な人には"☆"マーク,不良が多い人には"×"マークを付ける。考課は毎日行い,優点を固め,欠点を改善し,製造過程の最も具体的な操作で全体の品質の優良を保つのである。「互検」では,製造現場で作業員同士の考課で,後工程の従業員が前工程の従業員の不良及びミスを発見した場合,直ちにフィードバックすると同時に,品質管理表に記入し点数を引く。こうした班長,従業員同士の考課は奨励金とリンクされ,不良品を多く発生させ点数が低い従業員は奨励金が削減される。一方,製造部では2004年「ゼロ欠陥100日キャンペーン」などを積極的に行い,24名の優秀従業員,9名の優秀班長,4つの優秀班グループを選出し,表彰するなどインセンティブを与える措置も行われた[13]。このような奨励金削減措置とインセンティブ措置は,より一層に現場労働者の労働意欲を高めると同時に能率と品質を保障する刺激策となり,従業員の技能,品質,生産効率の向上を促進する役割を果たしている。

　量産生産を行う日本企業では,ほとんどラインを監督する検査員が配置されている。SHHAもこのような生産現場でのラインパトロール検査を導入している。品質部所属の検査員は各ラインに1名ずつ配置され,生産現場を中心としてパトロール検査を行う。SHHAにはこのようなパトロール検査員が7名存在する。検査員は午前と午後各1回ずつ各ラインの部品,製品の抜き取り検査を行い,「1号機解体報告」(品質規格管理表)に記入する。個々の工程毎に設計図,作業標準書,工程管理図等の図面の通りに生産しているかどうかをチェックするためである。「図面と作業標準書はSHHAの憲法である」[14]。製造は図面と作業標準書を基準として,これをベースにしなければならない。図面と作業標準書を守ることは良品を作る上で極めて大切で,図面を従業員が勝手に判断して自分の都合で作業することはできない。「図面と異なる全てのものは不良品である」という日本企業の厳格な品質管理がSHHAでも実施されている。検査データに異常値が発見された場合,直ちに

製造部，品質部に報告され，対策が講じられる。品質部はこのような「1号機解体報告」表から現場の1次情報を得て，再発防止策へ取り込み，原因は具体的且つ徹底的に源流を遡って管理する。

SHHAの品質管理は「随地随時」（何時でも何処でも）に行っている。現場で品質問題が発生した場合，直ちに品質部を中心に製造部，設計部等現場が一体となって原因を調査・分析し，対策を講じるのである。また，月ごとに製造部，設計部，品質部は品質会議を開き，不良品の数量を統計し，不良品発生の主な原因を分析する。さらに，顧客サービスセンターの顧客の品質要求をフィードバックし，月ごとに会社外の品質分析会議（DQC）も実施されている。このような各種会議を行なうことにより各部門は会社の品質状況を把握する。そして対策を議論し，その結果をまとめて文書化する。現在SHHAでは，このような会議は品質改善をするために必要不可欠な手段の1つとなっている。

②部品品質保証システムと製品品質保証システム

生産現場における全員参加の品質管理体制と同時に，SHHAは全過程の品質管理を行う。全過程の品質管理は大きく2つある。1つは部品品質管理で，もう1つは完成品に対する品質管理である。

図6-4は部品品質保証システムを表わしている。SHHAも前述したBMCCと同じように部品から品質管理を行う。設立当初は部品と原材料のほとんどが日本からの輸入，日系企業から調達されたが，近年になって価格競争が激しい中国市場において部品調達先が次第に国有企業，民営企業に変わり，部品と原材料の管理の必要性が高まったのである。

部品品質保証は検品準備段階，検品段階，関連部門確認段階の3つの段階に分けられる。まず，保留且つ急用部品に判定された部品のサンプルは設計計画書に基づいて検査し，他の部品のサンプルは設計部が鑑定し品質部が合格を認定する。そして供給側が検品合格証明を行う。検品準備段階は2つの方法で行われる。2つの方法とは供給側と直接接触し検品を行う方法と「品質保証書」による検収である。そして部品ごとに抜き取り方案を確定する。検品段階では定められた項目によって抜き取り検査を実施する。検査結果は

214　第Ⅱ部　日本型経営資源の移転の動向と事例分析

図6-4　SHHAの部品品質管理流れ図

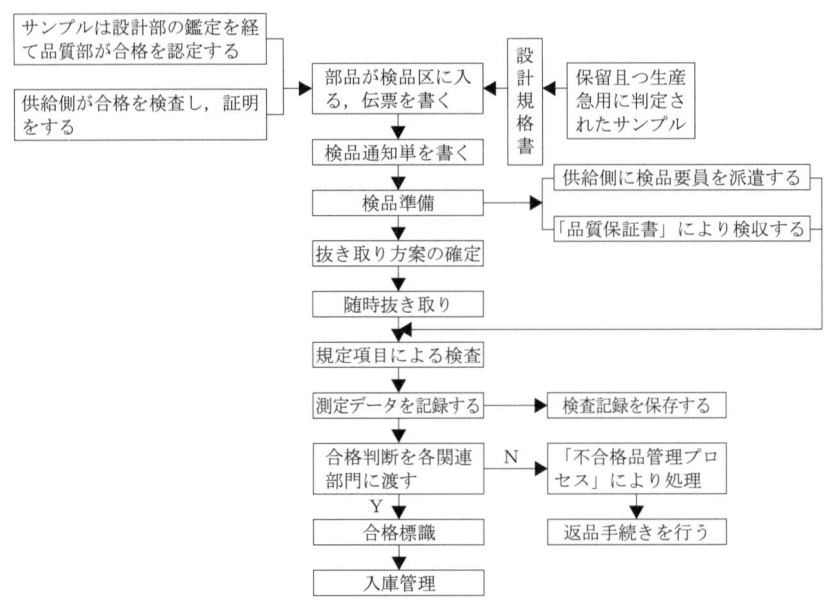

```
┌─────────────────┐                                              ┌──────┐  ┌─────────────────┐
│サンプルは設計部の鑑定を経│──────→│部品が検品区に入│←────│設計規格書│←─│保留且つ生産急用に判定│
│て品質部が合格を認定する │        │る，伝票を書く │      │      │  │されたサンプル   │
├─────────────────┤               └──────┬──────┘      └──────┘  └─────────────────┘
│供給側が合格を検査し，証明│                     ↓
│をする           │               ┌──────────┐
└─────────────────┘               │検品通知単を書く│
                                  └──────┬──────┘
                                         ↓
                                  ┌──────────┐        ┌──────────────────┐
                                  │検品準備   │────→│供給側に検品要員を派遣する│
                                  └──────┬──────┘        ├──────────────────┤
                                         ↓               │「品質保証書」により検収する│
                                  ┌──────────┐        └──────────────────┘
                                  │抜き取り方案の確定│
                                  └──────┬──────┘
                                         ↓
                                  ┌──────────┐
                                  │随時抜き取り │
                                  └──────┬──────┘
                                         ↓
                                  ┌──────────┐
                                  │規定項目による検査│
                                  └──────┬──────┘
                                         ↓
                                  ┌──────────┐        ┌──────────┐
                                  │測定データを記録する│───→│検査記録を保存する│
                                  └──────┬──────┘        └──────────┘
                                         ↓
                                  ┌──────────┐  N    ┌──────────────┐
                                  │合格判断を各関連部門に渡す│──→│「不合格品管理プロセス」により処理│
                                  └──────┬──────┘        └──────┬───────┘
                                         ↓Y                      ↓
                                  ┌──────────┐        ┌──────────┐
                                  │合格標識   │        │返品手続きを行う│
                                  └──────┬──────┘        └──────────┘
                                         ↓
                                  ┌──────────┐
                                  │入庫管理   │
                                  └──────────┘
```

出所：社内資料により作成。

記録し，検査結果記録は保存される。検査結果記録の保存は部品の供給側の技術状況を判断する材料とし，次に工場を選択する重要な参考とする。検査結果を各関連部門に回し合格可否を貼り付ける。それで合格した場合，合格印を付け入庫管理が始まる，不合格の場合には会社の「不合格品コントロールプロセス」に基づいて手続きを取る。これは関連部門の確認段階で行われる。上述したように供給側への品質担当者の派遣，「品質保証書」の提出，抜き取り検査，検査記録の保存など部品品質管理の強化により安定した部品品質を保証し，一流製品を作るための基礎が築き上げられているのである。同時に，部品供給側にSHHAの厳しい品質管理を認識させている。SHHAと部品取引関係を持つ現地企業は，SHHAの要求する厳しい品質水準に適応するため企業努力を行ない，その結果，企業の生産性もかなり上昇していると言われている。

　部品及び原材料の品質検査，生産ラインにおける「自検・互検」を通じて

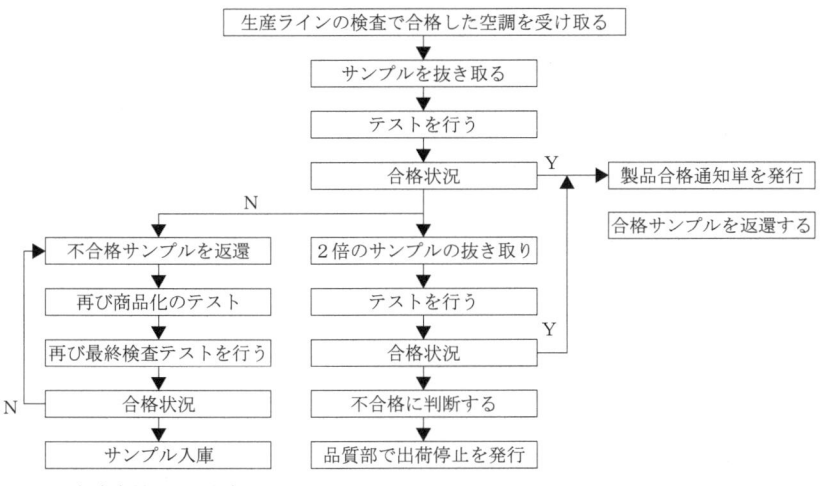

第6章 「上海日立家用電器有限公司」(SHHA) の事例　215

図6-5　SHHAの製品品質管理システム

```
       生産ラインの検査で合格した空調を受け取る
                      ↓
              サンプルを抜き取る
                      ↓
                 テストを行う
                      ↓
                 合格状況 ──Y──→ 製品合格通知単を発行
                    │                 ↓
                    N              合格サンプルを返還する
          ┌─────────┴─────────┐
    不合格サンプルを返還    2倍のサンプルの抜き取り
          ↓                      ↓
    再び商品化のテスト         テストを行う
          ↓                      ↓
    再び最終検査テストを行う    合格状況 ──Y──┐
          ↓                      │           │
   N ── 合格状況              不合格に判断する │
          ↓                      ↓           │
      サンプル入庫          品質部で出荷停止を発行
```

出所：社内資料により作成。

　生産された製品の最終検査などSHHAは多段階にわたる品質管理体制を採用している。製造現場では，各ラインの最後工程に商用試験室が設置されている。ここで全ての製品の運転を確認する。安全性のため絶縁，耐圧，漏電検査を行い，運転不可の製品は必ず商用試験室で発見されるようにする。SHHAは日系企業として日本国内企業と同様，最終検査も非常に厳しく行われている（図6-5参照）。

　さらに，生産ラインの検査で合格した空調機を最終検査としてサンプルを抜き取り，冷房能力，暖房能力等の詳細検査を行う。そして，合格か不合格の何れかを判定する。不合格と判定された場合，直ちにロットストップを命じ，出荷を停止する。その原因を徹底的に分析すると同時に報告書を作成する。さらに，テストで異常が発見された場合には，前段階の2倍のサンプルの抜取検査を実施する。不良品が一旦外部に出荷されると，即時に「日立」の信用が失われ，日立のブランドのイメージが傷づくことは言うまでもない。それを防ぐためには，出荷前の製品検査を十分行わねばならないのである。

　商品開発，部品及び原材料の選択，生産現場品質管理，出荷前の検査など

各段階にわたる厳格な品質管理システム，つまり多段階の品質管理システムはSHHAの特徴として挙げられる。このような厳重な品質検査体制を実施することを通じて高い品質を実現しているのである。製品性能に影響が生じうる如何なる原因または顧客に不便を与えうる要素は絶対見逃さない，1,000台の中に1台の不良品があっても必ず見つけなければならない，など品質に対する高い要求により，SHHAはISO9001国際品質体系認証を順調に獲得した。また，国家品質技術監督局から「商品免除検査」証書も授与された。このことは日立ブランドが多くの消費者の信頼を受ける正に根本的な要因であると言える。

③「品質999」活動と日本指導員による改善

生産現場において品質改善と効率向上の改善活動として小集団活動を実施することは日本企業の特徴である。

SHHAでは小集団活動の一環として「品質999」活動がある。「品質999」活動とは品質部の主導のもとで部品，製品の合格率99.9%を目標として品質向上を図る活動である。「品質999」活動担当部署は1998年に正式に設置され，その組織体系は総経理が委員長を，品質部の部長が副委員長，そして品質部を主体として会社全体で品質意識を高める活動を展開するものである。その目的は会社内部で製品品質とサービス品質に影響を与える各要素に対して調査・分析を行い，その中で典型的なテーマを選んで「攻関」（難関を攻める）する。会社全体で49の「攻関」グループが編成され，それらは生産，製造，設備，検査，テスト，アフターサービスに関わる問題を解決し，全般の品質改善と向上に大きな役割を果たしてきている。SHHAの品質を担当する技術者は「品質999活動は生産現場を中心とした課題検討と継続的な従業員参加のもとで品質改善を行う。この方法で大きな成果を上げている。このような活動を通じて現場管理者・従業員に品質管理向上の意識を植え付けることは極めて重要である。」と述べている[15]。品質の持続的な改善は日本企業の品質管理と品質向上における重要な手段である。SHHAの「品質999」活動の重要なポイントは会社全体が一体になって品質管理向上を図り，品質の持続的な改善や不良品予防対策を図ることにあるのである。

「品質999」活動では，優秀な「攻関」（難関を攻める）グループにはインセンティブを与える措置も行われている。1年間に提出された改善策の提案に対しては年1回（1月）の発表会があり，発表会では10項目のテーマに1等賞，2等賞，成果賞が与えられる制度である。

これ以外改善活動の補助的な手段として日立全社で行う「落穂活動」がある。「落穂活動」は中世紀の名画から由来したもので，夕方に農夫が収穫後の畑で落穂を拾う光景を描写した絵画である。日立は品質に対する最高レベルの検査と総括プロセスをこの名画にて引用している。企業が生産する製品も農民が勤勉に収穫しても落ちた穂のように一連の細かい品質の部分を見落とす場合がある。このように見落とされた部分は「落穂活動」を通じて改善する。また，不良品に関わる動機的な原因を挙げてそれに対応する対策を講じる。中国人従業員は技術面での不良原因を見つけるのは得意だが，反面，直ちに動機的（人為的）原因はなかなか見つけられないのが現実である。動機的な原因で不良品が発生した場合，教育が行われたかどうか，作業員が理解できなかった理由は何処にあるか，どうして教育が行われていなかったかなど徹底的に原因究明を図る必要性が生じる[16)]。このような背景のもとで，この活動は日本からの派遣技術者の指導で行われる。教育・訓練を担当する派遣技術者は重要な役割を果たす。派遣技術者は現地従業員に問題点の発見，分析の方法を見せる。やがて現地従業員が自ら問題点を発見するように指導する。そして，最後に派遣技術者が自らチェックすることは，指導する上での重要なポイントである。派遣技術者はデータ分析，試験方法，基本作業をしっかりと教え，現地従業員がスムーズに問題を発見できるまで，現場で何度も繰り返し教育・指導を続ける。

表6-5は「落穂活動」の一覧表である。今まで，3回にわたり4人の日本人が指導員として派遣されている。その中には日立H&L（日立 Home & Life Solution 株式会社）の品質保証部篠塚部長も指導に携わっている。このような日本側派遣指導員の段階的な指導により，日本企業内で長年蓄積された経験が持ち込まれ，徹底した品質管理手法がSHHAに移植されている。このことで従業員に品質管理は様々な手段が必要で，問題発見，改善，失敗

表6-5 「落穂活動」の一覧表

年次	機器型番	問題点	日本側派遣指導員
1997.11	KC-32，KC-32/Y	窓式空調の排出管	田中聡介
	KFR-35GW		
1998.10	KF-48LW	制冷	神谷章
	KFR系列分体機	制冷運転中，室内機の風出口に水玉が発生	山中一良（活動前期検査）
2004.4	RAS-a(Y)35HH（C）		篠塚重治（H&L品証部長）

出所：社内資料により作成。

を繰り返し行う活動こそ品質保証に繋がることを意識させている。

「落穂活動」は次のような効果を発揮した。1つは日本人と現地人との信頼関係を構築してきたことである。日本人の品質に対するまじめな態度と丁寧な指導は現地人従業員が品質に取り込む手本となり，日本企業の現場におけるやり方及び品質に関する高度な責任感が伝わる。もう1つは情報共有化と従業員としての一体感を感じさせたことである。日本の日立本社も，中国における日立の合弁企業も，共に経験とノウハウを共有し，共に発展する一体感を感じさせてきた。このような日本側派遣指導員による指導は，日本の親会社からの経営者や技術者のノウハウや技術が現地子会社で使用されることで，現地従業員の能力や効率を向上させた。これはなによりも経営資源の現地移転にとって重要なポイントであり，現地の人材育成に重要な役割を果たしている。

　④改善活動— JIT（Just In Time）

　改善活動としてSHHAではJIT活動が行われている。JIT活動はQCサークル活動と基本的に同じ内容である。全社的な品質管理を促進するために，改善活動やQCサークル活動を行うことは，極めて重要な役割を果たす。こうした小集団活動には，現場における改善効果への期待，品質管理に対する現地人の関心の向上，会社全体としての一体感の醸成，経営への参画意識の植え付けなどの実質的な効果がある。さらに，成果発表会や優秀な提案と部門には奨励を与えることで，従業員の参加意欲を促し，熱心に取り込むことを可能にする。提案制度，QCサークルに代表される小集団活動やQC手

法などによって特徴づけられる日本的品質管理は，欧米流の統計的品質管理（Statistical Quality Control：SQC）を日本企業が習得し，更にフィットする形で日本企業に適応を図り，品質改善，品質向上に成功したものである。日本企業の特徴とも言える小集団活動がJIT活動を中心としてSHHAではどのように「適用」されているのか。次に，SHHAのJIT活動をさらに検討，分析する。

空調機製品の激しい市場競争に適応し，「高効率，高品質」の現代経営モデルを実現するため，SHHAは1997年11月に当時先進的なJIT（即時管理）経営理念を導入し，既に7年の歴史を経ている。JIT活動は製造部門の主導で，生産現場を中心として行われている。年間の活動は上半期と下半期に分けて目標及び活動テーマが決定される。活動テーマを中心としてほぼ全員参加の形態でグループが組織される。毎年，会社は会社JIT委員会を設置し，各生産部門も部門JIT委員会を設置する。JIT活動の重要なポイントは継続することにある。この7年間，SHHAのJIT活動は空調機の生産と共に中断したことなく継続的に行なわれ，会社浪費の削減，空調機製造コストと従業員傷害事故の削減，安全生産，不良品の削減などに大きく貢献してきた。7年間において，実現した改善項目は800項目余に達し，会社に1,000万元余の節約をもたらし，「上海電気集団系統先進グループ」，「上海市労働模範グループ」に選ばれるなどの注目を集めた[17]。そして，1人当たり空調機生産量も1台／1日から3台／1日へと向上した[18]。

無駄を徹底的に排除する管理システムを作り出すことは，JIT活動の基本的な目標の1つである。生産現場で，ライン上の部品放置と従業員配置不合理などは作業速度，作業効率に影響を与える。SHHAのJIT改善グループは1人当たりの1日生産量を高め，生産コストの削減を目的として，生産現場の7つの浪費，つまり，生産過剰の浪費，運搬の浪費，待ち受け時間の浪費，加工の浪費，在庫の浪費，動作の浪費，不良品製造の浪費を巡って，現場作業員と一体になって，1つ1つの研究，1つ1つの改善方案の制定，1つ1つの試験を通して，難関を解決し，労働生産性の向上に顕著な効果を挙げてきたのである。

従業員は人材育成によってその能力を無限に発揮する可能性がある。さらに，実際に生産を行う現場においてこそ最も蓄積された情報があり，現場を支える作業員が持っている情報やノウハウ，提言を最大限に活用してこそ経営の真価である。これらの要因こそ日本型経営資源の重要な特徴の一つと言わざるを得ない。JIT 改善グループは生産現場の改善を行うと同時に，生産現場及びグループ内の技術者の人材育成にも力を入れている。JIT 改善グループの従業員は常に現場に行って，グループ内従業員と技術交流及び項目実施の議論を行う。JIT 改善グループの先導のもとで，2004 年時点，4 つの生産現場の 21 グループで改善活動を展開し，班長が JIT 改善グループの末端組長を担当し，改善グループがサポートを行っていた。このような構成によって，改善活動のネットワークは一層広がっている。

一連の JIT 活動を通して，2003 年，会社の生産効率は 1997 年に比べ 3 倍近く向上した。JIT 改善グループは生産効率を高めると同時に，内部管理をも強化している。項目毎に改善前に詳細な調査を行い，改善目標の制定と改善方案の設計を議論で確認する。改善後には，効果分析を行い，改善前後の状況をデジタルカメラやビデオで記録してパソコンで管理する。

次に，JIT 活動の例として主に電子品生産現場の JIT 活動を挙げて，考察したい。

電子品生産現場は JIT 活動グループの指導の下で，特に，台湾日立の陳氏が何回も SHHA に足を運んで自らの貴重な経験とノウハウを伝授し，指導に従事した。多方面からの指摘と生産現場での指導の下で，電子品生産現場の JIT 活動の改善項目は小さいものから大きいものへ，簡単なものから複雑なものへ，浅いものから深いものへ，単一化から多元化にと発展した。代表的な成果として次の 2 つを挙げることができる[19]。

1 つは，2000 年，電子，設計，品質，プロセス改善など 4 つの方面から協力して行われた H 基板作業方式の改善である。改善により電子品生産現場の H 基板の溶接が従来の手工溶接から現代化溶接による生産へと移行し，その結果，H 基板の生産量は毎日 200 個増加したのである。

もう 1 つは，2001 年のリモコン生産ラインの改善である。単一ライン使

用から両線ライン使用への改善で，会社のライン設備の再投資が削減された。また，RC基板系列の工装の開発により従業員数及び作業時間数が同条件の下で，生産量を従来の1500個／1日から新たに1800個／1日に増加されたのである。

製造部，設計部，品質部などを含めたJIT活動は1年に2回の成果発表会が行われ，JIT委員会の審査を経て1等賞，2等賞，3等賞，4等賞を選出し，インセンティブを高めている。

表6-6は，2004年上半期の賞を獲得した部門である。

2004年度上半期のJIT活動は，在庫の削減，浪費を削除し，コストを下げる，等を同期間における改善目標として6つの方面から展開された。実現された改善項目は286項目で，その中18項目が審査を受けた。そして，14部門で賞を獲得したのである。審査に参加した18項目の内，11項目は効率を向上する改善であって，この改善により生産効率が少ないものは18%，多いものは67%まで向上した。これら以外にも，職場の合理的な配置によ

表6-6 SHHAの2004年上半期JIT賞を獲得した部門

賞類	部門
1等賞	設備課
	部品車間
2等賞	生技課
	模具課
	改善グループ
3等賞	電子品車間
	設計部
	部品車間
	設備課
4等賞	設計部
	生技部
	設備課
	電子品車間
	総装車間

出所：社内資料により作成。

る従業員数の削減などの提案も行われた。

　JIT委員長の「改善は空調機製造現場を中心に行われてなくてはならない」という言葉のように[20]，生産が行なわれている現場にJIT改善の可能性が存在し，SHHAは生産現場を中心としてJIT活動を展開してかなりの成果を上げていることが分かる。JIT活動は正に「小集団活動」であり，グループを単位として特定のテーマを達成することによって組織の効率性を高めると同時に，個人の職業能力をも向上させている。

　このように，SHHAは，日本の日立のように「現場主義」に重点を置き，従業員は常に現場にいて，現場情報に基づく現場改善のための活動を行っている。つまり，ほぼ全員が参加する「小集団活動」は制度として導入され定着して展開しているのである。こうした品質管理，製造管理の向上による顧客満足，生産効率の獲得を全従業員参画による組織学習と改善活動によって常に追求していくことが，日本型経営資源の真髄と言える。SHHAの事例からしても分かるように「現場主義」，「従業員全員による現場管理への参加」は組織風土として中国に定着して成功を収めている。

(3) 「6S」活動の移転の実態

　「良い職場環境作り」は，一流製品を作るための基本条件である。整然とした職場環境により，効率と品質が高くなり，品質の良い製品が生まれる。ラインの周囲には必要なもの以外は置かない。物の置場所を決め，要不要を分別して不要な物は捨てる。SHHAは，日立の合弁企業として日本国内工場と同様，「良い職場環境作り」を非常に重要視している。日立国内工場の「5S」に比べ，SHHAは「6S」を提唱している[21]。その内容とは「整理（SEIRI），整頓（SEITON），清掃（SEISO），清潔（SEIKETSU），整備（SEIBI），躾（SHITSUKE）」である。つまり，日本企業に比べ「整備」という内容が加わっている。「整備」とは，設備，機械，道具を良好な状態に保ち，メンテナンスと正確な使用方法に注意すること，である。一流製品を生産するためには常に設備，機械，道具を良好な状態に整備する事が必要で，それにより生産性が向上する。このような背景において，SHHAは中国の事

情に合わせて新しく「整備」を加えたと考えられる。「6S」活動は製造現場の環境改善につながると同時に，従業員一人一人のモラール向上にもつながっている。

表6-7 「6S」検査状況

対象物・個所	改　善　点
作業現場 D区	製品課担当者が不安全な電線コードを取り替えた。現在，職場環境の整理及びテスト後の空調の整理を強化し，職場環境の清潔，整頓を保つ必要がある。
機構品	①機構品分析室職場が乱れている。室内実験用設備が布でカバーされてない。 ②化学分析室は，各種の化学品の管理を強化，有害化学物は適切に保管する必要がある。塩酸溶液は要注意として保管すること。
電器品	①完成後実験設備の収集を強化する必要がある。喫煙区の安圧機は回収が必要。長時間テストを行なう電気加熱管は保護措置を取る。通電実験を行なう各種機器は電線連接方法を禁止する。直接に単線コンセントを使用すること。 ②電器検査室の電線が乱れている。設備用の電線の接続が規範に違反している。T03-034乾燥機電源接続に不安全要素が存在している。以上の不規範を1日も早く解決すること。 ③電器品検査室に調圧器が数多く存在する。正常に稼動しているか確認が必要
喫煙室 4階	①実験後残された安圧機が放置されている。使用者は早く回収処理を行なうこと。
作業現場 A区	電線の連接線の保護管がひどく老化している。処理を行なうこと。
作業現場 B区	雑物が置いてある。R22空気管などを整理すること。
環　境 実験室	状況良好
シャワー室	状況良好
ETL	外部の実験者が実験する時，職場環境の整理と清潔を強化する必要がある。 物品を必ず片付けて置くこと。
作業現場 AB区	実験室の整理を強化する。実験安全環境の整頓と清潔を確保する。
作業現場 C区	室内側の実験用電源接続個所に人工的に作った接続個所があり，不安全要素が存在，交換が必要。
製品課 喫煙室	状況良好
解体作業室	物が乱れている。整理する必要がある。分析後の部品は片付けること。
1階 通路	物の積み重ねが乱れている。整理する必要がある。必要ではない雑物は処理すること。

出所：社内資料により作成。

「汚いところでは良い物が作れない」という理念の下で，SHHAでは「6S推進委員会」が設置されており，毎週木曜日の8：30時から9：30時は清掃時間と決め，製造部強制で行われる。そして品質部の主導で1週間ごとにパトロール検査を実施している。総経理（日本人）の予告なしに突然検査も行なわれ，その結果は奨励金と緊密にリンクされている。

表6-7は，2003年11月18日午後，品質部部長の主導で行なわれた「6S」検査結果である。この表からも分るようにあらゆる分野で極めて細かく，厳しい検査が実施されていることが読み取れる。毎回，「6S」検査結果はこのように表にまとめられ，文書化され，各部門に回される。問題を抱えている部門には即時に改善が強く求められる仕組みとなっている。さらに，「6S」検査結果は奨励金を評価する時の重要な参考となる。

SHHAの「6S」活動は検査による強制で実施されている部分が多いと実感した。従業員一人一人の自覚や責任感はまだ欠けている面があると言われている。こうしたことの理由は次の2つに求められている。1つは，長年の国有企業では「良い職場環境作り」として「6S」活動という習慣がなかったこと，もう1つは，従業員は未だ「6S」活動の意義を充分認識していないことである。

第3節　人事・労務管理制度における「日本型経営資源」の移転

前節まで，「組織・管理関係」を中心に，品質管理，小集団活動，「6S活動」の実態を検討してきた。次に，日本型経営資源のもう1つの側面である人事・労務制度の移転について言及したい。ここでは，主に人材育成，人事考課，労働組合という3つの方面から検討する。

(1) **採用方法と人材育成上の特徴**
①採用方法
中国では従業員の採用が1986年に公布された「国営企業労働契約制実施暫定規定」により，同年10月から採用された全ての従業員は契約従業員と

して雇用されている。契約期間は1年から5年である。それ以前に採用された従業員は終身雇用としての既得権があり，1つの企業内で終身雇用を保障する「固定工」と，契約期間が規定された「契約工」が併存するようになった[22]。

第5章で取り上げた北京市のBMCCの従業員雇用形態は固定工，契約工，臨時工の3種類に分かれているが，1994年に設立された上海市のSHHAの従業員雇用形態は契約工と臨時工に分かれている。つまり，SHHAには固定工が存在していない。しかし，SHHAの契約工は特別な事情がない限り契約は更新，継続されるのである。契約期間は設立当初では最長5年であったが，現在（2005年3月）ではすべて1～2年に短縮されている。これは近年における電子・電機産業の激しい競争により企業が厳しい経営状況に置かれていることと関係があると考えられる。契約工の募集は毎年定期的に行なわれている。「離職補欠」，生産規模の拡大など計画に沿って毎年採用される新入社員の人数は20～30名程度である。採用は日本企業と同じように人力資源部（日本企業の人事部に相当する）が責任を持って担当している。

中国に進出している多くの欧米企業は高度の技能及び長い仕事経験を持っている応募者を新入社員として採用することを望んでいる。仕事経験がある社員は社内教育の必要性がなく，即戦力として仕事を任せられるからである。これに対して，SHHAは日本企業の新卒採用中心と同じように卒業時期に合わせて新卒を新入社員として募集し，採用している。この点において，日立合弁企業であるSHHAは欧米企業と根本的に相違がある。そして，新卒の新入社員に徹底した企業理念と社内教育を行い，彼らを養成し，一人前の日立人間として育てている。つまり，日本企業の企業内部で人材を育成することと同じ考え方を持っているのである。

新入社員の採用方法は人材市場と大学説明会を通じて行なわれている。近年，国有企業，外資系企業は優遇措置を打ち出し，優秀な人材を確保するために懸命の努力をしている。優秀な人材を確保するためには人材市場から採用する必要性がある。人材市場とは，上海近辺の各企業がブースを設けて人材募集をするところである。そこでは全国各地から就職を求めてきた優秀な

大学生を自由に採用することができる。また，上海にある有名大学で，企業説明会を開き，優秀な人材を他の企業よりいち早く確保するのである。

日本企業は労働力の不足を解消するため，パート労働者やアルバイトを採用している。SHHA も生産状況に合わせて労働力不足を解消する手段として臨時工を採用している。各部門は臨時工募集条件（性別，年齢，技能），募集人数を提出し，会社はこれに基づいて「補充人員計画」を作成して，人力資源部が募集を行なっている。空調機を生産する工場として毎年 3～6 月は生産が一番忙しい時期で，臨時工も最大 600 名を必要とする場合がある。このような状況に合わせて，SHHA の臨時工の募集は毎年 2 月から始まる。

募集方法をみると，募集情報を職業仲介業者に発信すること，或いは会社のホームページに募集広告を載せることなどその募集方法は多様化している。これらを通じて，労働者を自由に募集することが一般的である。応募者には上海市の戸籍を持つ人や，山東省，安徽省，江蘇省などの地方の人もいる。SHHA の臨時工には次の 3 つの特徴がある。① 技能がそれほど高くないこと，② 季節性を持っていること，③ いつでも契約を解消することができること，である。このような特徴を持っている臨時工の採用は日本での採用方法を適用したものと考えられる。これは，日本国内企業の電子・電機産業において，高度な技術，熟練を要求せず簡単な組み立て作業ができる多くのパートやアルバイトを採用することと類似している。臨時工の給料は月 800 元程度で，契約期間は半年が基本的である。しかし，ある種の技能を持って，仕事態度が勤勉でまじめに働いて人事考課が A ランクの優秀な臨時工は継続的に採用され，給料もある程度アップされる。

選考を経て採用された臨時工の給料は基本的に月 800 元程度である。しかし，臨時工の考課によってその給料も A，B の 2 種類に分けられている。A 種類は勤勉で不良品率が低い臨時工である。彼らの給料は月 900 元である。B 種類は仕事態度が不真面目で不良品を多く出す臨時工で月 700 元の給料である。さらに，B 種類で月ごとに考課成績が最後の 10％の契約工は解消し，新しい契約工で補充するのである。A，B の 2 種類の対象者は月ごとの考課によって変動する。「賃金体系」は契約工の労働意欲を高める一環として位

置づけられるのである。

　SHHAではこうした臨時工に対して「二重構造賃金」システムを採用している。そして，会社側の総賃金支出金額は不変であることを前提に，契約工のモチベーションを引き起こす競争メカニズムを構築したのである。この「二重構造賃金」システムの下で，契約工はまじめに働き，より高い給料をもらうようにより一層努力し，会社に貢献し，頑張るのである。さらに，臨時工の力を企業が望ましい方向へと導くと同時に，会社の良好なパフォーマンスを実現することを可能としている。

　他方，注目すべき点は，SHHAの「早期定年」制度の導入である。近年，日本経済の不況により多くの日本企業ではリストラ，「早期定年」制度が積極的に実施されている。SHHAも会社の経営状況に合わせて「早期定年」制度を導入している。その対象は定年3年前の従業員である。SHHAにはおよそ100名の「早期定年」従業員が存在する。「早期定年」になった場合[23]，社会の定年基準に基づいて，会社が退職金を支払わなければならない。「早期定年」制度を取り入れた主な理由は，勤続年数が長くなるにつれて給料が高くなり，会社のコストに負担をかけていることである。つまり，会社のコストを削減するために採用したものである。

②教育訓練と人材育成

　日本型経営資源の特徴の1つとして「人的資源」に関わるノウハウに視点を当てることは既に上述してきた。「人的資源」の育成で企業内教育に重点を置く教育・訓練方式は最も日本的な方式と言える。

　企業の発展は優秀な人材戦略と離すことはできない。一流の企業には一流の技術が必要であり，一流の技術には更に一流の人材が必要である。企業の発展に伴って，SHHAは一連の人材教育システムを構築し，従業員一人一人に専門的な教育訓練を実施している。生産現場の従業員には実践教育訓練，部課長以上の経営幹部には専門の経営知識など，全ての従業員に最新の生産技術と経営理念を教育している。

　SHHAでは，そのために教育訓練が非常に重視されており，企業内教育・訓練が計画的に行われている。研修機構—教育訓練センターはSHHAが設

立された翌年の 1995 年に設けられ，人力資源部の人材開発課が全社の教育訓練を担当している。「人的総合判断による適材適性配置」，「優秀な人材の発掘と配置」，「優秀な人材の採用」，この3つは人力資源部の重要な業務である。

　人材開発課は，まず年度計画に沿って教育訓練時間と場所，訓練方式を決める。さらに大学の著名な教授や専門家を招き，専門性が高い教科書を手配するなど会社の教育訓練が正常に行なわれるように指導する。各部門は会社の年度教育訓練計画によって，それぞれの部門の生産状況，生産目標と結び付けた教育訓練を計画して人材開発部門に提出する仕組みである。

　SHHA の研修方法には内部研修，社会研修，海外研修の3つがある。研修内容によって，日常教育，製造生産トレーニング，海外研修の教育訓練に分けられる。日常教育は全ての従業員を対象とし，一般従業員教育訓練と課長，部長など幹部訓練が含まれている。製造生産トレーニングは主に生産現場で働いている従業員を対象としている。このトレーニングは仕事の閑散期に集中的に行われる。海外研修は日本日立工場での研修であるが，幹部，生産技術を学習するための班長，操作作業員，プロジェクトに携わる技術者などが対象となっている。

　図6-6は SHHA の教育訓練の流れである。次にこの図に沿って SHHA の教育訓練と人材育成を詳しく説明することにする。

　まず，新入社員の教育訓練について説明する。新入社員の教育訓練は大きく制度教育訓練，専門会社の講義，各部門の専門教育に分けられる。SHHA は全ての新入社員（臨時工を含む）について仕事に就く前の教育訓練を実施している。その教育訓練内容は，会社の概況，組織システム，製品紹介，行動基準がある。最も力を入れる教育訓練は，企業理念，企業精神，会社の品質方針，目標，品質管理意識などである。日立も松下と同じように企業理念，企業精神，品質管理意識の普及，浸透のための教育を徹底的に行っている。会社という組織の理解と運営ルールの体得は，仕事をする上の基本事項であり，従業員の勤労観や会社観を形成する重要なものである。このような教育訓練を通じて，新入社員に日立の組織の一員として会社への愛着心，一

第6章 「上海日立家用電器有限公司」(SHHA) の事例　229

図6-6　SHHA の教育訓練の流れ

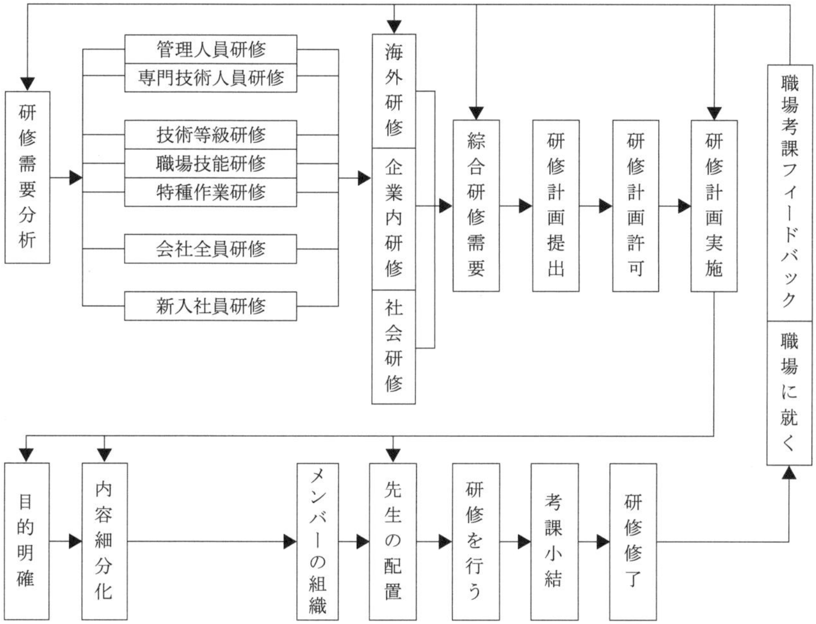

```
                  ┌─ 管理人員研修 ─┐        ┌─ 海 ─┐
                  ├─ 専門技術人員研修┤        │ 外 │
                  │                │        │ 研 │
 ┌─────┐     ├─ 技術等級研修 ─┤        │ 修 │    ┌──┐  ┌──┐  ┌──┐  ┌──┐    ┌──────┐
 │研修需要分析│ ──→├─ 職場技能研修 ─┤ ──→  │    │──→│綜合│→│研修│→│研修│→│研修│──→│職場考課フィードバック│
 └─────┘     ├─ 特種作業研修 ─┤        │ 企 │    │研修│  │計画│  │計画│  │計画│    └──────┘
                  │                │        │ 業 │    │需要│  │提出│  │許可│  │実施│           │
                  ├─ 会社全員研修 ─┤        │ 内 │    └──┘  └──┘  └──┘  └──┘    ┌──────┐
                  │                │        │ 研 │                                    │職場に就く│
                  └─ 新入社員研修 ─┘        │ 修 │                                    └──────┘
                                            │    │
                                            │ 社 │
                                            │ 会 │
                                            │ 研 │
                                            │ 修 │
                                            └─┘

 ┌──┐  ┌──┐  ┌───┐  ┌──┐  ┌──┐  ┌──┐  ┌──┐
 │目的│→│内容│→│メンバー│→│先生│→│研修│→│考課│→│研修│
 │明確│  │細分│  │の組織 │  │の配│  │を行│  │小結│  │修了│
 │  │  │化 │  │    │  │置 │  │う │  │  │  │  │
 └──┘  └──┘  └───┘  └──┘  └──┘  └──┘  └──┘
```

出所：社内資料により作成。

体感を持たせる。さらに，品質の重要性を新入社員に意識させ，高品質の製品を生産することが要求される日立の品質管理意識を植え付ける。これ以外にも環境意識，消防安全意識，就業規則なども新入社員の教育訓練内容の一部である。これはいわば「新入社員の制度教育訓練」で，Off-JT の形式で行なわれている。教育訓練を行うことは，企業において従業員の将来の労働力アップの可能性を高めることになる。このような Off-JT の形式は日本の企業内では職務における技能を向上するための職場外教育，職場外訓練で最も広範に行われている形式である。また，コンサルティングの専門会社を招いての激励研修も実施している。続いて，生産現場から班長，係長など熟練工を招いて，工程作業に関する知識，ノウハウ，品質管理を教える。技術部門は主に生産工程内容，製品知識に関する訓練を実施している。この Off-JT 教育訓練が終了後，新入社員は各職場に配置され，OJT によって技能を

身に付けるのである。
　OJT とは，企業内キャリアの形成に役立つ職務訓練で，新入社員は働きながら職務遂行に必要な知識・技能，問題解決能力及び態度を習得し，実際の仕事を通じて上司及び熟練工が計画的，意識的に指導・育成していく方式である。
　OJT は一般的に次の 4 段階プロセスによって実施される[24]。① OJT 指導者は被指導者と事前にコミュニケーションを取り，被指導者に習得したいという動機を付けさせる。② 教材，場所，指導者などを配置し，指導者は訓練のリハーサルをする。③ 実際に，現場で指導し，実践させる。④ 訓練後の経過を見て，教えた内容の習得レベルを評価し，必要があれば再訓練する。以上で 4 段階である。
　OJT は社員個人の状況に合わせて指導を行うことで，職務の能力を育成していく上で最も効果的な手段である。SHHA の OJT 教育は配属先の班長，係長などの熟練工が責任を持って，生産プロセス，品質管理，製品保全などを教えている。臨時工が配属された場合，契約工 1 人に臨時工 1 人或いは 2 人が付くという体制で OJT を行い，その指導態度や結果は契約工の人事考課に反映されるようにする。研修後，新入社員の教育訓練の一環として SHHA の独特な「グループ議論」制度も導入されている。新入社員を幾つかのグループに分けて，教育訓練の体験，感想をレポートに書かせたり，本部長が提出した論題について議論を交えたりする。優秀なレポートは社内報に掲載することもしばしばである。このような「グループ議論」を通じて，新入社員に文字表現能力，論理的な思考能力及びスピーチレベルを向上させている。
　表 6-8 で示されるように，SHHA は毎年，従業員一般研修を行っている。その研修人数は多い時は 1457 名でほぼ全員に匹敵する。少ない時でも 935 名の従業員が従業員一般研修を受けている。会社は生産状況の具体的な需要，政策及び市場の変化に合わせて従業員の教育訓練を実施する。このような大規模な従業員の教育訓練は，会社の長期発展が従業員と社会との緊密な連携関係によってなされることを確認すると同時に，「人的資源」に強く

表6-8 SHHAで従業員一般研修を受けた人員の推移

年　間	人　数	年　間	人　数
1996年	1049名	2000年	1439名
1997年	1345名	2001年	1457名
1998年	1127名		
1999年	935名		

出所：社内インタビューにより作成。

依存する日本企業の顕著な反映でもある。

　「事業の成敗は人にあり，企業間の競争は結局人材の競争である」のように，企業において，従業員の職務能力を高めることは経営成果を高めるための不可欠な要素である。技術と知識が優れた従業員を擁してこそ，品質が良い製品が生産され，激しい競争に生き残ることができる。SHHAでは特種作業研修，職場技能研修，技術等級研修も盛んに行われている。特種作業研修は特殊な作業に携わる従業員に対するもので，主に危険品保管工，圧力容器操作工，フォークリフト運転手などが含まれている。一方，重要な職務は「上崗証」（作業許可書）を必要とする。重要な職務に就く従業員には関連部門と人材開発課が教育訓練を行い，「上海日立家用電器有限公司上崗証（作業許可書）」を発行する。そして研修内容を保存する。これはいわば職場技能研修である。

　SHHAの企業理念には「世界先進技術と競争する」という内容がある。企業が発展するためには先進的な技術が必要であり，高度な技術力を持つ技術者の育成は必要不可欠なものである。SHHAには高度な技術を身に付けた等級技術者が数多く存在しており，彼らは会社の発展に大きく貢献している。このような等級技術者は技術等級研修を通じて育成されている。

　SHHAの他の重要な教育訓練内容は，管理者に対する教育訓練である。表6-9はSHHAの管理人員教育訓練の推移である。毎年計画的に19～27名の部長，22～55名の課長，68～176名の営業マンに教育訓練を実施した。営業マンには空調機業界の最近の動向，日立空調機の特徴，他社が生産している空調機の種類と弱点，そして専門知識である「契約法」，「セールスマンの財務知識管理」などの教育内容が含まれている。部長に対しては専門的知識，経営知識，消費者の需要変化など企業環境の激変に対応する戦略的思考

表6-9　SHHAの管理人員研修の推移

(単位：人)

年　間	営業マン研修	課長研修	部長研修
1996	68	52	23
1997	82	23	19
1998	75	55	19
1999	92	45	27
2000	88	25	20
2001	176	26	21
2002	171	23	16

出所：社内資料により作成。

能力，職場のリーダーシップや職場モラール形成の技能の教育訓練が実施されている。さらに，会社の経営状況に合わせて毎年2～6名の優秀な幹部を有名な大学に派遣して専門の大学院課程を受講させている。

このようにSHHAでは日本企業の教育訓練と同じようにOff-JTとOJTの組み合わせによって教育研修が実施されている。特に，現場に密着する熟練形成のOJTはSHHAで人材育成の中心的な役割を果たしている。そして，OJTを側面から支えるものとしてOff-JTと海外研修があり，これら3者を一体として有効的に機能させることにより，効果的な人材育成を推進する。さらに，上述したように長期的かつ多段階で職務による教育訓練が行なわれ，職場体質が強化されるのである。

SHHAはBMCCと同じように，日本での海外研修を定期的に実施している。1996年と1997年には生産規模の拡張などで2年間合計110名の研修生を日本の日立工場に派遣した（図6-7参照）。研修内容は各分野に及んで生産現場から経営管理部門まで幅広く，研修期間は1カ月から2年で，技術者は1～2年の長い研修を行っている。このことからも日立は技術移転，技術革新に積極的に努めて力を入れていることが分り，「世界先進技術と競争する」という企業理念を徹底的に実施していることが読み取れる。研修内容も日立の先進的な経営管理，経営理念，新技術新製品の開発，製造プロセス，JIT管理技術など多種多様である。多くの研修生の受け入れと高い費用を投じて，現地従業員を本社工場に派遣して教育訓練を行うことは，まさに日本式の教育訓練手法をそのまま「適用」しようとする表れである。SHHAの海

図6-7 SHHAの海外研修生の推移

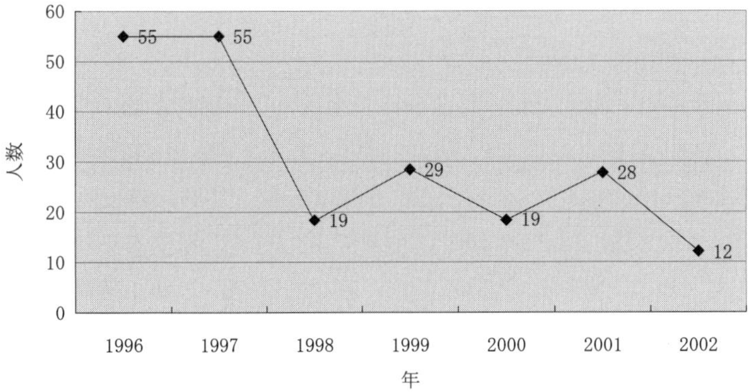

年	1996	1997	1998	1999	2000	2001	2002
人数	55	55	19	29	19	28	12

出所:社内資料により作成。

外研修を希望する研修生は平等志願の原則で会社と「公費海外研修協議書」を結び，研修が終了後，研修生は人力資源部に研修内容と感想を報告書として提出することが義務づけられている。

　最も興味深いことは個人の希望があれば私費で海外研修ができることである。しかも，このような個人希望者は毎年存在していることである。自分のキャリア養成のため，私費で先進的な知識を学習するための海外研修は自分の将来，昇進に大きな役割を果たしていると確信しているからである。このような勉強意欲を持っている従業員に対してSHHAは積極的にチャンスを与えている。こうした公費，私費研修生の多人数による長期間の日本研修を通して，研修生が日本企業の雰囲気，経営理念，経営管理，製品技術など日本型経営資源を学習することは疑えない事実である。

　また，SHHAでは，昇進の際，従業員の教育訓練に参加する態度，成績，考課を人事考課内容の1つとして取り入れ，従業員の教育訓練の参加意欲を引き出している。こうした施策は優れた日本型経営資源の習得だけでなく，日本型経営資源が移転される場合には一層効果的なものとなっている。

　これらの研修生は研修終了後，中間管理者として育成され，会社の中心的な役割を果たすと同時に，日立企業の先進的な経営資源の中国への移転に際してはパイプ的役割を果たすのである。

③人事考課

　SHHAの賃金体系は年俸制ではなく，日立の賃金体系を取り入れながら中国の国内事情に「適応」したものであると考えられる。基本的に賃金構成は，{基本給＋崗位工資（職務・持ち場賃金）＋職務手当＋奨励金}である。つまり，SHHAの賃金体系は「崗位工資制」（職務・持ち場賃金体系）の性格が強いものである。基本給には勤続年数，学歴，職歴が含まれて長期間勤務した契約工のほうが高く，臨時工は安い。「崗位工資制」の核心部分である「崗位工資」は持ち場によって決められる。仕事の職務は労働の強度，責任の重さ，熟練水準などを基準にして，6つの等級に分けられる。補助人員は5～6等級である。臨時工の大部分はこの補助人員に所属させられている。主要生産ラインで働く場合は3～4等級で，特殊崗位の従業員，例えば班長，係長などは1～2等級である。このように，学歴，職歴が同じであっても，持ち場が異なる場合，その給料も大きく異なる。生産現場で働いている従業員には毎月の実績と人事考課によって奨励金が支給されている。営業部門には3カ月毎に，他の非生産部門では半年毎に1回の奨励金が支給されている。注目すべき点は，2003年から等級と目標がリンクされたことである。高い給料が支払われる等級はそれなりに目標が大きく設定されるのである。2003年以前は目標と等級が直接にリンクされる体系ではなかった。

　日系企業であるSHHAの人事考課をみると，日立本社の体系をモデルとして，各年度の上半期と下半期に1回毎人事考課を実施している。表6−10と表6−11は，SHHAの課長以上の管理職に対する上半期の人事考課表である。この表からも分るように，SHHAの管理職（課長以上）対象の人事考課は100点満点で2つの部分に分けられている。1つの部分は仕事目標の達成度に関する考課で40点を占めている。仕事目標考課の内容には主要目標（20点），職責範囲内での仕事（15点），計画外業務（市場経営環境によって新しく生じた或いは特殊な状況の下で生じた業務であるが，当初予測できなかった計画以外の任務）（5点）の3つの内容があって，主に従業員自身が設定した仕事目標の達成度に対する評価である。比較的大きな割合を占めて

いるもう1つの部分は仕事内容評価である（60点）。仕事考課内容は15項目に構成され，評価項目を就業規則，自己開発，仕事能力，協調性，部下養成能力など5つに分けることができる。就業規則には，会社の政策，諸規則をよく把握しているか，規律と規則をよく守っているか，仕事に熱意があふれているか，各種不良行動に対する態度はどうなっているのかなどの内容である。自己開発には，各種メディアを通じて新しい情報を獲得しているのか，開拓精神，所属部門の任務完成状況はどうなっているのかなどが含まれる。仕事能力には，複雑な問題に遭った時，正確な判断を行なうか，日常の仕事中での計画性はどうなっているのかなどが含まれる。協調性には，各部門と良好な協力関係を維持しているのか，上級部門と仕事が協調しているのかなどの内容である。部下養成能力には，仕事中，権限を任せているか，部下の仕事能力を養成しているかなどの内容が含まれる。評価の具体的項目には，直接上司による4，3，2，1の4つの点数評価が行われる。その次に，総合点数に基づいて上司（上一級）によるA，B＋，B，C，Fの5段階の考課等級が決められる。

表6-10　SHHAの部課管理職（課長以上）の人事考課表I

氏名		工号		部門			職務	
1．仕事目標考課（40点）									
割合	2003年（上）仕事目標（従業員記入）	完成日付	未達成目標	基本達成	超過達成目標	仕事目標達成状況評述（考課者記入）		得点
主要目標20点			□	□	□			
			□	□	□			
			□	□	□			
			□	□	□			
職責範囲内の仕事15点			□	□	□			
			□	□	□			
			□	□	□			
			□	□	□			
			□	□	□			
計画外業務5点			□	□	□			
			□	□	□			
			□	□	□			
従業員署名：		日付：	確認署名：		日付：	小　　　計		

出所：社内資料により作成。

表 6-11　SHHA の部課管理職（課長以上）の人事考課表 II

2. 仕事評価内容（60 点）						3. 考課結果（100 点）	
番号	考課内容	4	3	2	1	合計点数：	考課者（直接上司）署名：
1	会社の政策，諸規則をよく把握している					考課等級を審査及び確定（上一級上司）	
2	仕事に熱意があふれる					A エクセレント　B＋優秀　B 良い　C 改善が必要　F 継続不可能	
3	仕事の失敗に責任を持っている					□　　　　□　　　　□　　　　□　　　　□	
							署名：
4	各種不良行動に対する態度はどうなっているのか					考課評語：	
5	規律と規則を良く守る						
6	各種メディアを通じて新しい情報を獲得するのか						
							署名：
7	複雑な問題に遭った時，正確な判断を行なうか					考課に対する従業員意見：	
8	各部門と良好な協力関係を維持しているのか						
9	日常仕事中，計画性はどうなっているのか						署名：
10	上級部門と仕事が協調しているのか					記入説明：	考課等級と点数の換算
11	仕事中，権限を任せているか						A：90 点以上
12	開拓精神						B＋：81～90 点以上
13	部下の仕事能力を養成しているのか						B：61～80 点以上
14	仕事成績						C：40～60 点
15	所属部門の任務完成状況はどうなっているのか						F：40 点以下
	得　　点						
	小　　計						

出所：社内資料により作成。

　多くの日系企業のように，SHHA も人事考課を昇進，昇給を決定する方法として利用している。人員枠をみると，A 等級に 15%，B＋，B, 等級が 45〜55%，残り C, F 等級がおよそ 30% の割合で占められている。A 等級

に評価された場合，2級の昇給，B＋，B等級の場合には[25]，1級の昇給が決定される。C，Fは昇給できない。また，A等級からC等級までは奨励金が支給され，A等級は給料のおよそ130％，C等級は給料のおよそ70％である。さらに，人事考課結果がFになった場合には，契約継続が不可能である。つまり，退職させられるのである。

これまで課長以上の管理職の人事考課について考察してきた。それでは課長以下の管理人員の人事考課はどのようであろうか。また，更に，一般管理人員の人事考課について考察する。

SHHAの一般管理人員（以下，課長以下を指す）の人事考課も課長以上の管理職の人事考課と同じように2つの部分に分けられる。つまり，仕事目標の達成度に関する考課（40点）と仕事内容に対する考課（60点）である。双方とも仕事目標の達成度に関する考課内容は同じであるが，仕事内容に対する考課内容はずいぶん異なっている（表6-12，表6-13参照）。

一般管理人員の仕事に対する考課内容には15項目がある。15評価項目は遵守性，業務能力，協調性，自己開発の4つの内容に分けられる。遵守性に

表6-12 SHHAの一般管理人員（課長以下）の人事考課表I

氏名		工号		部門		職務	
1．仕事目標考課（40点）							
割合	2003年（上）仕事目標（従業員記入）	完成日付	未達成目標	基本達成	超過達成目標	仕事目標達成状況評述（考課者記入）	得点
主要目標 20点			□	□	□		
			□	□	□		
			□	□	□		
			□	□	□		
			□	□	□		
職責範囲内の仕事 15点			□	□	□		
			□	□	□		
			□	□	□		
			□	□	□		
計画外業務 5点			□	□	□		
			□	□	□		
			□	□	□		
従業員署名：	日付：	確認署名：	日付：		小　計		

出所：社内資料により作成。

238　第Ⅱ部　日本型経営資源の移転の動向と事例分析

表6-13　SHHAの一般管理人員（課長以下）の人事考課表Ⅱ

番号	2. 仕事評価内容（60点）考課内容	4	3	2	1	3. 考課結果（100点）
						合計点数：　　　　　　　考課者（直接上司）署名：
1	会社の規則を遵守しているか					考課等級を審査及び確定（上一級上司） Aエクセレント　B＋優秀　B良い　C改善が必要　F継続不可能 □　　　　　□　　　　□　　　　　□　　　　　□
2	自分の仕事に高い目標を設定しているか					
3	担当する仕事を真剣に責任を持っているか					署名：
4	仕事に熱意があふれているか					考課評語：
5	専門知識を充分持っているか					
6	仕事に関する知識をよく習得しているか					署名：
7	複雑な問題に遭った時，正確な判断を行なうか					考課に対する従業員意見：
8	潜在能力を持っているのか					
9	日常仕事中，計画性はどうなっているか					署名：
10	他人或いは他の部門と良好な協調関係を保持しているか					記入説明：　　　　　　　　　考課等級と点数の換算
11	仕事中，創造性を持っているか					A：90点以上 B＋：81〜90点以上
12	仕事の独立能力はどうなっているのか					B：61〜80点以上 C：40〜60点
13	仕事の質はどうなっているか					F：40点以下
14	仕事効率は高いか					
15	仕事中，仕事と無関係なことをよくやっているのか					
	得　　点					
	小　　計					

出所：社内資料により作成。

は，① 会社の規則を遵守しているか，⑮ 仕事中，仕事と無関係なことをよくやっているのか，などの項目がある。業務能力には，③ 担当する仕事を真剣に責任を持っているか，④ 仕事に熱意が溢れているか，⑤ 専門知識を

充分持っているか，⑦ 複雑な問題に遭った時，正確な判断を行なうか，⑧ 潜在能力を持っているのか，⑨ 日常仕事中，計画性はどうなっているか，⑪ 仕事中，創造性を持っているか，⑫ 仕事への独立能力はどうなっているのか，⑬ 仕事の質はどうなっているか，⑭ 仕事効率は高いか，などの項目が含まれる。協調性には，⑩ 他人或いは他の部門と良好な協調関係を保持しているかの項目がある。自己開発には，② 自分の仕事に高い目標を設定しているか，⑥ 仕事に関する知識をよく習得しているか，などの内容が含まれる。そして，課長以上の管理職の人事考課と同じように直接上司が点数を付けて，その上の上司が5段階の考課等級を決める。人事考課による昇給，昇進もまったく同じである。

　上述したように，SHHAの人事評価制度は日本企業のように体系的なシステムを設け，日本式で計画的に行なわれていることが分かる。また，人事考課は，昇進，昇給，ボーナスを決定する際，重要な基準として利用されている。管理人員に対しての責任感，専門知識の獲得，判断力と問題処理能力，つまり，会社と一体感を持ち，管理者の立場から仕事を進めることを要求している。更に，各部門との協調性，部下に対する指導と養成，目標達成状況なども重要視している。

(2) 労働組合との協調性

　1983年，中国は「中華人民共和国中外合弁企業法実施条例」を公布した。条例には外資系企業の労働組合に関する内容も含まれている。同条例には外資企業の労働組合の基本任務を定め，企業経営側と労働組合はお互いに協力することを求めている。1992年4月，公布された「労働組合（工会）法」では，外資系企業の労働組合の役割について次のように規定している。「労働組合は，労働契約を企業と締結するほか，福祉・報奨金の分配，従業員の教育，娯楽の組織，労働保険などを行い，董事会が従業員に関する賞罰，賃金，労働安全，労働保安，労働保険などの問題につき検討・決定する場合には，労働組合は董事会へ出席し，従業員側の意見及び要求を反映させる権限を有する。また，会社の様々な意思決定に直接・間接的に関与する権

限が与えられている。」[26]

　それでは，SHHA の労働組合はどのようになっているのであろうか。
　SHHA の労働組合は，従業員の代表者であると同時に，経営目標の達成などを基本任務として企業経営に協力的な性格を持っている[27]。
　SHHA の労働組合の役割は主に以下の 4 つにまとめられる。
　①生産経営を中心として，提案制度と労働競争を組織・展開し，従業員の技能を向上させ，経営目標の達成を図る。1 例を挙げると，2004 年 6 月に労働組合の主催で行なわれた「安全意識を高め，防止措置を向上させる」という提案制度キャンペーンがある。このような活動を通じて SHHA は経営への従業員の参加を促し，生産における品質と効率の向上を図っている。この提案キャンペーンでは 118 件の提案が提出された。その中で，組織経営に関する提案が 9 件，技術措置の提案が 14 件，仕事環境に関する提案が 32 件，保健の提案が 10 件，一般の提案が 52 件であった。この 118 件の提案の中で，52 件の提案は現状を反映した具体的な問題を取り上げており，有効且つ適切なものであったと判断され，会社に取り入れる方法で検討された。そして，最優秀賞 1 名，優秀賞 3 名を選出し，一定のインセンティブを与える措置も行われた[28]。
　②労働争議に関する調停組織として，労使関係を協調し，従業員の合法的利益を守ることである。労働組合は労働争議を円満に解決するなど従業員と企業の利害の調整役である。ストライキ等による企業活動の遅滞を未然に防ぐことが，労働組合の目的の 1 つである。また，労働意欲，モラール高揚，作業秩序の維持に大きな役割を果たしている。
　③企業文化の展開に力点を置いて，企業凝集力，従業員の素質を向上させる。
　④従業員の福祉厚生を促進する。
　以上のことから分かるように，SHHA の労働組合は「形式的な存在」で，企業の経営運営に「何も関与しない」状態ではない。SHHA の労働組合は従業員の福祉厚生を促進する役割に留まらず，経営側と従業員側の調整役として労働争議の円満な解決に最大限に努めている。さらに，最も重要な役割は

経営目標を達成するため，生産経営を中心として様々な活動を行い，従業員の積極性とモチベーションを引き起こすなど経営側と一体になって経営目標の実現に積極的に協力している点である。このような協調的な労使関係は協調性に力点を置いている日本企業と基本的に類似な特性である。

第4節　現地化への段階的な移行

　海外に進出した企業は現地化問題が生じ，途上国でも先進国でも日本企業は現地化の課題に取組まなければならない。現地化の本質は現地の人的，物的資源を最大限に活用することにあると考えられる。現地化には2つの側面が含まれている。1つは，物の現地化で，原材料・部品の現地調達を示し，もう1つは，人の現地化であり，現地人管理者を増やすなど現地人の登用である。

　それでは，まず，物の現地化である原材料・部品の現地調達活動の概観からみる。日本企業，特に日本の製造企業の競争優位性は原材料・部品の調達先企業が正確な納期，高い品質，期待できるコストを提供することによって支えられている。これらの調達先企業が優れた生産管理能力を備え，先端レベルの部品開発力を持つことが，日本製造業の競争優位の重要なポイントでもある。つまり，日本の製造企業の設計技術と品質管理，生産管理技術は，相当の部分で部品調達先企業の技術水準に関連しているものと考えられる[29]。しかし，発展途上国は産業発展の歴史が短く，かつ基盤技術が発達していないのも現実である。長年にわたり，社会主義計画経済を実施してきた中国も例外ではない。これらの諸要素によって，発展途上国或いは中国の現地企業は品質管理・生産管理能力が欠如しており，安定した品質水準の部品を納期通りに供給できないことはしばしば発生する。このような背景で，SHHAは設立した当時段階で部品の大部分を日本からの輸入に頼っていた。しかし，中国電子・電器産業の競争の激化による「価格戦争」に対応するためには，日本からの調達は輸送費の問題，在庫水準増大・リードタイムの長期化などいくつかの問題が生じ，激しい競争に生き残り，コスト削減

を図り，競争力を維持するために現地調達を推進する必要性が生じてきた。さらに，「改革・開放」以来，中国の産業基盤がある程度成立しており，現地企業の支援・育成に着手できる産業基盤が整備されつつあった。そこで，SHHA は現地部品調達先の企業に対する支援・育成政策の実施を推進したのである。そして，SHHA は 1996 年から部品の現地調達率を高めるという企業の戦略や国産化を求める中国政府の要請の下で現地調達の上昇に積極的な姿勢で取組んだ。また，長年の品質管理指導の延長線として 2004 年には「外協部品指導小組」（外部協力企業への品質管理指導室）を設置し，産業基盤の整備に伴い現地部品調達先企業層が厚くなっている中で，比較的有望と見られる部品調達先企業を探して，レベルに応じた支援・育成指導体制を体系的に構築したのである。具体的には，これらの企業に技術者を派遣したり，部品調達先の技術者を自社工場に招いたりなど人的交流を通じた技術移転を図ると同時に，設計図の確認，品質管理指導や生産管理指導など技術指導を熱心に行ってきた。同時に，部品供給側に厳格な品質管理能力や正確な納期基準を厳しく指示するなどの方策も採用されている。

　これらの体系は従来の国有企業の部品調達体制とは根本的に異なるものである。中国では，基本的には国有企業の部品調達体制は品質標準に達すれば部品調達先メーカーの自己管理に任せ，部品調達先のメーカーに厳しく指示することができないシステムである[30]。これに反して，SHHA の育成・指導を受けた部品調達先企業での品質レベルはかなり向上しており，SHHA の競争力を向上させるためにも大きく貢献した。2005 年 4 月時点で，SHHA は，空調機の心臓部に当たる圧縮機（日立グループから調達），熱交換機など一部分の中核部品を除いた 90％の部品を現地部品メーカーから調達し，しかも上海地域に限らず中国各地から調達しているのである。SHHA の部品調達プロセスをみると，最初は海外からの調達，そして中国国内の日系企業からの調達，最後に中国現地企業からの調達に移っている。特に，現在では，高度な技術部品を除いて，部品の大部分を中国現地企業が請け負うようになっている。その主な原因は，日系企業の管理費が高く，それに伴ってコストも高いことに求められる。このことは日系企業でもよい刺激になり，日

系企業内の合理化の進展を促すことは間違いない。一方，SHHA は安定的に高品質を提供する企業とは日本型取引システムの特徴と言われる長期継続取引関係を構築している。この長期継続取引によって，現地部品メーカーはインセンティブを持ち，更なる生産管理と品質管理に務めている。例えば，SHHA は高品質を提供するモーター生産工場である山東省の工場と長期継続取引関係を構築している。150 万台の生産量の中で 20 万台は SHHA が購入している。この事実から，SHHA の部品調達システムは中国国内で基本的に形成されていると読み取れる。このような支援・育成指導体制と長期継続取引関係の構築は現地での競争優位を高めるための必要不可欠の措置だと考えられる。

　一方，中国における日本企業の人の現地化が欧米企業に比べ遅々として進まない問題点が指摘されている。経営安定化と企業の長期発展を実現するためには，経営現地化を進める重要性を認識する必要性がある。経営現地化を進めることによって，優秀な人材を確保し，現地従業員の能力とやる気を引き出し，企業の競争力を向上させる。そのためには，優秀な人材の育成，現地人との信頼関係の樹立が不可欠である。

　第 5 章で既述したように，古田（2001）は中国における日本企業の経営現地化の発展段階を 5 年を単位とする［守］，［破］，［離］の 3 段階に分けている。［守］の段階では，経営理念の浸透に力を入れる必要があると同時に，日本から多数の社員を派遣して現地人材育成を行う。経営理念の浸透と現地人材育成は日本型経営資源が順調に移転するための前提作業でもある。そして，次に，経営・生産技術の移植を図る。一方，機械設備・部品は基本的に日本からの輸入に頼っている。これは［守］の段階の主な特徴である。SHHA も設立した当時である［守］の段階では，設備と部品の大部分を日本からの輸入に依存したのである。また，派遣社員数が多く，滞在期間も長かった。このことは人的接触を介した日本型経営資源の移転を図る日立の狙いがあるからである。日立はこれらの派遣社員と駐在員を通じて人材育成及び経営理念の浸透を積極的に行い，日本型経営資源，特に技術移転，生産システムの移転に力を集中させた。SHHA の教育訓練内容をみても，新入社

員に最初に行われる教育内容は経営理念の浸透である。このことを通して，「品質第一」，「全面提高顧客満足度」などの経営理念を従業員に浸透させ，厳格な品質管理体制を定着したのである。

　［破］の段階では，発展段階に伴い人材が育成され，彼らが日本型経営資源に関するモチベーションと熱意が生じ，日本型経営資源を学習，吸収しながら現地文化に「適応」させる。それによって，現地人幹部が育成され，派遣社員が減少しつつある。SHHAの［破］の段階では，日本型経営資源が現地人に学習・吸収されるとともに現地人幹部が育成され，一方で，2005年3月末には，本社からの駐在員はわずか5人（空調事業部）に大幅に減少されたのである。さらに重要なポストには中国人が登用されるようになった。特に，製造部部長は1997年に日本人から中国人に交代し，現地幹部にも仕事を任せている。これはまさに人材育成の結果であり，日本型経営資源の移転の現れでもある。「6S活動」の内容や「人事考課」の内容は現地文化に融合した代表的な例であり，特に，チームワークの重要性，部下の仕事能力の養成等に関する厳しい人事考課は中国の現地文化に合わせて日本型経営資源を「適応」させたものであり，その複合効果は顕著と言える。

　最後の［離］の段階では，日本型経営資源の移転は基本的に終了し，部品・資材を現地から調達する。さらに中国人総経理の下で製品開発，経営が進むことである。SHHAでは，90％の部品・資材を現地から調達している。つまり，SHHAは物の現地化では［離］の初期段階に入っていると考えられる。しかし，人の現地化では［離］の段階に入っているとは言えない。5つの部門の中，設計部，品質部，生産管理部の部長は全て日本人である。これは日本型経営資源が完全に終了してなく，そして部長レベルの現地幹部がまだ育成されていないことの現われとも言える。［離］の段階に入るのはまだ一定の時間がかかると思われる。

　経営現地化によって，現地社会に深く溶け込む，現地従業員のモラールアップにつながり，優秀な人材を確保できる，など諸効果を実現できることは明らかである。部長への現地人登用は一部の日系企業で進められているが，重要なポストへの完全な中国人登用になるとあまり進んでいないのが現

状である。幾つかの段階を経て、日本型経営資源の移転を図り、人材を育成して後継者を養成し、彼らに権限委譲を行うことが正に求められている。

補表1　上海日立家用電器有限公司の沿革

年　月　日	主　要　内　容
1994年2月25日	SHHA 合弁契約にサイン
4月4日	SHHA 正式成立
5月12日	SHHA 第一台「涼覇」エアコン誕生
10月14日	SHHA 試生産式典，上海市長が日立製作所金井社長を面会
1994年	SHHA 上海市人民政府から「ガーデン工場」と評価
1995年1月	国家 CCEE と CCIB 品質安全認証と標識を獲得（エアコン）
1995年1月	中国軽工総会から優秀新商品一等賞を受賞（エアコン）
1995年7月	国家科委，建設部「2000年小康住宅一番目推薦セット商品証書」を受賞（エアコン）
1995年11月24日	SHEA 正式成立
1995年	エアコン「全国ユーザー満足商品」に認定
1995年	SHHA 上海市第三回科技博覧会金賞獲得
1995年～1999年	SHHA 中国品質管理協会で連続「全国優秀修理サービス公司」に認定
1995年	中国家電協会の北京国際家用電器展覧会金奨獲得
1995年	上海市節能商品に認定（エアコン）
1995年	(SHHA) 上海市人民政府に「先進技術型企業」に認定
1995年	(SHHA) 上海市科技協会の優秀科技商品賞を獲得
1996年2月	(SHHA) 北京，広州，武漢に子会社を設立
1996年8月	(SHHA) 売上高「上海市トップ500企業」に入る（第62位）
1996年12月25日	「好用」洗濯機国家 CCEE 認証獲得
1997年1月8日	日立「好用」全自動洗濯機第1次出荷
1997年4月	SHHA 中国品質管理協会の「全国ユーザー満足企業」に選定
1997年4月	第1台完全直流変転エアコン誕生
1997年6月	SHEA 中国品質管理協会の「97年全国優秀修理サービスネットワーク」呼称受賞
1997年8月	SHHA ISO9001 国際品質システム認証獲得
1997年9月	SHHA フランス BVQI 会社 ISO9001 国際品質システム認証を獲得
1997年12月	SHEA ISO9002 国際品質システム認証獲得
1998年11月27日	SHEA 上海市科委の高新技術企業認定証書を獲得
1994年～1998年	エアコン連続「上海市場人気商品」に認定
1998年8月	SHHA 中国品質管理協会で「全国優秀修理サービスネットワーク」に認定
1999年12月16日	SHHA 第1台 PAM エアコン誕生
2000年1月	SHHA 上海環境管理システム審査センターの ISO14001 認証証書を獲得
2000年12月4日	上海市「外商投資先進技術企業」証書を獲得
2000年12月11日	（エアコン）中華環保基金会の緑色商品奨を獲得
2000年	SHHA，SHEA 売上高「上海市トップ500企業」に入る

246　第Ⅱ部　日本型経営資源の移転の動向と事例分析

2001年1月10日	エアコンがアルゼンチンLB測試認証を獲得
2001年1月～2004年1月	エアコン商品品質検査免除証書を獲得
2001年4月	(エアコン) 上海市商業情報センターの「上海市場人気ブランド」栄誉証書を獲得
2002年4月1日	SHHA, SHEA正式合併，合併後の名称：上海日立家用電器有限会社

出所：「上海日立家用電器有限公司」（中国版　2002年）パンフレットにより作成。

注

1) 本章では，主に「上海日立家用電器有限公司」の空調機製造，販売事業部を事例として取り上げる。
2) 日立の概要　ニュースリリース，2002年5月31日。
   http://www.hitachi-hl.com/news/2002/0531による。
3) 『SHHA新聞』2004年7月20日。
4) 『SHHA新聞』2004年4月2日。
5) 2004年8月30日，人力資源部　楊華明部長のインタビューによる。
6) 2005年3月9日，人力資源部　楊華明部長のインタビューによる。
7) 伊藤賢次（2000）『東アジアにおける日本企業の経営』千倉書房，p.148。
8) 苑志佳「国有企業の工場生産システム」，丸川知雄編（2002）『中国企業と所有と経営』第9章，p.363。
9) 苑志佳「国有企業の工場生産システム」前掲書，p.362。
10) 品質管理重視を図って成功を収めた典型的な企業として「海爾グループ」を取り上げられる。中国の優良企業である「海爾グループ」は発展初期段階から品質重視戦略を打ち出し，厳格な品質管理体制を構築してブランド確立を成功させた。海爾グループの研究に関しては，西口敏宏・天野倫子・趙括祥（2005）「中国家電企業の急成長と国際化」『一橋ビジネスレビュー』2005年，52巻4号，東洋経済新報社を参照されたい。
11) 苑志佳（2001）『中国に生きる日米生産システム―半導体生産システムの国際移転の比較分析―』東京大学出版会，p.98-109。
12) 郝（1999）は福建・日立電視機有限公司（日立合弁企業）の事例分析で，製造ラインにおける品質管理が「自検・互検」制度であることを取り上げながら，これは日立横浜工場の伝統的な品質手法を福建・日立電視機有限公司へ移転した結果の産物であると指摘した。筆者の日立合弁企業である上海日立家用電器有限公司での現地調査でも製造現場で「自検・互検」が実施されていることが確認された。
13) 『SHHA新聞』2004年11月15日。
14) 2005年3月10日，品質保証部部長のインタビューによるもの。
15) 2004年9月1日，社内インタビューによるもの。
16) 2005年3月10日，品質保証部部長のインタビューによるもの。
17) 『SHHA新聞』2004年9月28日。
18) 『SHHA新聞』2003年6月10日。
19) 『SHHA新聞』2003年6月10日。
20) 『SHHA新聞』2003年6月10日。
21) 2004年9月1日，品質部　部長（当時）のインタビューによるもの。
22) 中国の「労働契約制」については，趙暁霞（2002）『中国における日系企業の人的資源管理についての分析』白桃書房，p.59-68. 詳しく参照されたい。

23) 定年で退職する場合，会社は負担せず，政府が支給するようになっている。特に，1998年以前に外資系企業に採用された場合，全ての退職金を会社が負担するようになっている。1998年以降外資系企業に採用された場合，会社は負担せず，元の会社で清算される。
24) 日野三十四（2002）『トヨタ経営システムの研究―永続的成長の原理』ダイヤモンド社, p.168。
25) B＋，B等級に評価された場合，昇給は同じだが，奨励金は異なっている。
26) 中国法制出版社編（1996p）『中華人民共和国工会法』中国法制出版社, pp.22-26。
27) 中国における日系企業の労働組合に対する評価をみると，ほぼ半分である47.3%の日系企業の労働組合は企業経営に協力的であるという結果がでている。金山権（2000）『現代中国企業の経営管理』同友館, pp.171-175。
28) 『SHHA新聞』2004年7月20日。
29) 岡本康雄編（1998）『日系企業 in 東アジア』p.134。
30) 郝燕書（1999）『中国の経済発展と日本的生産システム―テレビ産業に技術移転と形成―』ミネルヴァ書房, pp.206-207。

第III部

経営資源の移転に関する仮説の検証

第7章
日本型経営資源の国際移転に関する仮説の検証

　これまでにおいて，経営資源の移転についての理論的考察と日本型経営資源の移転に関する仮説，そして2章（第5章，第6章）に分けて中国における日系企業である北京・松下カラーブラウン管有限公司（略称：BMCC）と上海日立家用電器有限公司（略称：SHHA）の事例分析によって，日本型経営資源の中国への移転に焦点を当て，その移転による「適用」と「適応」，更に経営方針・経営戦略や人材育成の関わり等，3つの仮説検証と分析を試みた。本章では，既述した理論と仮説の内容を踏まえながら，まず，日本型経営資源の国際化の理論的な内容を分析した上で，事例分析の視点から見た中国への日本型経営資源移転上の特徴を明らかにする。そして企業調査と事例分析の結果から3つの仮説の検証を行う。章末に，残された課題を探りたい。

第1節　日本型経営資源の国際化の理論的内容
——一般論と特殊論——

　本書において，企業が保持する優位性の源泉となる固定的要素のことで，企業経営のために役に立つ種々の有形無形のものを経営資源として理解してきた。そして，経営資源の要素として，企業発展に重要なる意味を持っている無形資産である経営・生産システム，つまり，人的資源に強く依存している「組織・管理関係」，「人事・労務関係」等に注目すべきことは既に繰り返し論述してきた。

　ところで，第3章で既に論述したように，日本型経営資源の優位性は人的

要素を重視すると同時に,「現場主義」に重点を置き,教育訓練など有能なる人的資源に大きく依存するところにも求められる。これらの諸優位性は実証分析の中でも読み取ることができる。次に日本型経営資源の特殊論と一般論を考察したい。

(1) 日本型経営資源の特殊性

もともと,日本型経営資源の形成はアメリカ型多国籍企業の影響とその市場原理重視メカニズムを前提として,日本の社会及び文化の特性に基盤をおいたところにその特殊性が存在すると言われている。要するに,アメリカ的な条件のもとで,日本的な特殊要因がうまく組み込まれていると考えられる。例えば,日本型経営資源の特徴を地理的・歴史的事情に基づいた日本社会の均一的で均質的,また,集団志向型行動と関連させながら,さらに,情緒・感情,協調的な人間関係をも含めて理解するということがその代表的な見解である[1]。それ以外にも,天皇制[2]や家制度[3]の研究もなされている。それらも日本の社会風土や文化的特性に関連させた日本型経営資源の特殊性研究の貴重な成果である。

上述したように,日本型経営資源が日本の社会やその文化特性に依存していることは間違いない。一国の文化はその国の地理,歴史環境等の要因によって影響を受けており,文化の違いによって,企業組織の構築,運営の仕方が異なり,その違いが特定の経営資源の競争優位,比較優位のあり方に影響を与えているのである。

また,文化とコミュニケーションのことを「コンテクスト（context）」[4]と呼んでいる研究もなされている。「コンテクスト」とは,文化を人間が相互に情報交換・処理を行う度合いとして,この文化による人間同士の関係の付け方,つまり,コミュニケーションを取り巻く状況や場のことである。日本等は高コンテクストで,人々の間で情報が事前によく行き渡り,効率的に処理されているのに対して,アメリカ等は低コンテクストであると理解されている（表7-1参照）。

こうした文化の1側面を「コンテクスト」という尺度で取り出し,これを

表7-1 低コンテクスト文化と高コンテクスト文化の特徴

低コンテクスト文化	高コンテクスト文化
言語への依存度大	言語への依存度小
貴方が言うことが貴方を意味すること	貴方の言葉に10通りの意味がある
非言語表現（ノンバーバル）への依存度小	非言語表現への依存度が大
情報はその大部分が，書かれるにせよ，口頭にせよ，特定言語によって伝達される。	情報は，特定言語によるよりも，より多くの物理的状況や内部の知識のよってその意味が導き出される。
異文化コミュニケーションで意味を十分斟酌しない（underscanning）	異文化コミュニケーションで意味を斟酌し過ぎる（overscanning）
ホンネ，正直さ，内容を重んじる	タテマエ，和，形を重んじる

(注) 低コンテクスト文化，高コンテクスト文化の呼び方はアメリカの文化人類学者エドワード・T・ホールによってなされた。詳しくは Edward T.Hall（1989）*BEYOND CULTURE*, N.Y.：Anchor Books, Doubleday. を参照されたい。
出所：林吉郎（1994）『異文化インターフェイス経営』p.72。

日本型経営資源の特徴づけに適用し，さらに日本型経営資源の特異性だけでなく，国際的に比較可能な研究への視点として提示したことは極めて意義があるものと捉えられている。このような文化及び歴史的基盤の違いから比較されるものとして，例えば，安保によれば，ドイツの共同体的組織主義，アメリカの市場原理主義，日本の協調的組織主義などが挙げられる[5]。しかし，文化や歴史等が日本型経営資源を形成する重要な基盤形成の要素であっても，日本型経営資源を構成する要素自体として理解することには限界であろう。日本型経営資源を単にその背景や基盤の特徴だけから説明するのは十分ではなく，それ以上の要素によって説明しなければならないと考えられるのである。

(2) 日本型経営資源国際化についての一般性

80年代に日本企業の海外進出が盛んになると同時に，日本型経営資源の社会的特性や文化的特性が指摘されたのであったが，80年代後半になって日本企業の海外進出は一層の進展を見せると伴い，日本型経営資源の普及も着実に進んで，次第にその普遍性が主張されるようになった。これは，日本企業が日本型経営資源の国際競争優位性と現地対応能力，更に国際的な普遍

性をも持っているからであると考えられる。

　企業は，利潤の最大限を追求するために，幾つかの要素からなる経営資源を形成する。経営資源は一定の経済構造や社会風土・習慣・歴史等を前提としているという意味では一定の社会性と同時に，利益を追求するための手段としては普遍的な性格を持っている。日本企業も同様である。

　岡本グループ（2000）による北米日系企業経営についての研究調査で，岡本グループは，まず，経営組織の全般的特性を「非日本型」と「日本型」に分け，それぞれを「機械的組織」と「有機的組織」としている[6]。さらに，岡本は日本型有機組織特性を2つに分けている。即ち，機能合理的側面と集団主義的，情意的側面に分け，日本型組織の一般的側面として，生産現場システムとしての多能工化，品質作り込み，多機能的な作業長等，機能合理的側面を取り上げると同時に，特殊的側面として，小集団活動や5S活動等，集団的，情意的側面を取り上げている[7]。そして，日本型経営資源の国際移転に際しては，まず戦略的に機能合理的側面を選択し，それに現地事情に合わせる適応の方向を展望している[8]。つまり，日本型経営資源の国際移転の一般性と特殊性を合わせて説明しているのである。北京・松下カラーブラウン管有限公司と上海日立家用電器有限公司の両社は共に日本型組織の一般的側面，つまり，機能合理的側面である「品質作り込み」体制をそのまま「適用」して，極めて大きな成果を上げている。さらに，北京・松下カラーブラウン管有限公司の作業長も中国国有企業のような単機能的な作業長ではなく，日本企業のように幅広い機能，生産管理，品質管理，安全管理，人事考課等広い権限を持っていることが明らかになった。他方，特殊的側面として「5S活動」を見ると，両社とも「5S活動」ではなく，「6S活動」になっており，その内容も企業によって異なっている。しかも，その実施は強制的に実施されるように感じられる。このような特殊的側面は中国現地事情に合わせて「適応」したものと考えられる。

　島田（1988）は，技術には機械設備等のハードウェアの側面，機械設備の操業，保全，修理のための知識，ノウハウ，熟練等のソフトウェアの側面，そして，この2つの側面と深く関わっているヒューマンウェアの側面がある

としている。しかも，そのヒューマンウェアは技術の性格を決定する重要な側面であると指摘している。一方，日本型経営資源でヒューマンウェア側面は中心的な位置を占めており，そのヒューマンウェアは「人的資源に強く依存する」と共に，人的資源は教育・訓練，報酬の仕組み，積極的な参加意欲を通じて育成されていると説明している[9]。つまり，「文化的要素は日本企業が育ててきたヒューマンウェア技術の本質的要素ではない。ヒューマンウェア技術の核には異文化を越えて通用し適用しうる普遍性をもっている」という主張である[10]。この点においては，本書で取り上げた北京・松下カラーブラウン管有限公司と上海日立家用電器有限公司の事例分析を通しても，「人的資源に強く依存している」ことが一層明確に示されたところである。特に，品質管理，教育訓練では人的資源を極めて重要視していることが証明されたのである。

安保（2004）はアメリカにおける日本型経営生産システムを6項目グループに分け，各項目グループごとに国際移転の一般的可能性についての分析を試みた。6項目グループとは，① 作業組織とその管理運営，② 生産管理，③ 部品調達，④ 参画意識，⑤ 労使関係，⑥ 親—子会社関係，である。それらについての現地調査の結果をみると，一般的に日本企業の経営・生産システムの強い移転傾向，つまり「適用」傾向がみられると同時に，現地方式に「適応」させる必要性をも示唆している。特に，6項目グループの中で，① 作業組織とその管理運営，② 生産管理，④ 参画意識，⑤ 労使関係，等は比較的「適用度」が高く，③ 部品調達と ⑥ 親—子会社関係は比較的「適用度」が低いのである。概して，前の4つのグループにおいては日本型経営・生産システムが良く移転され，後の2つのグループにおいては現地の経営環境条件に合わせてより多くの修正が必要であるとの結果が得られている[11]。このような調査結果は日本型経営生産システムの国際移転に関する一般性と特殊性を示唆している。

以上，3つの観点から日本型経営資源の国際移転における一般化の可能性を考察してきた。そこで明らかになったのは，日本型経営資源は社会，文化の特性を持っていたとしても，柔軟な一般性も持っていることである。本書

の2つの事例分析からも日本型経営資源の適用性，つまり一般性が十分表れている。次節では，事例分析の視点から中国への日本型経営資源の移転上の特徴を考察する。

第2節　中国への日本型経営資源の移転上の特徴
―事例分析の視点から―

　日本型経営資源は日本の社会的，文化的特性等に基盤を置いたとしても，柔軟なる一般性を有しており，その移転可能性を明らかにするためにこれまで2つの事例分析を検討してきた。

　中国では「改革・開放」以前は国有企業，集団所有制企業等単一種類の企業形態しか存在しなかった。1978年からの「改革・開放」の実施は，計画経済から市場経済に移行する転換期であり，企業形態も株式会社，外資系企業，民営企業等大きな変化が生じた。更に，外資系企業の進出形態は中国の政治，経済の変化によって変化してきた。このような企業形態の変化過程は，中国に特有な環境に適応するためであると考えられる。つまり，経営資源の移転の内容とプロセスは，中国の特有な社会体制の要素をある程度受け入れることである。

　「改革・開放」を実施した主な目的は外資系企業の積極的な受け入れであり，それによって外資系企業の先進的な技術や経営ノウハウを学習することで，中国の立ち遅れた工業化を発展させることにある。このことは日本企業を始めとする外資系企業の経営資源が中国に移転できる最大の前提条件でもある。

　中国と日本は近隣国家でありながら両国の企業文化には大きな差異が見られる。中国は依然として社会主義体制を堅持しており，会社に対する帰属感，集団性，明確な責任感などは日本と大きく異なっている。一方，中国は広大な市場と若くて良質な労働力が存在している。こうした中国は，また中国特有の文化的，社会的特性等を持っている。これらの特有な要素は中国の経営環境を構成する上で，日本型経営資源の中国への移転に関して多様なる

影響を及ぼしている。

　表7-2は，「中国国有企業」，「日本企業」，「日系企業」，「事例分析の日系企業」の経営・生産システム諸要素の特徴に関する比較表である。これらの特徴の比較から日系企業は日本企業の生産・経営システムを中国の事情に「適用」と「適応」しながら移転したことが読み取れる。これらの経営・生産システムの諸要素については本書の経営資源で最も重視されている無形資産の諸要素である「組織・管理関係」，「人事・労務関係」に基づいて設定したものである。更に，事例分析に基づいて，次のような日本型経営資源の中国への移転の諸特徴をも検出することができる。

(1) 「組織・管理関係」面における移転上の特徴
①国産化が進む生産設備

　まず，見られることは生産設備の国産化が進んでいることである。BMCCの事例分析からも明らかになったように，第1に，進出当初，BMCCは松下電子工場をモデルとして機械設備，製造技術，技術仕様書，作業指導書を日本松下から移転したことである。最初の第1ラインの国産化比率は20%しか占めていなかったが，2002年には，立ち上げられたPRTラインの国産化比率は実に90%も占めている。この比率から国産化がかなり進んでいることが分かる。しかし，特殊設備，大型設備，精密設備（例えば，駆動部，減速器等）は日本或いは第三国から輸入している。その主な理由は中国国内でこれらの関連する機械の購入が難しいことと機械の精度が低いことにあると考えられる。第2に，自動化設備を積極的に導入していないことである。これはBMCCが先進技術を積極的に受け入れないことを意味するものではない。これはBMCCの一種の経営戦略とも言える。つまり，激しい価格競争の中で，良質で安価な労働力を充分利用してコスト削減を図る1つの手段である。高価な自動化設備の導入により，メンテナンスの時間と費用が高くなり，従って激しい価格競争に勝ち残ることは難しいと判断したからである。

　設立から10年の歴史を持っているSHHAも生産設備は基本的に国産化さ

れている。これは自主的に着実に国産化を進めてきた結果だと考えられる。しかし，BMCCと同様に特殊設備，精密設備は依然として日本からの輸入に依存している。

②着実に進む経営現地化

事例分析から分かるように，BMCC，SHHAの経営現地化は着実に進んでいると思われる。初期段階では，重要な管理職は日本人が占めると同時に短期滞在の日本人が数多く存在した。最初に行われた多くの派遣社員の導入や現地従業員の日本への研修は，日本型経営資源の中国移転上の積極的な姿勢を示している。多くのプログラムを通して，専門知識を始めとする企業理念の研修等による現地人材の人材育成によって，重要な管理職には現地人が登用されるようになった。2003年現在，BMCCでは8部門のうち，6部門の部長は既に現地人が登用されている。一方，SHHAでは，5部門のうち，2部門の部長に現地人が登用されている。

③厳しい作業管理

作業管理面では，日本型経営資源を中国事情に「適用」と「適応」させていることが明らかになった。作業管理は日本型経営資源の基礎的部分であるため，この部分がスムーズに「適用」と「適応」されなければ，他の要素移転にも大きな障壁となる。

まず，BMCCとSHHAでは，朝礼，ミーティングと「6S活動」等作業規律が厳しく実施されていることを明らかにした。2つの会社の製造現場では出勤時刻の10分前に作業服と作業靴を着用することが要求され，班長の司会によって5～10分程度の朝礼，ミーティングを徹底的に行っている。さらに非生産部門でも定期的に朝礼を実施している。BMCCの場合には，月1回に全社合同の朝礼もある。BMCCでは日本人総経理から一般従業員まですべて同じ作業服を着用して企業の一体感を高めている。一方，SHHAでは生産現場の従業員は作業服の着用を義務づけられているが，非生産部門の従業員には必ずしも着用することが義務づけられていない。

また，現地調査を行っている際，BMCCとSHHAの事務室と生産現場は非常にクリーンで，半製品や完成品がきちんと整理・整頓・清掃されてお

り，安全を重視していることに気付いた。日本企業の「5Ｓ活動」に比べてBMCCとSHHAは「6Ｓ活動」になっている。つまり，日本企業よりその内容が1つ多いのである。しかも同じ中国にある日系企業でもその内容は異なっている。さらにBMCCの「6Ｓ活動」内容は経営環境の変化によってその内容も変化している。しかし，「6Ｓ活動」を人事考課内容に入れることや突然の検査の実施等でその活動を維持することから，日本本社企業で自主的に行われる性格とは異なって，ある程度強制的な手段で実施されていると思われる。

次に，両社とも多能工があまり実施されていないことが明らかになっている。日本企業では人員合理化を図るために多能工を養成している。これに対して，中国企業では多能工の養成が実施されることは少なく，作業員がそれぞれの特定工程に固定されている単能熟練工が養成されている。このことは中国の経営者が多能工のメリットを充分に意識されていないからであると考えられる。BMCCで多能工が養成されていないことは，これらの諸要因に加えて社会システムにその原因が求められる。つまり，「新陳代謝」と呼ばれる4年に1度の作業員の入れ替えが行なわれるため，多能工養成の実施には難しいのである。

④高品質追求のための多段階にわたる品質管理

両社とも経営上最も重視していることは高品質を追求することである。「品質は会社の命である（BMCC）」，「全面的に品質第一の方針を徹底する（SHHA）」等の経営方針のもとで，国有企業の検査と製造が分離されて，最終工程の検査に依存する「結果型」の品質管理体制とは異なって，「工程中での品質の作り込み」という日本型の品質管理体制を築き上げているのである。高品質を実現するため，従業員の品質に対する意識を変化させ，多段階の品質管理を行っている。

「工程中での品質の作り込み」品質管理体制と多段階にわたる品質管理は主に次の手法によって実現されている。

1番目は，日本側技術者の派遣による指導である。日本人技術者は長年蓄積された品質経験，ノウハウを現地従業員に伝授し，情報共有化を図ると共

に，現地従業員に品質の重要性を植え付ける。日本型経営資源の中国への移転の基礎には，直接的にこうした日本人技術者及び派遣社員によって進められたところが多いのである。

　2番目は，品質に関する管理を全員に徹底させることである。品質管理は単に品質管理部門だけの仕事ではなく，全従業員一人一人が自覚を持って品質管理に参加し，製造によって品質の良い製品が作られている。

　3番目は，全過程による品質管理である。完成品の品質を保証するために，原材料から厳しい品質管理を行い，そして，製造プロセス，さらに完成品の品質管理が行われる。

　4番目は，QCサークル（BMCC）や「JIT活動」（SHHA）をインセンティブにリンクさせる方法として積極的に実施し，持続的な品質管理を行なうことである。

　⑤多様な部品調達先

　両社とも初期段階では，中国現地の状況により現地での部品調達が不可能なため，日本や第三国にある日系企業（中国の国内日系企業も含む）からの部品調達がほとんどであった。近年になって，中国の国有企業及び民営企業の成長により部品調達先も次第にこれらの企業に移って部品調達先の現地化と多様化が実現された。さらに，両社とも現地部品調達先企業に技術指導を行ったり，技術者を派遣したりするなど技術移転を図り，人的交流を通じて積極的に現地部品調達先企業を指導，育成してきた。その結果，高品質を提供する現地部品調達先企業を育てられるなど大きな成果を上げていることが明らかとなった。しかし，技術水準が高い重要な部品や中核部品等は依然として日系企業と外資系企業に依存する部分が多い。このことは中国での関連企業がまだ充分に発達していない現状を反映している。

(2)　「人事・労務関係」面における移転上の特徴

　①協調的な労働組合

　事例分析で，2つの企業とも極めて良好な労使関係がみられ，労働組合は企業の目標達成に積極的に協力していることが明らかとなった。労働組合

の主な任務は従業員の基本的な権益を保つと同時に,福利厚生や娯楽活動等を担当することである。その他に,両社の労働組合とも,従業員の意見や苦情を速やかに経営側に反映し,その解決策を求める役割を果たしている。労働争議は萌芽状態に留まり,即時に適切な解決策を見出すことがほとんどであった。そして,従業員側と経営側が一体となって経営目標の実現に努力しているように働き掛けているのである。

②「年功序列」型(SHHA)と「管理職社内公募」型の昇進システム(BMCC)

SHHAの昇進は毎年行なわれるものではなく,重要なポストが空いた場合に,主管部門が労働人事政策によって昇進を行う。昇進の際,勤続年数を主とし,人事考課の要素を重要な参考と見る点が特徴である。つまり,「年功序列」型昇進システムに近い昇進システムだと言える。これは多くの日本企業の昇進システムと類似している点である。

一方,BMCCの内部昇進による「幹部任命」制度から「管理職社内公募」制度への変更は昇進システムの新しい進展と言える。これは会社の発展及び経営環境の変化に「適応」した大きな特徴でもある。内部昇進による「幹部任命」制度は多くの日本企業と日系企業が採用する昇進システムであり,最初の段階ではBMCCでも良好な役割を果たした。しかし,企業の拡張など会社の発展と経営環境の急激な変化によって固有の弊害が現れてきた。「管理職社内公募」は公開,公平,公正の原則で行われ,年功序列を排除した昇進システムであり,いち早く優秀な人材を見つけ,社内人材を有効に活性化し,従業員のモチベーションを引き出すことが主旨である。「管理職社内公募」制度に従業員は積極的に応じて,公募にも活発に挑戦している。実施してから2年も足らずの間に,既に従業員の間に深く浸透し,かつ,従業員のコンセンサスをも得ている。「管理職社内公募」制度は,従業員の年齢,戸籍等と関係なく,従業員自身にやりがいと才能を発揮させる機会と場所を提供して,従業員自身の能力と積極性を引き出している。特に,若い従業員には「管理職社内公募」制度の公募を通じて自己実現,自己発展の機会を与え,従業員に学習意欲と向上心をもたらしている。本制度は,会社の内部人

材市場を有効に活用したもので，人力資源の再分配を強化し，会社の従業員一人一人が自分に適切な職務を見つけ，会社の1つ1つの職務には適切な従業員が働くようなメカニズムの構築でもある。「管理職社内公募」制度で選出された班長，係長は淘汰制を前提とする「継続的再任選抜」システムを実施している。その内容とは，人事考課評価を基に「優秀な人材は生き残り，劣る人材は淘汰させる」制度である。このような制度は会社の経営に活力を与えると同時に，従業員に危機感をもたらす面で大きな役割を果たしている。

③徹底した幅広い教育訓練

事例分析から，両社とも教育訓練にかなり力を入れていることが明らかである。これは「人的資源に大きく依存している」日本企業の競争優位性と完全に一致している。Off-JTとOJTは計画的に，且つ長期的に実施されている。実施対象は新入社員を含む全従業員である。OJT訓練については，リーダー，班長，係長等経験がある熟練工が責任を持って計画的に技能訓練を日常的に管理する。教育訓練は日本企業が最も積極的に推進する手法であり，人材育成の重要な手段でもある。更に，事例分析からも明らかになったように，両社とも教育訓練を昇進する際の重要な尺度として位置づけていることである。教育訓練を通じての企業内の人材育成は企業内の昇進昇給システムと結び付けて行われるのが日本企業の特徴である。そしてそれによって企業内の人材競争のシステムが確立されている。教育訓練成果を人事考課に結び付けるのは大半の日系企業の特徴とも言える。特に，SHHAでは自己のキャリアの養成や昇進のため，私費で海外研修に参加するなど現地従業員が教育訓練に対して熱心に関わっていることが示されている。日本への研修，専門技術研修，企業経営理念，企業精神等の幅広い教育訓練も積極的に行われ，従業員に企業理念を含む日本型経営資源を浸透させる努力がなされている。

④「職務対応」型賃金体系

日本企業及び中国における多くの日系企業と違って，両社の賃金体系は「職務対応」型に近いことが明らかである。賃金構成は基本的に｛基本給＋職場・持ち場賃金（崗位工資）＋諸手当＋奨励金｝である。BMCCの場合，

「職場・持ち場賃金（崗位工資）」は7つの要素による「職場・持ち場評価（崗位評估）」の内容で職場・持ち場賃金（崗位工資）が決められ，職場が変わればその職場・持ち場賃金（崗位工資）も変わるのである。両社の賃金には勤続年数，学歴，職歴もある程度反映されている。また，会社の経営業績及び人事考課の結果によって奨励金が支給されている。更に，BMCCでは現地従業員の「平等主義」に不満を抱えていることで，2000年からは科長以上の経営幹部の賃金は会社の業績とリンクさせる年俸制，技術人員を含む一般従業員には成果主義を積極的に取り入れているなどの特徴が見られる。

⑤新卒優先採用方式（SHHA）と特定地域からの集団的な採用方式（BMCC）

SHHAでは基本的に新卒を新入社員として募集している。これらの新卒新入社員は今まで現地企業での仕事の経験がないため，比較的日本型生産・経営システムを受け入れやすいからである。そして，彼らに最初から日本企業の経営理念を浸透させ，社内教育を行い，企業人間として育成しているのである。

BMCCは特定地域である山東省，河北省から良質且つ豊富な労働力を集団的に提供されている。そして，厳格な採用試験を通じて優秀で「ブラウン管の生産にふさわしい」人材を採用している。それと同時に，この豊富な労働力の供給は企業の賃金上昇を抑制し，中国の激しい価格戦争に有利な環境を形成している。

⑥厳密な人事考課制度

人事考課制度では，両社ともに厳密な「人対応」型人事考課制度を確立している。

両社とも現場で働く従業員，管理監督者，中間管理者層に対しての人事考課制度は詳細且つ定期的に行なわれている。人事考課の内容は仕事能力，協調性，規律遵守に分けて厳密に実施されている。人事考課は細かい等級に分けて昇進，昇給，ボーナス（奨励金）を決定する際，重要な基準として利用されている。特にBMCCでは「管理職社内公募」の際にも人事評価が占める割合は60～70%である。

表7-2 「中国国有企業」,「日本企業」,「日系企業」,「事例分析での日系企業」生産・経営システム諸要素の特徴の比較表

要素内容	中国国有企業	日本企業	日系企業（一般）	事例分析の日系企業
職務区分	責任範囲固定 硬直的・単能的熟練形成	責任範囲不明確 柔軟な分業,協業 柔軟なチーム作業	やや明確な職務区分 柔軟で多能工熟練形成	明確な責任範囲,多能工形成されず
作業長	労務管理が主な仕事	操業管理が主な仕事で労務管理も行なう	操業管理がメイン 一部労務管理	操業管理がメインで労務管理も行なう
生産設備	政府,企業間の取引で購入	主に企業グループ内の調達,企業間取引	日本及び第三国から調達	日本及び第三国からの調達から国産化が増加
品質管理	検査要員による結果型管理	製造現場での品質管理を強調,QC活動を重視	工程中の品質の作り込み	「工程中の品質の作り込み」体制で,多段階による品質管理
部品調達	政府主導による企業間の取引,次第に市場取引が増加傾向	企業グループ及び系列企業間の取引がメイン	日系企業と外資系企業との取引が多い	日系企業及び外資系企業との取引から国有企業,民営企業との取引が増加
多能工	基本的に実施されてない	積極的に実施される企業内熟練形成	やや計画的に実施	基本的に実施されていない
採用方式	新卒採用,終身雇用制から契約制に移行	新卒採用,長期雇用志向	契約制	新卒採用（SHHA）,特定地域から集団募集（BMCC）。契約制
人事考課	平等意識から能力重視に移行	体系的・計画的・厳密的,昇進,昇給にリンク	体系的・計画的に実施される	体系的・計画的に実施 能力重視傾向（BMCC）
賃金体系	年功賃金,次第に年俸制,業績給重視傾向	年功序列賃金,「成果主義賃金」の導入	基本的に「人対応型」賃金体系,人事考課結果も重視	やや「職務対応型」賃金体系に近い。人事考課結果も重視。年俸制,業績制を導入（BMCC）
教育訓練	OJTがメイン	OJT	OJTを中心にOff-JTや日本への派遣訓練等	OJTを中心にOff-JT,日本への派遣訓練,企業理念研修等幅広い訓練が積極的に行なわれる
昇進	勤続年数を主とし,政治要素も考慮	勤続年数と人事考課を主とする。	勤続年数と人事考課を主とする	勤続年数と人事考課を主とする。「能力主義」導入（BMCC）
小集団活動	基本的になし	活発に行う	やや積極的に行う	積極的に行う。活発している
一体感	弱い	企業意識の集団性,大部屋制等強い。	やや強い	やや強い。工作服着用,大部屋制
労働組合	政府指導の下で協調	協調的	協調的	協調的

出所：苑志佳（2001）,趙暁霞（2002）,及び筆者の現地調査などにより作成。

第3節　事例分析による仮説の検証

　事例分析からまとめた表7-2からも明らかになったように，日本型経営資源は着実に中国に移転されており，その移転方式は中国事情に「適用」と「適応」しながら定着していることが確認される。より具体的に考察すると，文化的・社会的環境とより媒介的・間接的につながりがある日本型経営資源のシステムのコア部分である生産・品質管理等は国際的普遍性が高く，比較的順調に中国に移転されていることが分かる。即ち，中国への「適用」度が高いことである。これに対して，文化的・社会的環境と直接結びついているサブ・システム部分である人事・労務管理上の諸要素の方は現地中国の事情に「適応」させながら，生産・品質管理手法と有機的に結び付く制度が構築されているのである。

　事例分析で取り上げた2つの企業とも生産・品質管理はほぼそのまま移転されたと考えられる。BMCCでは，現場組織の編成，「4つの技術文書」を基本的に松下のものをそのまま受け継いで，導入したものである。また，品質管理手法では両社とも中国企業の一般的な品質管理手法である「最終段階に依存する結果型」ではなく，日本型品質管理手法の「工程中の品質作り込み」体制を導入・形成し，そしてそれを従業員に浸透，普及させ，全員による品質管理体制を会社に定着させると共に，かなりの成果を上げているのである。

　他方，人事・労務管理上の諸要素はそのまま移転することは難しく，中国の現地事情に「適応」させたことが分かる。代表的なものとしては，「5S」活動，「人事管理」，「賃金体系」等である。日本の「5S」活動内容と比べ，BMCCとSHHAは内容が違う「6S」活動である。中国には「5S」活動の習慣がないことから，そのまま移転するより中国の事情に合わせて内容の追加や入れ替えを行う必要性があったのである。人事考課に「6S」活動に対する認識と実績を入れること（BMCC）や，突然検査の実施（SHHA）は「6S」活動普及の難しさを一層明らかにしている。さらに，「6S」活動は多くの日

本企業と異なって奨励金と強くリンクされているのも興味深いものである。

　また，人事評価内容を見ると，両社とも協調性，グループ意識，部下の仕事能力の育成（部下の育成能力）をかなり強調していることが明らかに見られる。これもまた日本企業と異なって中国の事情に「適応」して取り入れたものである。これは中国の元来個人主義が強く，グループ意識が弱いことや自分が知っていることを容易に他人に教えない事情からきたものと考えられる。しかも，賃金体系は，日本企業の「人対応型賃金システム」ではなく，両社とも「職務対応型」賃金体系に近いのである。即ち，日本企業の「人対応型賃金システム」の中国への移転は困難で，中国の事情に「適応」させ「職務対応型」システムを形成したものと考えられる。さらに，中国人は能力主義を中心として個人を優先する慣行があるなど新たな競争環境に適切に対応する必要性がある。日本企業の長期間をベースにして人を査定と評価を行い，そして時間をかけて昇進させることに対して，中国人は個人の能力と実績を重要視し，それが即時に適正な評価を受け，速やかに昇進と給料に反映されることを望んでいる。これはBMCCの成果・業績主義導入で表われている。今後とも中国における日系企業は，一層能力と実績が即時に反映されるような賃金システム及び昇進システムの構築が必要であろう。以上は仮説の第1部分の検証である。

　BMCC，SHHAの2つの企業とも日本型経営資源の「組織・管理関係」の1つの側面である生産・品質管理の移転に積極的であることが事例分析で明らかになった。これは企業の経営方針や戦略と深く関わりがあると考えられる。まず，BMCCの事例を考察する。中国において，松下グループは，合弁企業を設立する際に6つの経営方針を実施している。この6つの経営方針の中には技術移転を促進する，独立自主経営をする，中国現地の企業管理者，技術人材を育成する等の内容がある。次に，SHHAでは「技術第一」，「品質第一」の経営方針がある。これらの経営方針を実現するためには日本型経営資源の優位性である生産・品質管理の移転は必要かつ不可欠なものである。このような経営方針や経営戦略がある企業ほど日本人派遣技術者，経営者による積極的な日本型経営資源に対する指導がなされるのである。両社とも，

各自の経営方針や経営戦略のもとで，操業時当初から競争力を持つ高水準の経営資源の移転を志向し，それによって競争優位性を高めたことが指摘できる。即ち，かなり明確な経営戦略や経営方針を持っている企業ほど，積極的に優位な経営資源を移転させ，その定着を図っているのである。

1987年に設立されたBMCCは，中国の外資系企業の「モデル会社」として，日本型経営資源の移転が最も成功した企業とも言われている。松下グループの創業者である松下幸之助は2回に渡って中国を訪問する際，中国の電子・電器産業の技術レベル向上のため，協力することを確約した。そして，松下電器は長年の間プラント供給や新しい設計・設備の提供等中国に技術協力を行ってきた。こうした背景で，BMCCが誕生したのである。BMCCの経営戦略及び経営方針は本社である松下電器の経営戦略と経営方針によってかなり左右される。BMCCはこのような長期戦略や上述した経営方針の基で，積極的に先進的な技術や競争優位性を持つ日本型経営資源の移転を図り，成功を収めたのである。即ち，日本型経営資源の移転が積極的に行われ，成功を収めたのは経営戦略や経営方針と強い関わりがあると言えるのである。これは仮説の第2部分の検証である。

次に，経営方針を実現するためには，企業自身が持っている優位性である生産システム・経営ノウハウを移転する必要性がある。このことは2つの事例分析でも明らかになった。継続的に競争優位性を持つ日本型経営資源の移転を通して，現地日系企業の競争力を向上させ，日本型経営資源を現地へ定着させるためには人材育成が重要となる。このことは，日本型経営資源の移転を通して，人材育成が如何に活発であるかを示唆している。人材育成は企業の競争優位獲得の原動力になるため，如何に現地人を長期的に育成し，競争優位性を持つ日本型経営資源を移転させ，習得させるかが重要である。

人材育成は，人的要素を重視する日本型経営資源の移転において最も重要かつ不可欠な部分である。人材育成システムが十分形成できなければ，日本型経営資源の移転は難しく，更に移転された部分の維持すらも困難である。

日本への研修生の派遣，研修教育，企業理念教育など様々な社内・社外研修を通して人材育成に積極的であることが2つの事例分析を通して明らかに

なった。中間管理者や技術者の育成において，日本研修は1つの重要な要素になっており，日本型経営資源の移転を図る上で重要な手段とも言える。また，事例分析から示されたように，技術者・経営者などの現地派遣等によって日本型経営資源を中国における日系企業に浸透させたり，彼らの指導と教育で技能工や技術者をも養成したりするのである。日本型経営資源の導入と移転について，人的資源を離れての議論は充分ではない。人材育成等の方法を通じて経営方針，企業理念，日本的経営管理ノウハウの移転を促進することができるのである。

　BMCCは設立初期段階（1987～1989年）の2年間に渡って250人の研修生を松下・宇都宮工場に派遣した。これらの研修生は松下の日本工場で技術，技能及び経営管理等様々な分野で知識とノウハウを習得し，さらに経営理念，経営方針や経営戦略を体験した。研修後，これらの研修生はBMCCに戻ってから，日本型経営資源を熱心に中国の現場に定着させる中堅となった。こうした経験のもとで，松下電器は松下電器（中国）有限公司の人材育成センターを設立して，階級別で生産，経営の研修を行うと同時に，経営理念の教育と浸透を推進している。BMCCの事例でも見られるように，人材育成の体系化を図る階層別の人材育成プログラムに沿って各技能，経営ノウハウや経営理念を習得することは重要である。

　このことはSHHAも同様で，日本への研修生の派遣や教育訓練を積極的に実施している。日本への研修を通じて，研修生は日本型経営資源及び日本・日本人の文化への理解を深め，同時に愛社精神を学んだと言える。さらに日本人への信頼感も倍増したと考えられる。これらの事例分析からも分かるように，人材育成は日本型経営資源の移転に極めて重要であることが示されている。SHHAでは，1996年～1997年に毎年55名の研修生を日本に派遣したが，2002年には12名の研修生派遣に留まっている。このような研修生派遣の減少の理由は，①操業年数の経過に伴い，日本型経営資源が移転され，定着し，一連の人材育成の効果が出ていること，②研修生派遣はコストが高く，人数にも制限があることで，日本人技術者や経営者を現地に派遣し，現地で直接指導や教育訓練を行い，より多くの現地人に競争優位を持

つ生産システム，経営ノウハウを伝授することができ，且つ現地指導が効果的であること，などが挙げられる。

　このような人材育成により，管理者を養成し，彼らに能力活用の機会と権限を与え，現地化の道に進むことができる。さらに，権限委譲により，現地人管理者達は職務への満足度や仕事及び会社への愛着感を感じ，競争優位を持つ日本型経営資源を積極的に学習・吸収し，日本型経営資源の移転を図る。そして，新しい技術や技能を取得し，企業の成長と競争力向上を可能にする。しかし，人材育成に留まり，権限委譲が進まなければ，つまり，経営現地化を進めないと，日本型経営資源に対するモチベーションや仕事の達成感が満足に得られないことが充分考えられ，仕事に対する積極性を失わせる問題が生じてしまう危惧がある。人材育成により，現地人管理者を養成し，彼らに経営を任せることで，双方の信頼関係が築かれ，企業成長に繋がるのである。

　積極的な人材育成により，現地企業の従業員及び管理者は高度の職務満足度を得ることができる。しかし，高度の職務満足度を得るためには，長期的ビジョンに基づく人材育成の構築が必須である。そして，有能な現地管理者を育成し，さらにその能力を発揮させるためには，年功を重視した賃金，昇進システムではなく，成果・業績・能力主義を取り入れる制度が必要である。BMCCの成果・業績主義の賃金システムへの導入，能力とやりがいを重視した中間管理者の「社内公募」システムはこの面での好例であると考えられる。このような成果・業績・能力主義の導入はBMCCが赤字経営から黒字経営に転換する際，極めて大きな役割を果たしたと言える。以上のことから，中国における日系企業は今後，優秀な人材の確保，育成するために，賃金，昇進システムに中国現地従業員の動機づけを高めることが肝要であると考察される。以上が仮説の第3部分の検証である。

第4節　人材育成の重要性の確認と今後の課題

　中国における激しい市場競争に生き残るために，日系企業は日本型経営資

源を中国の経営環境変化に「適用」，さらに「適応」することは極めて重要である。企業が進出国において存続，発展するためには，自らの強みである競争優位性を有する経営資源を移転することは必要不可欠である。日本企業でも例外ではない。日系企業は自らの競争力を高め，優れた技術や品質を創出するためには，日本型経営資源を「適用」すると同時に，さらに中国の事情に合わせ「適応」する必要がある。日本型経営資源の順調な移転を図るためには，日本企業の経営理念や経営・生産システムを深く理解できる優秀な人材が必要であり，こうした人材を育成しなければならない。このような人材の育成により日本型経営資源のさらなる移転を図ることが重要である。人材の育成は企業内の多様な教育・訓練体制の構築によって実現され，人材育成の構築により従業員自身の能力が最大限に発揮され，「人的資源」に大きく依存することを可能にさせる源泉となる。多様な教育・訓練体制を通じて，人材の育成を実現し，そして競争優位性を持っている日本型経営資源の移転を促進することは，本書で取り上げた2つの日系企業の実態から見ても，明らかに重要な結果をもたらしており，日本企業が「人的資源」に大きく依存することをより一層反映するものとなっている。

　経済のグローバル化時代の進展に伴い，急速な技術革新，グローバルな企業間競争の激化が生じ，それに伴って人材獲得の競争をも招く。中国における企業間競争もより一層激化し，企業経営環境も大きく変容している。このような激しく変化している競争社会で勝ち抜くためには，競争優位性を持つ日本型経営資源を移転すると同時に，現地の優秀な人材を確保・活用することが極めて重要なポイントとなる。現地人を幹部として育成し，優秀な現地人を管理者として採用・登用し，彼らのモチベーションを引き出し，能力を最大限に発揮させることは中国における日系企業の経営上の最大課題として認識しなければならない。事例分析で取り上げたBMCCでは，中間管理者だけではなく，重要な管理職である部長職までもほぼ現地人が登用され，着実に経営現地化が進んでいる。これに対して，SHHAでは，中間管理者に現地人が採用されていたとしても，重要な管理職には依然として日本人が多く占めている。このような相違は両社の設立に関わる歴史の長短によるもの

が理由の1つとして求められる。BMCCは1987年に設立されたのに対して，SHHAは1994年に設立されBMCCより7年社歴が短いのである。いずれにせよ，両社とも現地化が進んでいるとは言え，そのスピードは遅く，さらに積極的に現地化を進める必要があると思われる。従業員のやりがい，積極性を引き出し，優秀な人材をいち早く発掘するBMCCの「管理職の社内公募」システムと従業員の能力を最大限発揮させる「成果・業績主義賃金」システムは中国における日系企業の大きな変革であり，優れたモデルとなる。「年功序列」型性格を強く反映している昇進，賃金システムを実施するSHHAも中国の事情に合わせたこのようなシステムをより積極的に導入すべきであると考えられる。

　今後の注目すべき課題として，経営現地化の最後の発展段階である「離」の段階への移行において，教育訓練システムによる人材育成を通じた競争優位性を持つ日本型経営資源の移転と現地経営管理者の継続的な育成への取り組みが必要である。さらに，日本型経営資源の移転と経営現地化の過程で，現地従業員，管理者及び経営者の職務満足度やモチベーションを高めることにより組織的に日本型経営資源の移転を促進し，それを主導できる現地中間管理者及び経営者を育成することは，継続的な課題となるのである。また，長期的ビジョンに基づいて体系的な人材育成プログラムに沿って技術や生産・経営システムを習得させると同時に，日本企業本社の経営理念や経営方針・戦略を充分に現地人に浸透させることも重要である。そして，日系企業において，いかに現地従業員及び現地管理者にモチベーションを与え，現地人の意欲を向上させていくかに重点を置き，中国経営環境に「適応」した合理的且つ明確な「人事・労務」システム，特に賃金システム，昇進システムを構築することが重要な課題となるのである。

　本書では，日本型経営資源の概念を特定化し，3つの仮説に基づいて2つの電子・電機産業の企業を対象として日本型経営資源の移転の分析を行ってきた。しかし，研究上の幾つかの課題が残されている。

　第1に，研究対象を拡大する必要がある。

　本書では，2つの企業を対象に事例研究として取り上げ，現地調査とイン

タビューの調査方法を用いて研究を行った。2社の事例研究がどの程度の普遍性を表しているのかは明らかにすることはできなかった。事例研究で取り上げた2つの企業はともに電子・電機産業で日本の代表的な大手企業の合弁会社である。当然ながら同じ日系企業でも業種ごとに，また企業形態ごとに競争優位性，移転の特徴，移転に関わる諸要因には相違があると考えられる。さらに，中小企業の実態は大手企業と違って，かなり異なる部分があると考えられる。こうした要因を充分考慮して普遍性を探るために，より多くの事例分析を取り上げ，分析枠組を増やし，より体系的に，より具体的に調査・研究を進める必要がある。

　第2に，日本型経営資源の概念をさらに広げる必要がある。

　本書では，日本型経営資源を無形資産である「組織・管理関係」，「人事・労務関係」に特定化して分析枠組を設定するとともに，日本型経営資源の移転の「適用」と「適応」を2社の事例分析を通じて検証した。検証では，単に日本型経営資源の移転についての調査や検証だけではなく，3つの仮説を設定してそれに沿って研究を進めてきた。その意味で，本書は事例分析に留まるものではなく，日本型経営資源の移転に関わる諸要素も一定程度提示することができたものと考えられる。これは本書の理論的な成果とも言える。しかし，経営資源の具体的な内容は無限に存在しうるものである。さらに，経営資源の重要な存在である無形資産も多くの要素から構成されている。日本型経営資源を無形資産の一部分である「組織・管理関係」，「人事・労務関係」だけに概念を絞ったために，日本型経営資源の移転を十分反映することには至らなかった。日本型経営資源の移転をより具体的に研究し，その移転を規定する諸要素の普遍性を究明するためには日本型経営資源の概念をさらに広げる必要があるのである。

　第3に，日本型経営資源の移転と経営戦略の関わりについて，さらに深く分析を行う必要がある。

　本書では，3つの仮説を設定したが，その仮説の1つが日本型経営資源の移転が経営戦略と強く関連があることである。しかし，2社の事例分析では，日本型経営資源の移転と経営戦略との関連については現地企業戦略に関

わることから調査と分析に限界があったことを示しておきたい。

　第4に，日本型経営資源と欧米型経営資源の中国への移転を比較考察する必要がある。

　経営資源は一国の社会制度，文化に依存し，影響を受けており，当然ながらこれらの社会的要因と文化的要因の基盤から成り立っているものである。従って，日本型経営資源と欧米型経営資源の内容と特徴，さらに競争優位性，移転には多からず少なからず差異が見られることは当然である。人的要素を重視し，「現場主義」に重点を置き，幅広い教育訓練を通じて有能な人材育成を図る日本型経営資源に比べ，欧米型経営資源の特徴はどこにあるか，どのようなプロセスとメカニズムでその移転が行われ，どのような要素に強く関わりを持っているかを理論的・実証的に究明することが必要である。これは経営資源の国際移転の研究に関して極めて重要であり，これらの究明によって，経営資源の国際移転の研究は大きく進展するであろう。さらに，中国における欧米型経営資源の移転と比較的進んでいる欧米企業の経営現地化を実証的研究で明らかにする上で，その優れたノウハウを検証して提示することは日本企業にとっても極めて重要な意義を持つと考えられる。

注
1) M.Y. ヨシノ（1977）『日本の多国籍企業論』（石川博友訳）ダイヤモンド社を詳しく参照されたい。
2) 岩尾裕純（1992）『天皇制と日本的経営』大月書店。
3) 三戸公（1991）『家の論理(1)(2)』文眞堂。
4) 「コンテクスト」については，安室憲一（1982）『国際経営行動論』森山書店を参照されたい。林吉郎（1994）は「コンテクスト」を「意味環境」とも訳している。詳しくは，林吉郎（1994）『異文化インターフェイス経営』日本経済新聞社を参照されたい。
5) 安保哲夫（2004）「国際移転からみた日本的経営管理方式の一般性と特殊性—日本型ハイブリッド経営モデルの検討—」『世界経済評論』2004年7月号，p.42。
6) 岡本康雄編（2000）『北米日系企業の経営』同文舘。
7) 岡本康雄編（2000）前掲書，pp.223-248。
8) 東アジアにおける日系企業での日本型経営の移転・定着の調査研究において，岡本は経営組織を「有機的組織」と「機械的組織」に分けている。要するに，日本的な組織特性に近いものを「有機的組織」，逆に日本的な組織特性が見られないものを「機械的組織」としている。そして，東アジアにおける日系企業で日本企業の組織に見られる特徴がどの程度受け入れられているのか，つまりその組織特性についての実態調査を行った。詳しくは，岡本康雄（1998）『日系企業in東アジア』有斐閣，pp.43-74。

9) 島田晴雄（1988）『ヒューマンウェアの経済学』岩波書店。
10) 島田晴雄（1988）前掲書, p.269。
11) 安保哲夫（2004）前掲書, pp.46-50。

あとがき

　本書は，筆者の博士学位論文『外資系企業による経営資源の国際移転に関する研究—日本的経営資源の中国への移転を中心として—』（桜美林大学大学院国際学研究科，2006年3月）に若干の加筆・修正を加えたものである。本書は，経営資源の国際移転，特に日本型経営資源の中国への移転に焦点を当て，主に経営学的アプローチを用いて，中国における日系企業2社の事例分析を行ったものである。事例分析で取り上げた資料は主に2003年2月から2005年3月にかけての現地調査で入手したものである。

　先進国の優れた経営資源をいかに中国の経済発展に取り入れるか，特に，中国と一衣帯水であり且つ先進経済国である日本の優れた経営資源の移転，さらにその移転に関わる諸要素を研究することは，学問上重要な意義を持っていると考えた次第である。

　日本企業一般について経営・生産システムの国際移転の研究は1980年代から盛んに行われてきた。一方，「改革・開放」以来の日本企業の中国への積極的な進出に伴い，1990年代末から今日にかけて日本企業の経営・生産システムの中国への移転に関する研究も増えつつある。最近の研究として，郝（1999），苑（2001），潘（2001）の研究などが挙げられる。これらの諸研究によって筆者は考察上の多様な視点及び豊富な研究成果の恩恵を与えられたことに深く感謝している。これらの先行研究の成果によって筆者は経営資源の移転にはどのような要素がどのように移転されているのかについて多くの示唆を受けている。

　すでに指摘されているように，経営資源の移転には相手国の経営環境に「適用する」と「適応させる」場合がある。経営資源の順調な移転は様々な要素と関連性を持ち，様々な要素の影響を受けている。これらの諸要素と日本型経営資源の移転の関連性を解明することは，日本型経営資源の移転の可能性を追求する上で極めて重要な存在であると考えた次第である。

　こうした趣旨のもとで，日本型経営資源の中国への移転を経営方針・理

念，経営戦略及び人材育成の諸要素と関連させながら研究を進めた。さらに，本研究では，経営環境の変化によってその移転内容がどのように変化・変遷したかについても分析の内容に加えた。本書を通して，日本型経営資源の移転プロセスにおいて，経営方針・理念，経営戦略と人材育成の重要性を提示することができたと思う。しかしながら筆者の能力では，不十分・不満足な点が多数あるのではないかと危惧する次第である。特に，本書で取り上げた日本型経営資源の定義の構築，分析フレームワークの設定は必ずしも厳密にできているとは言えないと思う。切に読者諸賢の忌憚のないご批判・ご叱正をお願いする次第である（筆者のアドレス：dong@eco.meijigakuin.ac.jp までご教示賜われば幸いである）。

　論文作成時における資料収集と現地調査の過程で，研究者として必須である現地調査の難しさを実感した。自らの経験，能力の不足によって，筆者として初めての現地調査は様々な困難に直面した。しかし，7回に及ぶ現地調査を経て，学問における現地調査の重要性，現地調査への関心度の深まり，及び現地調査による新たな知識の修得など幾つかの貴重な経験と知識を得ることができた。こうしたことを通じて筆者として研究者への道の一歩を歩み始められたことと思う。

　本書の出版に至る過程において，多くの方々のご指導，ご支援，ご協力をいただいた。一人一人のお名前を挙げることができないことをお許し願い，記して感謝の意を申し上げる次第であるが，以下の先生方については特に述べさせていただきたいと思う。まず，指導教授として富森虔児先生からは桜美林大学大学院博士後期課程3年間及びオーストラリアでの留学時，比較経済論の広い分野に亘って尊いご指導をいただいた。先生の鋭い見解や厳密な問題分析方法，学問に対する厳しさから多大な恩恵が与えられた。先生のご指導の下で，新しい視点からの分析，理論の重要性，理論と実証分析との関連性・厳密性，論文全体の一貫性を学ぶことができた。また，経済学部教授の岩井清治先生（桜美林大学　元副学長）には，富森先生が定年退職された後，筆者の指導教官を快く引き受けていただいた。岩井先生からは，博士論文の創造性，独創性，論理性の3つの側面，特に研究の独創性を重視するよ

うに，ご指導をいただいた。先生はご多忙の中でも週に2，3回ゼミを開き，1対1で研究指導してくださり，論文作成の過程では詳細なコメント，及び本書にも無数の指摘をいただくと共に，日本語表現にも詳細なチェックをしていただいた。

生涯の恩師であるビジネスマネジメント学群教授の金山　権先生にも深く感謝を申し上げたい。先生からは大学院での指導を受け，今日まで続いている。筆者は修士課程から金山先生のゼミに入った。先生は中国企業経営行動の研究で専門家として学界で広く知られている。大学院に入学した当初，日本語能力及び経営学に関する知識の未熟さにも関わらず，先生は心温かく迎えてくださり，研究に対する関心を与えてくださった。これは筆者が研究者としての道を歩むことを決心した原点とも言える。博士論文の作成過程で研究のアプローチ，現地調査対象の選択などで悩んでいる筆者に対して，先生はいつも暖かい言葉をかけていただいた。先生には研究指導だけではなく，人生，生活面においても多々相談に乗っていただいた。このようなご指導，ご支援，ご協力なくしては筆者の博士論文は最終段階まで至らなかったかも知れない。公私両面で大変お世話になった先生に深く感謝したい。先生の温厚な人柄，学問に対する真摯な研究態度は筆者の見本である。また，桜美林大学の大庭篤夫教授（ビジネスマネジメント学群学群長）からも研究の各段階で多くのコメントをいただいた。そして，上坂昇先生（元大学院国際学研究科科長），川西重忠先生（大学院国際学研究科教授，同大学北東アジア総合研究所所長）にも日頃からいろいろとご教示，ご指導をいただいた。

また，明治大学経営学部教授の郝燕書先生，早稲田大学社会科学部教授のトラン・ヴァン・トゥ先生のご指導をいただき，両先生のゼミで貴重な発表の機会をいただき，多くのご示唆，ご鞭撻をいただいた。早稲田大学商学部教授の厚東偉介先生からは経営行動研究学会での活発な議論を通じて，学問に対する有益な刺激をいただき，本論文に対しても懇切丁寧なご指摘をいただいた。心より感謝の言葉を申し上げたい。

博士論文の研究過程において菊池敏夫先生（元日本学術会議会員，日本大学名誉教授，中央学院大学大学院商学研究科科長，経営行動研究学会会長）

には学会での報告の機会を作っていただき，経営行動研究学会の部会，全国大会で発表した時にも貴重なコメントをいただいた。先生は多忙な研究・教育のお仕事の中で本書の1次原稿に目を通していただき，多くのコメントをいただいた。また，日本語の文法や不適切な表現などに関して，ご教示くださった辻井清吾先生（桜美林大学非常勤講師）にもお礼を申し上げたい。ただし，本書の表現上如何なる問題があっても，すべて筆者の責任であることを明記しておきたい。

本書の研究過程において，インタビューと現地調査に快く応じていただいた企業関係者の方々にも深くお礼を申し上げたい。皆様のご協力があったからこそ本研究が順調に完成できたと考え，記して感謝したい。

また，筆者にすばらしい研究環境を与えてくださっている明治学院大学の経済学部学部長・大西晴樹教授をはじめ同大学の諸先生方にも，心よりお礼を申し上げたい。特に経済学部教授の大平浩二先生（経営哲学学会会長）には，公私ともに多大なご指導・ご配慮をいただいている。また，筆者の恩師である上海理工大学管理学院教授の陶田先生（上海理工大学経済経営実験センター長，元商学院副院長），及び同大学助教授の魏景賦先生（教務部部長，元商学院副院長）からもご教示，ご指導をいただいた。心から感謝の気持ちを表したい。そして，留学生時代に奨学金を提供してくださった諸財団にも感謝の意を表したい。このような財団の強力な支援がなかったら，博士論文の完成は予想以上の困難と時間，精力が必要であったであろう。特に博士論文執筆中，一粒奨学金（創立者：増田信彦氏）をいただき，春風学寮（創立者：道正安治郎氏）に入居して，快適な研究環境で博士論文を完成することができた。増田信彦氏（同財団理事），千葉眞氏（国際基督教大学教授），大田修氏（春風学寮寮長）など寮の多くの関係者からも多大な援助とご配慮をいただき，心より感謝している。

本書の出版について，厳しい出版事情にも関わらず，特別な配慮をいただいた文眞堂の前野弘専務，前野隆企画部長をはじめ編集スタッフに様々なご苦労を負っていただいた。厚くお礼を申し上げる次第である。また，出版にあたっては，明治学院大学の学術振興基金補助金による援助を受けている。

記して関係各位に感謝する次第である。

　最後に私事で恐縮であるが，故郷で筆者をいつも暖かく見守ってくれる両親に本書を捧げたい。

　　2006年秋晴れのある日
　　　　　　　明治学院大学の白金台研究室にて

　　　　　　　　　　　　　　　　　　　　　　董　光哲

参考文献

日本語文献

青木俊一郎（2002）「中国における日系進出企業の軌跡―松下グループを事例として―」『東亜』No.423　2002年9月号

青木健・馬田啓一『日本企業と直接投資―対アジア投資の新たな課題』頸草書房

J.C. アベグレン，山岡洋一（訳）（2004）『新・日本の経営』日本経済新聞社

J.C. アベダレン（占部都美訳）『日本の経営から何を学ぶのか』（1974）中央経済社

安保哲夫編（1988）『日本企業のアメリカ現地生産』東洋経済新報社

安保哲夫編（1994）『日本的経営・生産システムとアメリカ』ミネルヴァ書房

安保哲夫（2004）「国際移転からみた日本的経営管理方式の一般性と特殊性―日本型ハイブリッド経営モデルの検討―」『世界経済評論』2004年7月号

天野倫文・範建亭（2003）「日中家電産業発展のダイナミズム（下）―国際分業の展開と競争優位の変化―」『経営論集』東洋大学　2003年3月　第60号

新飯田宏・小野旭（1969）『日本の産業組織』岩波書店

荒川直樹（1998）『中国で製造業は復活する―東芝大連社の挑戦―』三田出版会

衣笠洋輔（1979）『日本企業の国際化戦略』日本経済新聞社

池本清・上野明・安室憲一（1981）『日本企業の多国籍的展開』有斐閣

板垣博編（1997）『日本的経営・生産システムと東アジア―台湾・韓国・中国におけるハイブリッド工場―』ミネルヴァ書房

市村真一編（1988）『アジアに根づく日本的経営』東洋経済新報社

市村真一（1998）『中国から見た日本的経営』東洋経済新報社

伊藤賢次（2000）『東アジアにおける日本企業の経営―経営のグローバル化と「日本的経営」の移転―』千倉書房

稲垣清（2002）『中国進出企業地図』蒼蒼社

稲垣清・21世紀中国総研（2004）『中国進出企業地図』蒼蒼社

井上隆一郎（1996）『中国の企業と産業』日本経済新聞社

井原基（2002）「フィリピン日系化学企業における技術移転―ピリピナス花王の事例―」『アジア経済』2002.4，アジア経済研究所

今井正明（1988）『KAIZEN―日本企業が国際競争で成功した経営ノウハウ』講談社

岩田龍子（1977）『日本的経営の編成原理』文眞堂

岩尾裕純（1992）『天皇制と日本的経営』大月書店

Roos, D., Womack, J.and Jones, D.（沢田博訳）（1990）『リーン生産方式が，世界の自動車産業をこう変える』経済界

植木真理子（2002）『経営技術の国際移転と人材育成―日タイ合弁自動車企業の実証分析―』文眞堂

内野達郎・J.C. アベグレン編（1988）『転機に立つ日本型企業経営』中央経済社

内橋克人・奥村宏・佐高信編（1994）『日本社会原論①　危機のなかの日本企業』岩波書店

浦田秀次郎・入山章栄（1997）「中国への直接投資と技術移転」JCER DISCUSSION PAPER No.49　社団法人 日本経済研究センター

参考文献 281

浦田秀次郎・木下俊彦（1999）『21世紀のアジア経済』東洋経済新報社
エズラ・ヴォーゲル（1991）『中国の実験』日本経済新聞社
江夏健一・中島潤・有沢孝義，藤沢武史訳（1983）『多国籍企業と内部化理論』ミネルヴァ書房
奥村惠一編（2003）『日系合弁企業の組織体制と管理システム―中国・青島を中心として―』立正大学産業経営研究所
苑志佳（2001）『中国に生きる日米生産システム―半導体生産システムの国際移転の比較分析―』東京大学出版会
大沢豊・一寸木俊照・津田真澂・土屋守章・二村敬子・諸井勝之助編集（1982）『現代の日本的経営―国際化時代の課題―』（現代経営学⑩）有斐閣
大橋昭一・小田章編（1995）『日本的経営の解明』千倉書房
岡本康雄編（1998）『日系企業 in 東アジア』有斐閣
小川英次・木下宗七・岸田民樹（1987）『日本企業の国際化』名古屋大学経済学部附属経済構造研究センター
小川英次・牧戸孝郎編（1990）『アジアの日系企業と技術移転』名古屋大学経済学部附属経済構造研究センター
小田正雄・小谷節男（1978）『直接投資の研究―理論と現状―』関西大学経済・政治研究所
郝燕書（1999）『中国の経済発展と日本的生産システム―テレビ産業における技術移転と形成―』ミネルヴァ書房
郝燕書（2000）「中国電子産業の発展と日本企業の国際化」『経営論集』明治大学経営学研究所，第47巻，第1号，2000年1月
郝燕書・時晨生（2003）「中国への外国企業の進出と華南のIT産業集積」『経営学論集』明治大学経営学研究所，第50巻，第3号，2003年3月
郝燕書（2004）「原田式マネジメントとSolid社の再生―農民集団から意欲的労働社への改造過程―」『経営論集』明治大学経営学研究所，第51巻，第1号，2004年3月
加登豊（2004）「日本的品質管理を鍛える」『一橋ビジネスレビュー』東洋経済新報社，2004年，52巻3号
金山権（2000）『現代中国企業の経営管理―国有企業のグローバル戦略を中心に―』同友館
亀井正義（1983）『多国籍企業論』（増補版）ミネルヴァ書房
亀井正義（2001）『企業国際化の理論―直接投資と多国籍企業』中央経済社
川上哲郎・長尾龍一・伊丹敬之・加護野忠男・岡崎哲二編（1994）『日本型経営の叡智』PHP研究所
北真収（2002）「中国市場を指向した共生型製造モデル―日中企業間連携の模索とマネジメント上の留意点―」『開発金融研究所報』2002年4月，第11号
木村健康他訳（1961）『経済成長の諸段階』ダイヤモンド社（原著 W.W. Rostow, *Stages of Economic Growth: A Non-Communist Manifest*, London: Cambridge University Press, 1960）
小池和男・猪木武徳（1987）『人材形成の国際比較』東洋経済新報社
小池和男（1991）『仕事の経済学』東洋経済新報社
小島清（1977）『海外直接投資論』ダイヤモンド社
小宮隆太郎（1967）「資本自由化の経済学―官民の迷信と誤謬を衝く―」『エコノミスト』7月25日
小宮隆太郎・山田豊編（1996）『東アジアの経済発展』東洋経済新報社
佐々波楊子・木村福成編（2000）『アジア地域経済の再編成』慶応義塾大学出版会
佐藤定幸（1984）『多国籍企業の政治経済学』有斐閣
座間紘一・藤原貞雄編（2003）『東アジアの生産ネットワーク』ミネルヴァ書房

島田晴雄（1988）『ヒューマンウェアの経済学』岩波書店
島田克美（2001）『概説海外直接投資』（第二版）学文社
澄田智・小宮隆太郎・渡辺康雄編（1972）『多国籍企業の実態』日本経済新聞社
朱炎（2002）「アジアにおける日本企業のグローバル化—経営現地化の進展」『Economic Review』Vol.6 No.2, 2002年4月
徐向東（1999）「異文化における知の移転，共有と創造」『日本労務学会誌』日本労務学会，第1巻第2号
徐向東（2001）「中国における人的資源の形成と日本企業の技術移転—異文化組織における知の移転，共有と創造のメカニズムの探究—」立教大学社会学研究科博士学位請求論文
荘昇栄（1991）「中国の民生用電子工業の振興対策」『日中協力研究シンポジウム報告書・日中産業協力』総合研究開発機構　1991.7.
趙暁霞（2002）『中国における日系企業の人的資源管理についての分析』白桃書房
関満博・範建亭（2003）『現地化する中国進出日本企業』新評論
薛文豪（2004）「中国での企業経営における人材資源管理」『日中経協ジャーナル』2004年5月
高柳暁（1983）『現代の経営原理』春秋社
谷浦孝郎（1989）『アジアの工業化と直接投資』アジア経済研究所
津田眞澂（1976）『日本的経営の擁護』東洋経済新報社
中央大学企業研究所編（1991）『経営戦略と組織の国際比較』中央大学出版部
中央大学企業研究所編（1998）『日本型経営システムの構造転換』中央大学出版部
中小企業金融公庫調査部（2003）『電気・電子機器産業におけるアジア各国間の分業構造の変化と日系中小企業の対応—日系大企業の国際的調達・生産戦略への対応—』中小企業金融公庫調査部
陳永生（2001）「外国直接投資と中国の経済発展」『問題と研究』第30巻12号，問題と研究出版
手島茂樹（2001）「海外直接投資を通じたアジアへの技術移転が経済開発に及ぼすインパクト—日本企業と欧州企業へのアンケート調査にもとづく—」『開発金融研究所報』2001年11月，第8号
P. ドラッカー・W. ニューマン・H. クーンツ・J. アベグレン他著（松岡磐木他訳）（1972）『経営管理の新展開—激動する環境の中で—』ダイヤモンド社
P. ドラッカー（野田一夫・村上恒夫監訳／風間禎三郎等訳）（1974）『マネジメント（上）』ダイヤモンド社
トラン・ヴァン・トゥ（1992）『産業発展と多国籍企業』東洋経済新報社
ド・マン・ホーン（2003）『グローバル化の時代と企業主導型キャッチアップ戦略』桜美林大学博士学位請求論文
富森虔児（2002）「「日本的システム」の海外展開—ダイキンヨーロッパのケーススタディ—経済学研究（北海道大学）
中逵啓示・下野寿子（1996）「八〇年代中国の外資導入政策—中央指導部内における合意形成過程—」『問題と研究』第25巻11号，問題と研究出版
中兼和津次（1999）『中国経済発展論』有斐閣
中川敬一郎編（1977）『日本経営史講座5　日本的経営』日本経済新聞社
中川涼司（2000）『国際経営戦略—日中電子企業のグローバルベース化—』ミネルヴァ書房
西口敏宏・天野倫文・趙長祥（2005）「中国家電企業の急成長と国際化」『一橋ビジネスレビュー』2005年，52巻4号，東洋経済新報社
日本貿易振興会編（1999）『進出企業実態調査アジア編：日系製造業の活動状況』
野村正實（2001）『知的熟練論批判—小池和男における理論と実証—』ミネルヴァ書房

S. ハイマー（宮崎義一訳）(1976)『多国籍企業論』第Ⅰ部　岩波書店
S. ハイマー（宮崎義一訳）(1979)『多国籍企業論』岩波書店
橋本寿郎 (1991)『日本経済論—20世紀システムと日本経済—』ミネルヴァ書房
橋本寿郎編 (1995)『20世紀資本主義Ⅰ　技術革新と生産システム』東京大学出版会
葉章美 (1997)「外資利用と中国大陸の経済発展」『問題と研究』第26巻4号，問題と研究出版
長谷川廣 (1998)『日本型経営システムの構造転換』中央大学出版部
原正行 (1992)『海外直接投資と日本経済』有斐閣
林正樹 (1998)『日本的経営の進化—経営システム・生産システム・国際移転メカニズム—』税務経理協会
林吉郎 (1994)『異文化インターフェイス経営』日本経済新聞社
範建亭 (2001)「直接投資を通じた技術移転—中国に進出した日系企業の実態調査から—」『アジア経済』2001.7, アジア経済研究所
範建亭 (2005)「中国経済における外資系企業の役割」『一橋ビジネスレビュー』2005年，第52巻4号，東洋経済新報社
潘志仁 (2001)『生産システムの海外移転—中国の事例を中心として—』白桃書房
間宏 (1977)『日本的経営の系譜』文眞堂
R. T. パスカル，A. G. エイソス（深田祐介訳）(1981)『ジャパニーズ・マネジメント』講談社
日野三十四 (2002)『トヨタ経営システムの研究—永続的成長の原理—』ダイヤモンド社
裴富吉・黒田勉夫共著 (1965)『素描・経営学原理』学文社
古田秋太郎 (2001)「中国人総経理を増やすべし—在中日系企業政策転換の時代—」『中京経営研究』中京大学経営学部，2001年9月
古田秋太郎・胡桂蘭 (2001)「松下電器の中国における人材育成—インタビュー調査—」『中京経営研究』中京大学経営学部，2001年2月
古田秋太郎・胡桂蘭 (2001)「在中日系企業の経営現地化—上海地区で活動する日系企業インタビュー調査—」『中京経営研究』中京大学経営学部，2001年9月
古田秋太郎 (2003)「日本企業の新中国事業戦略と経営現地化—アンケート調査分析—」『中京経営研究』中京大学経営学部，2003年9月
古田秋太郎 (2004)『中国における日系企業の経営現地化』税務経理協会
T. L. ベッサー，鈴木良始（訳）(1999)『トヨタの米国工場経営—チーム文化とアメリカ人—』北海道大学図書刊行会
洞口治夫 (1992)『日本企業の海外直接投資—アジアへの進出と撤退—』東京大学出版会
松岡盤木他訳 (1972)『経営管理の新展開—激動する環境の中で—』ダイヤモンド社
松崎義編 (1996)『中国の電子・鉄鋼産業—技術革新と企業改革』財団法人法政大学出版局
丸山啓輔 (1999)『日本的経営—その本質と再検討の視点—』同友館
丸山恵也 (1995)『日本的生産システムとフレキシビリティ』日本評論社
丸川知雄編 (2002)『中国企業の所有と経営』日本貿易振興会，アジア経済研究所
丸山伸郎編 (1985)『転機に立つ中国経済』アジア経済研究所
三木敏夫 (2001)『アジア経済と直接投資促進論』ミネルヴァ書房
三戸公 (1991)『家の論理 (1) (2)』文眞堂
南亮進・牧野文夫 (2001)『中国経済入門—目覚めた巨龍はどこへ行く—』日本評論社
宮城和宏 (2002)「日本企業の対中直接投資—技術スピルオーバーと知的財産権問題—」『問題と研究』2002年8月号 第31巻11号
宮崎義一 (1982)『現代資本主義と多国籍企業』岩波書店
森谷正規 (2003)『中国経済　真の実力』文藝春秋

安室憲一（1982）『国際経営行動論』森山書店
安室憲一（2005）「中国の労務管理の実情」『一橋ビジネスレビュー』東洋経済新報社，2005年，52巻4号
山一證券経済研究所編（1981）『松下電器の研究―変貌する巨人』東洋経済新報社
山崎清，竹田志朗編（1982）『テキストブック国際経営』有斐閣ブックス
吉田和男（1993）『日本型経営システムの功罪』東洋経済新報社
M.Y. ヨシノ（石川博友訳）（1977）『日本の多国籍企業論』ダイヤモンド社
吉原英樹（1984）『中堅企業の海外進出』東洋経済新報社
吉原英樹編（1992）『日本企業の国際経営』同文舘出版
李越和（1994）「北京・松下カラーブラウン管有限会社の企業経営―中国国営企業の経営との比較―」『立命館経営学』1994年7月，第33巻，第2号，立命館大学経営学会
李越和（1995）「北京・松下カラーブラウン管有限会社（BMCC）の労使関係に直面した問題とその対策―中国の国営企業との比較―」『立命館経営学』1995年5月，第34巻第1号，立命館大学経営学会
李越和（1996）「中国ブラウン管製造業の技術導入と成長―北京・松下カラーブラウン管有限会社の事例研究―」『立命館経営学』1996年7月，第35巻第2号，立命館大学経営学会
劉永鴿（1997）『日本企業の中国戦略』税務経理協会
論辻潔・森野リンゴ（1998）『世界の松下電器を創った松下幸之助の経営哲学』株式会社三心堂出版社
ロストウ,W.W.（木村健康他訳）（1961）『経済成長の諸段階』ダイヤモンド社
鷲尾紀吉（2003）『中小企業の中国投資行動』同友館
渡辺孝雄（1987）『日本的経営の変貌』学生社
渡辺利夫編（2001）『アジアの経済的達成』東洋経済新報社

英語文献

Blodget, L. (1992) "Partner Contributions as Predictors of equity Share in International Joint Ventures", *Journal of International Business Studies*, Vol. 22.
Boisot, M. and X. G. Liang (1992) "The Nature of Managerial in the Chinese Enterprise: A Study of Six Directors," *Organization Studies*, Vol.13, No.3.
Brown, Rajeswary A. (1996) *Chinese Business Enterprises*, London, New York: Routledge.
Buckley, P. J. and Casson, M (1976) *The Future of the Multinational Enterprise*, Macmillan.
Buckley, P. J. and Casson, M (1985) *The Economic Theory of the Multinational Enterprise*, Macmillan.
Casson, M (1979) *Alternatives to the Multinational Enterprise*, Holmes & Meier.
C. Oman (1984) *New Forms of International Investment in Developing Countries: The National Perspective*, OECD.
Chen, E. K. Y. (1994) *Technology Transfer to Developing Countries*, Routledge Press.
Danford Andy (1999) *Japanese Management Techniques and British Workers*, London: Mansell.
Dunning, J.H. (1979) "Explaining Changing Patterns of International Production: In Defense of the Eclectic Theory", *Oxford Bulletin of Economics and Statistics* Vol.41.
Edward T.Hall (1989) *BEYOND CULTURE*, N.Y.: Anchor Books, Doubleday.
Elger, Tony and Chris, Smith (1994) *Global Japanization? The Transnational Transformation of Labour Process*, London, New York: Routledge.
Farmer, R. and Richman, B. (1995) *Comparative Management and Economic Progress*,

Homewood.
Gerschenkron A. (1962) *Economic Backwardness in Historical Perspective*, Cambridge, Mass. Harvard University Press.
Gomes-Casseres,B. (1995) "Joint Venture Instability: Is it a Problem?" *Columbia Journal of World Business* Vol. 22, No.2.
Gregory, E. and S. Tamer (1995) "Performance Issue in U. S.-China Joint Ventures", *California Management Review*, Vol.22,No.2 (Winter).
Inkpen, Andrew C. and Mary M. Crossan (1994) "Believing is Seeing: Joint Ventures and Organization," *Journal of Management Review*, Vol.32, No.5.
Jackson,Sukhan (1992) Chinese Enterprise Management, Berlin, New York: W. de Gruyter.
Kenney, Martin and Richard Florida (1993) Beyond Mass Production: The Japanese System and its Transfer to the U. S., New York:Oxford University Press.
Kimura, Y. (1988) *The Japanese Semiconductor Industry: Structure, Compepitive Strategy and Performance*, JAI Press.
Koontz, H. O'donnell, C. (1964) *Principles of Management*, McGraw Hill.
Koontz, H. (1969) "A Model for Analyzing the University and Transferability of Management", *Academy of Management Journal* Vol.12, No.4.
Lu, Yuan (1996) *Management Decision-making in Chinese Enterprises*, London: Macmillan.
Mckinnon, R (1964) "Foreign Exchange Constraints in Economic Development and Efficient Aid Allocation", *Economic Journal*, Vol.74.
Negandhi, A. and Estafen, B. (1965) "A Research Model to Determine the Applicability of American Know-How in Differing Cultures and Environment", *Academy of Management Journal*, Vol.8, No.4.
Nick Oliver & Barry Wilkinson (1992) *The Japanization of British Industry: New Developments in the 1990s*. Blackwell Publishers (Oxford).
OECD *Benchmark Definition of Foreign Direct Investment*, third edition OECD 1999.
Pan, Yingan (1995) "The Formation of Japanese and U. S. Joint Venture in China", *Strategic Management Journal* Vol.4.
Penrose, E. T. (1956) "Foreign Investment and the Growth of the Firm", *Economic Journal*, Vol.66, June.
Robert, W., S. Inga and A. Marjorie (1991) "Conceptual Frameworks among Chinese Managers: Joint Venture Management and Philasophy", *Journal of Global Marketing*, Vol.5.
Rosenstein- Rodan, D. N. (1961) "International Aid Underdeveloped Countries", *Review of Economics and Statistics*, Vol.43.
Rugman, A.M. (1981) *Inside the Multinationals*, New York Columbia University Press, 1981.
Rugman, A.M. (1985) "Internalization Is Still a General Theory of Foreign Direct Investment", *Weltwirtschaftliches Archiv*, Vol.121.
Rugman, A.M. (1986) "New Theories of Multinational Enterprise: An Assessment of Internalization Theory", *Bulletin of Economic Research*, Vol.38.
Shenkar, O. (1990) "International Joint Venture's Problem in China: Risks and Remedies", *Long Range Planning*, Vol.3 (Sping).
Simon, D. F. and D. Rehn (1988) *Technological Innovation in China: the Case of Shanghai Semiconductor Industry*, Ballinger Publishing Company.
Swierczek, F. and H. Georges (1994) "Joint Ventures in Asia and Multicultural Management",

European Management Journal Vol.12.
Trevor. M (ed.) (1985) "The Internationalization of Japanese Business — European and Japanese Perspectives", *Campus / Westview*.
UNCTAD, *World Investment Report 2000*, UN, 2000.
UNCTC, *Transnational Corporations and Technology Transfer: Effects and Policy Issues*, United Nations, 1987.
Vernon, Raymond. (1966) "International Investment and International Trade in the Product Cycle", *Quarterly Journal of Economics*, Vol.80.
Von Glinow M. A.and M. B. Teadarden (1987) "The Transfer of Human Resource Management Technology in Sino-U.S. Corporative Venture: Problems and Solutions", *Human Resource Management*, Vol. 127.

中国語文献
陳錦華（1998）「中国吸収外商投資和対外貿易前景展望」『中国対外貿易』第3期，中国国際貿易促進委員会
H. Chenery, A. M.Strout（1984）「外援和経済発展」『現代国外経済学論文選』（1984）第八期，商務印書館
鄧寧（1994）「重估外国直接投資的利益」『管理世界双月刊』第1期，管理世界雑誌社
郭克沙（2000）「外国直接投資対我国産業結構的影響研究」『管理世界』第2期，管理世界雑誌社
黄華民（2000）「外商直接投資対我国宏観経済影響的実証分析」『経済評論』中国経済評論社発行部，2000年6期
李海舰（1999）「我国三資企業発展状況分析」『中国工業経済』第4期，中国工業経済雑誌社
李京子（1995）「引進外資与我国経済的発展」『財貿経済』第2期，財貿経済雑誌社
李兆熙（1992）「中外合資企業的経営管理机制」『管理世界』第1期，管理世界雑誌社
李雨農（1995）『跨国公司在中国』新星出版社
劉恩専（1999）「外国直接投資産業帯動効応分析」『財貿経済』第10期，財貿経済雑誌社
沈坤栄・耿強（2001）「外国直接投資技術外溢与内生経済増長」『中国社会科学』中国社会科学雑誌社，第131期
沈坤栄（1999）『体制转轨期的中国経済増長』南京大学出版社
隋啓炎（1992）『当代西方跨国公司』経済日報出版社
托達罗（1991）『第三世界的経済発展』中国人民大学出版社
王洛林主編（1997）『中国外商投資報告』経済管理出版社
王念祖・滕維藻（1990）『跨国公司与中国的開放政策』南開大学出版社
王志乐（1996）「跨国公司投資対中国経済的正反両方面影響」『管理世界』第3期，管理世界雑誌社
王志乐主編（1996）『著名跨国公司在中国的投資』中国経済出版社
伍海華（1995）『経済発展与利用外資規模』武漢大学出版社
謝冰（2000）「外国直接的貿易効応及其実証分析」『経済評論』中国経済評論社発行部，2000年4期
楊聖明（1999）『中国対外経貿理論前沿』社会科学文献出版社
袁鋼明（1994）『跨国投資与中国』中国財政経済出版社
張仲文（1991）「運用現代化管理全面提高企業素質」中国企業管理協会研究部編『中外合資企業管理』企業管理出版社，1991.10.
赵晋平（1997）「中国的国際資本流入分析与展望」『管理世界』第3期，管理世界雑誌社

中国語法律・年鑑・新聞等類

〈当代中国〉丛书编辑部编（1987）『当代中国的电子工业』中国社会科学出版社
中国法制出版社编（1996）『中華人民共和国工会法』中国法制出版社
中国電子工業年鑑編輯委員编（2001）『中国電子工業年鑑』北京：電子工業出版社
中国経済年鑑編集委員会編（1982）『中国経済年鑑』北京：経済管理出版社
『中国電子報』1998.12.1

内部資料

「北京・松下カラーブラウン管有限公司（略称：BMCC）」に関する内部資料
「关于职工考核评价办法」（BMCC）2000 年 9 月
「调配员工作说明书」（BMCC）2001 年 2 月
「小组活动总结」（BMCC）2001 年 5 月
「关于技能工制度的规定」（BMCC）2003 年 3 月
『实施：BMCC 员工培训手册』(内部資料) 機械工業出版社，2004 年 2 月
「BMCC 组织图」（BMCC）2004 年 3 月
「企业各部門人員类别统计表」（BMCC）2004 年 5 月
「職工年齡統計表」（BMCC）2004 年 5 月
「CRT 品质保证体系」（BMCC）2004 年 6 月
「新的 [职工考核评价办法] 及监督职年度业绩评估制度」『北京・松下彩管報』2001 年 1 月 15 日付
「2000 年公司 QC 活动成果突出 优秀 QC 小组受表彰」『北京・松下彩管報』2001 年 1 月 15 日付
「人才培训与合理使用— BMCC 二次创业成功的关键」『北京・松下彩管報』2001 年 1 月 15 日付
「公司召开 2001 年经营方针发表会」『北京・松下彩管報』2001 年 2 月 20 日付
「统一思想发奋努力实现客户首选」『北京・松下彩管報』2001 年 4 月 15 日付
「BMCC "第十一次安全月"活动回顾」『北京・松下彩管報』2001 年 6 月 15 日付
「我们要彻底实现材料采购和销售的改革」『北京・松下彩管報』2001 年 6 月 15 日付
「品保科举办 TV 不良返品展」『北京・松下彩管報』2001 年 7 月 15 日付
「荫罩科运用 QC 促进现场管理」『北京・松下彩管報』2001 年 9 月 15 日付
「2000-2001 年度 合理化建议表彰决定」『北京・松下彩管報』2001 年 9 月 15 日付
「QC 小组活动研讨」『北京・松下彩管報』2001 年 10 月 15 日付
「竞聘给我带来的变化」『北京・松下彩管報』2002 年 1 月 20 日付
「公司召开 2002 年经营方针发表会」『北京・松下彩管報』2002 年 3 月 15 日付
「BMCC 试行班长竞聘」『北京・松下彩管報』2002 年 5 月 15 日付
「建立有竞争力的人事制度」『北京・松下彩管報』2002 年 6 月 15 日付
「公司进行技术专门职晋升和续聘工作」『北京・松下彩管報』2002 年 10 月 15 日付
「公司再获北京市质量管理小组活动优秀企业」『北京・松下彩管報』2002 年 10 月 15 日付
「没有竞争就没有发展—浅谈班系长末淘汰制」『北京・松下彩管報』2002 年 10 月 15 日付
「竞聘上岗这个制度好」『北京・松下彩管報』2002 年 11 月 15 日付
「公司召开 2003 年经营方针发表会」『北京・松下彩管報』2003 年 3 月 15 日付
「QC 活动的意义」『北京・松下彩管報』2003 年 2 月 15 日付
「六四格玛 Q&A」『北京・松下彩管報』2003 年 11 月 15 日付
「BMCC 荣获北京市质量先进企业称号」『北京・松下彩管報』2004 年 1 月 15 日付
「BMCC 崭新的企业文化诞生」『北京・松下彩管報』2004 年 2 月 15 日付

「上海日立家用電器有限公司（略称：SHHA）」に関する内部資料
「2002 年（上）目标考核表」(SHHA) 2002 年
「战略思路（2002 年／上 HR 目标）」(SHHA) 2002 年
「2002 年／上期 SHHA-HR（人力資源部）运营方针」(SHHA) 2002 年
「6S 检查情况汇总」(SHHA) 2003 年 11 月
「6S 推进内容」(SHHA) 2003 年
「工作考核表 2003 年上半年（部课管理人员）」(SHHA) 2003 年
「工作考核表 2003 年下半年（部课管理人员）」(SHHA) 2003 年
「工作考核表 2003 年上半年（一般管理人员）」(SHHA) 2003 年
「工作考核表 2003 年下半年（一般管理人员）」(SHHA) 2003 年
『员工手册』(SHHA) 2002 年
『SHHA 十周年史』2005 年
「空调制造与 JIT」『SHHA 新闻』2003 年 6 月 10 日付
「茁壮成长十年路」『SHHA 新闻』2004 年 4 月 2 日付
「SHHA2004 上半年 JIT 获奖项目」『SHHA 新闻』2004 年 7 月 20 日付
「SHHA2004 上半年 JIT 总结报告会召开」『SHHA 新闻』2004 年 7 月 20 日付
「提高安全意识 防患于未然」『SHHA 新闻』2004 年 7 月 20 日付
「消除浪费提高企业效率」『SHHA 新闻』2004 年 9 月 28 日付
「卓越技术塑造诚信品牌」『SHHA 新闻』2004 年 9 月 28 日付
「明确形势和任务齐心协力做好今年工作－公司工会召开员工代表大会」『SHHA 新闻』2004 年 9 月 28 日付
「空调机事业部制造部召开"零缺陷百日竞赛"活动表彰会」『SHHA 新闻』2004 年 11 月 15 日付
「SHHA2005 年度工作方针」『SHHA 新闻』2005 年 2 月 28 日付

事項索引

欧文

JIT 50,55,60
　──委員会 221
　──改善グループ 220
　──活動 218,219,220,221,222,260
OFF-JT 180,229,232,262
OJT 56,68,70,71,162,172,176,180,181,229,230,232,262
　──教育 180
PDCA 141
　──サイクル 150
QC 50,155
　──活動 56,76
　──グループ 157
　──サークル 70,150,154,156,157,218,260
　──小集団活動 182
　──大会 157
TQC 150,155

数字

4側面評価 66,67,72
5S 222
　──活動 254,265
6S 142,175,176,222
　──活動 132,145,146,223,224,244,254,258,259,265
　──推進委員会 143,224
6Sigma 158,159,160

ア行

悪平等主義 173,176
安全管理 140
安全責任制度 141
委託加工 103,106,108,109
一括移転 20,104
一班三検 141
移転 58,60

──可能説 48,49
──経路 105,108,109
──内容 115
──不可能説 48
欧米型経営 62
　──資源 57,273
　──組織 53
大部屋制 147
落穂活動 217,218
親会社 72,73,105,107,218

カ行

海外移転 44,53,57
海外子会社 2,72,73,83
海外生産 25
　──拠点 25
海外直接投資 15,21,24,25,40,41,51,57
外貨ギャップ理論 29,31
外資導入 83,85,92,202
　──政策 98
外国直接投資 1,30,89,92,94,96
外資系企業 1,2,6,8,9,15,19,20,29,32,34,35,39,43,71,72,75,84,91,92,93,96,97,98,106,114,163,171,178,239,256
改善活動 160,218,220
階層別研修 182
外的環境 44,47
価格戦争 125,241,263
価格競争 126,127,128,131,163,171,187,190,257
合作企業 18,19
環境制約モデル 44
環境的諸要因 46
幹部任期制 127
幹部任命制 184
管理職社内公募 261,262,263
管理的諸要因 47
企業安全文化 144
企業外移転 105,108

事項索引

企業家能力　32
企業精神　46,228,262
企業特殊的（Firm-Specific）経営資源　17
企業内技術移転　71,107
企業内キャリア　181
企業内教育　179,227
企業内熟練　184
企業内部余剰仮説　28
企業内労働組合　55
企業理念　207,225,228,232,268
技術移転　57,58,60,70,71,73,74,75,76,77,85,89,92, 93,94,95,96,97,103,106,108,117,128,232, 242,243,260,266
　——効果　94,106,107
技術援助　121
技術合作　106,108,109,115,120,201,202
技術管理研修　203
技術差別化戦略　132
技術仕様書　124
技術専門職制度　178
技術提携　92,95,108,115
技術導入　93,96,120,130
技術優位　130
技能指導　175,176
技貿結合　103,108
キャッチアップ　1,9,29,32,39,43,96
給与制度　56
教育訓練　62,63,97,142,179,180,181,227,228,229, 230,231,232,233,252,255,262,268,273
　——内容　243
教育研修　232
業績給　192
業績考課　176
競争優位性　4,5,6,9,50,53,56,57,58,63,66,77,105, 193,241,262,267,270,272,273
業務推進能力　175
業務知識　175
グループ意識　175,176
経営家族主義　48,55
経営環境　46,115,128,138,178,179,187,191,201, 210,257,259,261
経営管理　32,43,44,69,106,120,182,232,233
　——技法　25
　——能力　44

経営現地化　4,10,188,191,192,193,194,243,244, 258,269,270,271
経営資源　1,2,3,4,6,8,9,15,16,17,20,21,27,32,35, 39,40,41,42,43,48,49,53,56,57,60,63,69, 72,73,74,84,90,92,94,95,96,97,101,103, 105,106,107,182,187,199,218,233,251,254, 256,257,270,272
　——移転　105,106,108,110,199
経営システム　55,97,129
経営・生産システム　2,3,41,83
経営戦略　5,6,24,72,73,74,77,127,129,131,161,162, 182,183,191,193,201,204,207,251,257,266, 267,268,272
経営特質　55
経営ノウハウ　30,32,42,43,106,107,108,138,199, 269
経営方針　5,6,71,72,73,74,117,119,132,251,259,266, 267,268
　——・戦略　4,10
経営目標　5,130
経営理念　115,129,130,134,158,159,169,179,182, 183,192,232,233,243,263,268,270,271
　——浸透　192
継続的再任選抜　186,262
契約工　169,170,172,173,225
激励研修　229
検査結果記録　214
研修生　120
現地化　43,110,134,182,188,241,269,271
　——政策　169
　——推進　134
現地管理者　77,110,193
現地子会社　75,105,106,218
現地人管理者　74,192,241,269
　——育成　77
現地人材育成　243
現地人材養成　74
現地人登用　244
現地生産　103,104,106,108,109,110,191
現地調達　242
　——率　188,242
現場改善活動　110
現場管理改善　158
現場主義　55,56,63,146,154,222,252,273

事項索引　291

崗位工資　234
　──制　234
崗位評估　177
考課基準　174
高コンテクスト　252
工程管理員　151,153,154,155,158
合同朝礼会　129
合弁企業　19,91,103,114,133,202
国際移転　3,6,8,9,15,32,35,39,42,44,46,53,57,63,65,255
国際資源移転論　16
国際資本移動論　15
国際的普遍性　3
国産化　147,189
　──経営方針　189
　──率　188
互検　208,209,212
個人主義　130
固定工　169,170,172,173,225
雇用慣行　48
雇用管理　172
雇用制度　58
雇用保障　62
コンテクスト　252

サ行

作業管理　140,141
作業指導書　124
作業組織　66,67,72
作業標準書　212
三資企業　18
三来一補　18
事業部制度　133
自検・互検　211,214
自己検査　151
仕事業績　205
自主参加　155,158
自主的活動　154
資本移動　15,16
社会的・文化的障壁　44
社会の要因　3,43
社内教育　225
社内公募　184,185,186,187,269
社内昇進制　69

上海日立家用電器有限公司　6,9,199,251,254,255
終身雇用　55,69
集団主義　48,69
熟練者　70
出荷管理　151
小集団活動　55,63,69,158,216,218,219,222,224,254
情報共有化　218
奨励金　173,174,212,224,234,237,263
職位給　177
職場階級給　176
職場内教育訓練制度　55
職務訓練　181
職務配置　51
ジョブ・ローテーション　63
人材育成　4,5,6,10,29,63,71,74,77,110,115,138,168,169,176,179,182,192,193,206,207,218,220,224,228,232,243,244,251,258,262,267,268,269,271,273
人材確保　192
人材教育システム　227
人材市場　225
人事考課　141,173,174,175,176,177,179,205,224,226,230,234,237,239,244,261,262,263,265
　──制度　263
　──評価　262
人事制度　48,56
　──改革　114
人事・労務関係　6,8,9,41,56,57,207,251,257,272
人事・労務管理　105
人的交流　260
人的資源　40,41,44,61,63,130,154,201,227,230,251,252,255,262,268,270
人的要素　60,61,74,76,105,138,267,273
人力資源　130,262
　──部　180,185,225,226,228,233
成果・業績主義　178,266,269
　──賃金　271
成果主義賃金制度　192
生産委託　103
生産移転　106
生産システム　70,97
生産優位性　125
静態検査　191

292　事項索引

設備国産化　188
ゼロ欠陥管理　211
全員管理　150
全員品質管理体制　110
全過程管理　150
────方法　154
全過程品質管理体制　154
選抜システム　133
全面品質管理　158
組織・管理関係　6,9,41,56,57,105,207,224,251,257,266,272
組織的技能　51
その他のギャップ理論　1,6,29,31,32

タ行

対外移転　95
対外直接投資　95
対中直接投資　98
態度考課　176
対内移転　95
多国籍企業　15,26,41,42,107,187,202
「多重」検査　153
多段階の品質管理方法　209
多能工　161,162,259
────化　56
────養成　162
単能工　59
単能熟練工　259
チームワーク　130
────能力　184
中間管理者　69,115,156,183,184,233,268,270
長期継続取引関係　243
長期雇用　63,178
直接投資　1,2,9,15,16,17,20,24,29,32,39,42,43,91,92,105,106,108
貯蓄ギャップ理論　29,30,31
貯蓄と外貨のギャップ　1
賃金体系　176,226,234,266
提案委員会　161
提案・改善制度　63
提案活動　161
低コンテクスト　252
適応　48,50,61,64,68,70,73,105,110,115,122,126,128,129,142,146,150,193,203,210,234,244,251,254,255,257,258,261,265,266,270,271,272
適用　46,48,50,61,64,68,70,73,105,110,115,126,129,155,193,232,251,254,255,257,258,265,270,272
適用と適応　75
────モデル　3
等級賃金制　177
動態検査　191
独資企業　18,19,91,104

ナ行

内部応募　127,132,174
内部化理論　25,107
内部昇進　63,136,184,261
────システム　184
────制度　55,56
内部労働市場構造　184,187
二重構造賃金　227
二重評価　174
日本型経営　55,56,62
────資源　4,5,6,8,9,10,48,50,51,53,55,56,57,60,63,65,66,68,71,72,73,74,77,83,105,110,114,115,128,129,130,136,142,146,154,155,162,169,179,192,199,203,206,207,220,222,224,227,233,243,244,245,251,252,253,254,255,256,260,262,266,267,268,269,270,271,272,273
日本型経営・生産システム　50
日本型システム　64,67,69,71,75
日本型年功序列システム　178
日本型年功序列賃金体系　176
日本的経営　53,55,69
日本的人事管理技法　50
日本的生産システム　4,61,76
日本的品質管理　219
────手法　154
人間尊重　69
人間中心主義　60,63
年功序列　55
────型賃金システム　178
年俸制　127,178,234
農民契約工　186
能力給　192

能力考課 176

ハ行

ハイブリッド評価モデル　6,9,53,64,67,75,76
罰金制度　208,209
半製品品質検査表　153
非管理的諸要因　47
評価・報酬システム　178
平等主義　56,63
「品質999」活動　216,217
品質意識　155
品質会議　213
品質改善　70,219
品質管理　61,63,70,141,149,151,152,153,154,155,
　　　　156,161,180,182,206,207,208,209,211,213,
　　　　214,216,218,222,224,241,255,259
――意識　228,229
――活動　211
――システム　152,216
――指導　242
――責任制　141
――体制　154,208,209,213,215,244,259,265
――表　212
――理念　152,153
品質検査体制　216
品質分析会議　213
品質保証システム　210
品質保証書　153,214
2つのギャップ理論　29,31,32

部品調達　103
　――体制　242
部門JIT委員会　219
プラント輸出　115
文化的背景　50
文化的要因　3,43
北京・松下カラーブラウン管有限公司
　　　　6,9,251,254,255

マ行

無形資産　9,41,42,56,57,207,251,257,272

ヤ行

有形資産　39,41
輸入代替効果　121
予備人事考課　179

ラ行

リーダーシップ　175,176,187
　――発揮　175,176
立地優位性　27
稟議制　55
臨時工　169,171,172,173,225,226,227,230
労働組合　51,163,164,165,166,167,168,224,239,240,
　　　　260,261

ワ行

腕章制度　146
腕章反省　145

人名索引

ア行

アベグレン, J.C.　56
板垣博　3,9,67,69,70
市村真一　69
井原基　71,73
植木真理子　71,73
エスタフェン, B.　43,44,46
苑志佳　3,71,75

岡本康雄　70,73
小川英次　69,70
小田正雄　17
オドンネル, C.　3,43,44
オリーン, B.G.　16

カ行

郝燕書　3,61,70,75
キンドルバーガー, C.P.　16,28,43

人名索引

クーンツ, H. 3,43,44,46
小島清 43
小宮隆太郎 17,40,95

サ行

島田晴雄 61
ストロウト, A.N. 31

タ行

ダニング, J.H. 16,20,27,43,57,98
トダロ, M.P. 1,6,31
トラン・ヴァン・トゥ 41,42

ナ行

中兼和津次 23
ネガンディ, A. 43,44,46,64

ハ行

バーノン, R. 26

ハイマー, S.H. 2,57,72
ファーマー, R.N. 43
ベッサー, T.L. 62
ペンローズ, E.T. 39,40
洞口治夫 40

マ行

マッキンノン, R. 30
丸山啓輔 54,55

ヤ行

吉田和男 56
吉原英樹 40,50,69

ラ行

ラグマン, A.M. 26,107
リッチマン, B. 44,46
ローゼンスタイン・ロダン, D.N. 29

著者略歴

董　光哲（とう・こうてつ，Dong Guangzhe）
1971 年　　中国吉林省に生まれる。
1997 年　　来日留学
2004 年 3 月　桜美林大学大学院国際学研究科博士後期課程修了
　　　　　現在　明治学院大学経済学部専任講師（学術博士）
担当科目：国際経営論，経営学概論，海外フィールド・スタディなど。
主要論文
　「経営資源の海外移転に関する変化についての考察」『経済研究』（明治学院大学）第 137 号（2006 年 12 月）
　「外資系企業による経営資源の国際移転に関する考察」（2003 年）
　「外資系企業の研究―中国を中心として―」（2002 年）　など

経営資源の国際移転
―日本型経営資源の中国への移転の研究―

2007 年 3 月 25 日　第 1 版第 1 刷発行　　　　　　　検印省略

著　　者	董　　光　　哲
発 行 者	前　野　眞　太　郎

東京都新宿区早稲田鶴巻町 533

発 行 所　株式会社 文眞堂
電　話　03（3202）8480
Ｆ Ａ Ｘ　03（3203）2638
http://www.bunshin-do.co.jp
郵便番号（162-0041）振替 00120-2-96437

印刷・㈱キタジマ／製本・イマキ製本所
Ⓒ 2007　定価はカバー裏に表示してあります
ISBN978-4-8309-4579-3　C3034